HISTÓRIAS RECOBRIDORAS

CONSELHO EDITORIAL
André Costa e Silva
Cecilia Consolo
Dijon de Moraes
Jarbas Vargas Nascimento
Luis Barbosa Cortez
Marco Aurélio Cremasco
Rogerio Lerner

Blucher

HISTÓRIAS RECOBRIDORAS

Quando o vivido não se transforma em experiência

Tatiana Inglez-Mazzarella

Histórias recobridoras: quando o vivido não se transforma em experiência
© 2021 Tatiana Inglez-Mazzarella
Editora Edgard Blücher Ltda.

SÉRIE PSICANÁLISE CONTEMPORÂNEA
Coordenador da série Flávio Ferraz
Publisher Edgard Blücher
Editor Eduardo Blücher
Coordenação editorial Jonatas Eliakim
Produção editorial Luana Negraes
Preparação de texto Maurício Katayama
Diagramação Taís do Lago
Revisão de texto Bonie Santos
Capa Leandro Cunha
Imagem da capa iStockphoto

Blucher

Rua Pedroso Alvarenga, 1245, 4º andar
04531-934 – São Paulo – SP – Brasil
Tel.: 55 11 3078-5366
contato@blucher.com.br
www.blucher.com.br

Segundo o Novo Acordo Ortográfico, conforme
5. ed. do *Vocabulário Ortográfico da Língua
Portuguesa*, Academia Brasileira de Letras,
março de 2009.

É proibida a reprodução total ou parcial por
quaisquer meios sem autorização escrita da
editora.

Todos os direitos reservados pela Editora
Edgard Blücher Ltda.

Dados Internacionais de Catalogação
na Publicação (CIP)
Angélica Ilacqua CRB-8/7057

Inglez-Mazzarella, Tatiana

Histórias recobridoras : quando o vivido não
se transforma em experiência / Tatiana Inglez-
-Mazzarella. – São Paulo : Blucher, 2021.

290 p. (Série Psicanálise Contemporânea / coordenação de Flávio Ferraz)

Bibliografia
ISBN 978-65-5506-236-6 (impresso)
ISBN 978-65-5506-237-3 (eletrônico)

1. Psicanálise 2. Prática psicanalítica I. Título. II.
Ferraz, Flávio. III. Série.

21-1205   CDD 150.195

Índice para catálogo sistemático:
1. Psicanálise

Conteúdo

Prefácio *Luís Claudio Figueiredo*	7
Apresentação: o outro lado de uma mesma questão	13
1. Alguns conceitos preliminares	27
2. As histórias encobridoras e sua função de velamento	55
3. As histórias recobridoras e sua função de tamponamento	71
4. Austerlitz: da história recobridora	113
5. Quando as lembranças anestesiam: uma história de loucura que recobre uma mãe	215
Conclusão: tecendo o final	257
Posfácio *Caterina Koltai*	277
Referências	281

Prefácio

Que algumas teses de doutorado e mesmo algumas dissertações de mestrado na nossa área possam trazer contribuições significativas para o aperfeiçoamento de nossas práticas e para a difusão consistente e profunda da cultura psicanalítica no Brasil não é nada surpreendente. Há muitas décadas vemos isso acontecendo. Não apenas no campo das ideias e da história da psicanálise, a pesquisa realizada nos programas de pós-graduação no país tem se destacado como uma fonte importante da consolidação das comunidades psicanalíticas brasileiras (pois, infelizmente, ainda são diversas – o que não seria ruim –, mas muito separadas umas das outras – o que não nos parece bom). O mestrado de Tatiana Inglez-Mazzarella, já transformado em livro, pertence a essa já grande categoria de trabalhos universitários com relevância para a clínica e as teorias. São pesquisas que, indo além dos conceitos e da história da disciplina, são instigadas e apoiam-se nas experiências da clínica e nos seus desafios e impasses. O que é mais raro é que dessas atividades acadêmicas brote um novo conceito relevante para a prática e para as teorias sobre o psiquismo inconsciente.

8   PREFÁCIO

No entanto, é justamente disso que se trata na tese de doutorado de Tatiana.

Quando, a partir de observações e inquietações surgidas na prática clínica, Tatiana nos propõe o conceito de "história recobridora", deixa-nos uma contribuição relevante tanto para a prática psicanalítica quanto para a compreensão de um dado modo de funcionamento psíquico. Nesse modo de funcionamento, o que pareceria conhecimento e memória se revela um entrave quase intransponível aos trabalhos de contato com a realidade psíquica e elaboração das experiências traumáticas.

Bion chamou de −K – uma espécie de "anticonhecimento", ou "conhecimento negativo" – os elementos resistenciais que se interpõem no caminho de um sujeito na direção da verdade. As histórias recobridoras, igualmente, operam como resistências, mas não são meras mentiras e falsidades. Não são também omissões e lacunas, não-ditos, contraditos e interditos. Longe – e ao contrário – disso, elas preenchem e tamponam com uma versão aparentemente indiscutível da história. Como nos adverte Tatiana: "Falo de histórias que insistem e se repetem, e que, por sua fixidez, tornam-se obliterantes". Em sua pretensa inquestionabilidade, as histórias recobridoras estão na ativa contramão das histórias de vida individuais e na contramão da História. A esse grande tema será dedicado o último capítulo do livro.

Como essas "histórias em negativo" são transmitidas através das gerações, compondo uma tradição familiar ou coletiva (até mesmo nacional), ao tema do anticonhecimento (ou conhecimento negativo) vem se juntar o dos efeitos da transgeracionalidade na constituição dos psiquismos individuais e coletivos.

Atravessando muitos saberes, a pesquisa de Tatiana se dedica, primeiramente, a construir e discutir em profundidade o conceito de "história recobridora". Nesse contexto, elucidam-se as relações entre as histórias recobridoras com o mecanismo de defesa da Recusa (*Verleugnung*) e com os estados de dissociação. Nessa medida, podemos apreciar a contribuição que o conceito de história recobridora oferece para nossa compreensão da *Verleugnung*. Se o fetiche é visto por Freud como o que viria a ocupar o lugar de uma ausência recusada (a castração), as histórias recobridoras viriam a preencher os espaços vazios da história recusada. É por isso que tomam a aparência de "verdades irrecusáveis e indiscutíveis", e é nesse sentido que não são mentiras: são anticonhecimento, −K. Já se disse que uma mentira repetida mil vezes soa como verdade. Nesse caso das histórias recobridoras, não se trata de repetir mil vezes a mentira, mas da função que uma dada versão passa a exercer na dinâmica psíquica do indivíduo e da coletividade: a função de blindagem e resistência.

Em paralelo, o que sabemos desde Freud é sobre a relação das memórias e histórias encobridoras com a repressão ou o recalque (*Verdrängung*). Memórias encobridoras encobrem, mas ao mesmo tempo revelam, ainda que de forma muito disfarçada, por meio de indícios laterais. A essa problemática é dedicado o segundo capítulo.

Já as histórias recobridoras mascaram e, como nos diz Tatiana, *obliteram*, estabelecendo uma cisão radical e rígida, excluindo e silenciando ativamente, não apenas desalojando, como dizia Freud acerca da repressão ou recalque (*Verdrängung*). Não se trata aqui de desalojar uma representação da consciência, mas de blindar e apagar todos os sinais, criando o campo do irrepresentável e ocupando-o com uma pseudorrepresentação: a história recobridora sem nenhum valor simbólico. Para evitar a dor, uma história recobridora é criada. Contudo, essa tentativa de defesa produz um fracasso na passagem da energia livre às representações psíquicas, o que impede a instalação de um trabalho de luto. Assim, "evita-se o

10 PREFÁCIO

contato com a perda, como na cripta; desse modo, a história recobridora protege da melancolia". O terceiro capítulo do livro, dedicado a essas operações de cisão e blindagem, guarda, assim, o maior tesouro da mina repleta de preciosidades que é o presente livro.

Em seguida, a pesquisa explora o alcance do conceito de história recobridora na leitura de um dos grandes romances do século XX, *Austerlitz*, de W. G. Sebald. Com ele, é trazido à cena um episódio fundamental do século, a perseguição e a tentativa de extermínio do povo judeu pelos alemães nazistas, pelo viés da experiência traumática de um menino sobrevivente, apagada e "reconstruída" com o recurso a histórias recobridoras. Assiste-se também nesse relato pungente à lenta e dolorosa desconstrução dessa história.

Finalmente, o conceito é usado para pensar uma situação clínica, ficcionalizada a partir da experiência da autora, para avaliar o uso que dele podemos fazer na prática da psicanálise, especialmente nos adoecimentos que se originaram no uso maciço e permanente das cisões e dissociações produzidas pela *Verleugnung*.

No processo muito trabalhoso de construir e defender sua tese – e aqui há efetivamente uma *tese*, e não apenas um relatório volumoso de boa pesquisa universitária –, Tatiana Inglez-Mazzarella precisou fazer um enorme e rico percurso pela literatura psicanalítica, mas também, como vimos, pela literatura da filosofia e das ciências sociais.

Esse esforço, no conjunto muito bem-sucedido, torna-se ainda mais aparente no último capítulo, em que Sebald, ao lado de outros autores, é reencontrado – trazendo consigo a questão dos traumas coletivos, dos efeitos da recusa e das versões enrijecidas (as histórias recobridoras) – operando em um plano macro-histórico e nacional, no caso o da Alemanha nazista e pós-nazista.

É um capítulo "conclusivo", mas de modo algum redundante. O tema das histórias recobridoras alça-se a um novo patamar e a um ainda maior esclarecimento. Por exemplo: não seria absurdo pensarmos, a partir das ideias aí expostas e desenvolvidas, questões tão atuais como a do nosso passado escravagista e a do chamado "racismo estrutural". Quantas das Histórias do Brasil, histórias de brasileiros e histórias brasileiras não precisariam ser entendidas como histórias recobridoras, versões da recusa coletiva ao traumático *cometido e sofrido* por toda uma nação de afrodescendentes miscigenados, mesmo se "brancos" na aparência?

Enfim, o livro merece ser lido do começo ao fim, com grande proveito para a formação tanto psicanalítica quanto humanística do leitor.

Foi para mim um enorme prazer ter acompanhado Tatiana na elaboração dessa tese desde o início de sua pesquisa até sua publicação.

E uma grande honra ter sido chamado para prefaciá-la.

São Paulo, março de 2021
Luís Claudio Figueiredo

Apresentação: o outro lado de uma mesma questão

Palavras iniciais

Este livro foi originalmente escrito em formato de tese de doutorado em Psicologia Clínica pela Pontifícia Universidade Católica de São Paulo. Nela, tive a orientação do Prof. Dr. Luís Claudio Figueiredo, que, além de um crítico excelente, foi muito importante em meu percurso de diversas maneiras: pelo que dizia, pelo que fazia, pelos momentos em que silenciava e me deixava no vazio necessário a toda criação. Agradeço a ele e a todos os colegas do grupo de orientação, dos quais muitos se tornaram amigos ao longo daqueles anos e saberão reconhecer cada uma de suas contribuições nas linhas e nas entrelinhas do livro.

Alguns anos se passaram desde a escrita da tese. É curiosa a sensação de publicá-la sob forma de livro agora. Há um misto de prazer no compartilhar das ideias nela presentes e um frio na barriga a partir de um distanciamento que me coloca numa posição crítica. Minha interminável formação e minha clínica seguiram nesse intervalo. Assim, se fosse escrevê-lo hoje, inevitavelmente seria um texto diferente. Hoje, passadas as discussões da defesa, o percurso clínico e o trabalho na transmissão da psicanálise – que envolve para mim muito prazer –, questiono algumas de minhas próprias ideias. Revisitar o texto impõe o desafio de lê-lo com uma distância produtora de novas perguntas e questionamentos e até – por que não? –, reposicionamentos.

É com esse espírito que apresento uma produção feita a partir de uma inquietação clínica que segue presente e acesa, pois são as inquietações que fazem de nosso ofício algo apaixonante. Convido você, leitor, a me acompanhar e contribuir com sua leitura nessa jornada em busca de outras respostas.

Para começar

> *Caminante, son tus huellas*
> *el camino, y nada más;*
> *caminante, no hay camino*
> *se hace camino al andar.*
> *Al andar se hace camino*
> *y al volver la vista atrás*
> *se ve la senda que nunca*
> *se ha de volver a pisar.*
> *Caminante, no hay camino*
> *sino estelas en la mar.*
> Antonio Machado (1969),
> "Extracto de proverbios y cantares (XXIX)"

É preciso concordar com Antonio Machado quando afirma que "se faz caminho ao andar"... Entre a intenção de caminhar e o reconhecimento da localização do caminho a ser trilhado pode haver um longo tempo e a necessidade de muito trabalho. A experiência do presente livro dá testemunho às palavras do poeta.

Em meio às reverberações de uma primeira experiência de escrita teórico-clínica na universidade e o frescor do vivido na clínica, alguns esboços e novas hipóteses acerca da temática que pretendo abordar me vieram à mente; assim, parti para uma nova caminhada. Sem dúvida, um caminho é trilhado com os próprios pés, contudo isso só é possível com a companhia de outros, que se tornam interlocutores e, desse modo, figuras imprescindíveis para a continuidade do passo a passo.

Uma questão surgida na conclusão de uma pesquisa anterior sobre a insistência de alguns ditos – que inviabilizam o esquecimento tão necessário à perlaboração – entrelaçou-se com situações vividas em minha clínica. Como resultado, ocorreu o despontar da primeira hipótese acerca do que poderia ser uma história recobridora.

O caminho trilhado constitui-se em um recorte temático de um fenômeno encontrado na clínica, mas também tratado pela literatura, debatido pela filosofia, enfim, presente na cultura. Um fenômeno, como tal, é sempre mais amplo e complexo do que qualquer abordagem que tente dele se aproximar. Reconhecendo, desse modo, as limitações de um trabalho de pesquisa, mas sem ignorar as várias dimensões desse fenômeno, procurei fazer uso de elementos de outras áreas. Assim, me aproximei de campos de interface com a psicanálise – filosofia, ciências sociais, teoria literária – em busca de dar estofo a uma formulação propriamente psicanalítica.

Nesse ínterim, tive contato com o romance *Austerlitz*, de W. G. Sebald. Ali identifiquei uma história recobridora e encontrei outras derivações utilizadas como fundamentos para pensar a questão, com as quais retornei à clínica. Convém lembrar que

Freud já havia pontuado a antecipação de conceitos psicanalíticos pelos escritores, sendo que o pai da psicanálise reconhecia isso como uma precisa aproximação à alma humana.

Começava a desenhar-se em mim a percepção do modo *como* algumas narrativas poderiam não funcionar a serviço da elaboração do traumático e, ainda mais, do quanto elas apresentavam uma faceta retraumatizante. Após essa trajetória da clínica à literatura e de retorno à clínica, definiu-se a arquitetura do presente trabalho.

Para passar do vivido ao experienciado – o que requer um bom trato de elaboração – é impossível não ter de se haver com os restos. Contudo, se, por um lado, é preciso lidar com as inconclusões, os paradoxos, as novas perguntas, as imprecisões, enfim, as arestas que sobraram, por outro, convém reconhecer (*a posteriori*) os efeitos elaborativos de uma pesquisa, talvez até de inscrição psíquica. Acredito que a própria temática em questão tenha suscitado alguns desafios: pensar, falar e escrever acerca daquilo que não circula de maneira representada, ou seja, o traumático.

Tenho consciência de que, ao me apropriar de elementos da literatura, da filosofia, da crítica literária, das ciências sociais, afasto-me do rigor de suas disciplinas de origem, pois, no contexto da presente pesquisa, tais elementos são rearranjados para estar "a serviço" de um referencial psicanalítico interessado na clínica e nos efeitos terapêuticos desta. Assim, minha intenção não é promover uma discussão intelectual acerca das histórias recobridoras, mas criar um espaço de reflexão comprometido com o fazer clínico cotidiano do analista.

Como se trata de uma reflexão a partir da psicanálise, retomo a tradição freudiana, seguida por Bion e Lacan (e por tantos outros), de recorrer aos aportes de outras áreas do conhecimento em busca de pontos de apoio ou até de pontos de diferenciação para o assentamento e a renovação da psicanálise.

Do início

A tese que resultou no livro começou a ser gestada desde os tempos de minha dissertação, publicada com o título *Fazer-se herdeiro: a transmissão psíquica entre gerações*. Desde então descobri referências que seguem imprescindíveis para minha reflexão.

Naquela ocasião, o foco de minha pesquisa foi a questão do não-dito em sua articulação com a temática da transmissão psíquica geracional. Por meio do atendimento de alguns analisandos, especialmente de crianças, deparei com algo da repetição através das gerações. Um sintoma dos filhos levava os pais à consulta. Chamava-me a atenção no discurso desses pais algo que aludia a um destino para seus filhos, já traçado e previsto como repetição do destino deles, que, por sua vez, já repetiam também algo do destino de seus próprios pais. Algumas vezes isso era explícito, sem que, contudo, pudessem se escutar naquela dimensão da qual falavam, e na qual suas filhas/seus filhos apresentavam;[1] outras vezes isso aparecia como mal-estar que rondava a sessão e marcava a escuta. Entretanto, havia somente indícios de algo.

Naquele momento, contava apenas com o deixar-me abalar pela escuta e com a tentativa de compreender do que se falava, ou, até mais aquém, do que não se falava, pois muitas vezes sequer havia palavras para isso.

---

1 Apresentação aqui é um termo utilizado em oposição a representação; trata-se de atuação ou sintoma no corpo, algo que se dá a ver sem que seja simbolizado.

Sabemos que a psicanálise com crianças impõe uma complexidade na trama transferencial. Trabalhamos com os pais e, às vezes, até com os avós. Essa presença vai além da presença no discurso, mas se faz integrante do processo. Assim, a clínica com crianças, com a qual aprendemos muito sobre a clínica como um todo, interroga-nos sobre o nosso ofício de analistas, na medida em que não temos como nos esquivar do trabalho com o aspecto infantil também dos pais.

Impulsionada pela clínica, elegi algumas questões que pudessem servir de guias para o trabalho de pesquisa: "Como alguém se constitui por meio do outro sem ser tomado por essa história alheia?"; "Como fazer uma história própria?"; "Como se fazer herdeiro?".

Minha hipótese era a de que a discussão do tema da transmissão psíquica geracional no campo da psicanálise pudesse contribuir para a ampliação da escuta de nossos analisandos e trazer elementos para a reflexão acerca do manejo, em especial (mas não de forma exclusiva) dos casos atualmente nomeados como difíceis: os casos patológicos de luto, os traumatismos, os sofrimentos narcisistas e as expressões da perversão.

Defendia, ainda, a ideia (um tanto controvertida, mesmo entre os próprios autores que têm se dedicado ao tema) de que a importância da transmissão psíquica geracional não se restringe ao campo das análises familiares e grupais. As análises individuais também podem e devem considerar essa transmissão, baseadas na escuta do sujeito, na complexidade da trama construída nas inter-relações, com fios tecidos entre ditos, não-ditos, mandatos, segredos, demandas...

Desde Freud podemos acompanhar uma referência às questões da transmissão. É certo que, até o momento em que escreve, em 1939, "Moisés e o monoteísmo", a ênfase recai sobre o aspecto positivo da transmissão. Contudo, esse texto destaca a contradição entre a história oficial e a transmissão oral, sendo esta mantenedora de uma religião mosaica que remonta à sua origem egípcia, o que deixa traços do ocultado, possibilitando a apresentação deste. Se, por um lado, há entre estudiosos da religião e historiadores duras críticas à tese freudiana (uma vez que colocam em dúvida a veracidade dos "fatos" trazidos para a discussão), por outro, é inegável o valor dessa contribuição freudiana para a teoria psicanalítica. Mais uma vez, Freud aproxima a psicologia individual da grupal e volta a trabalhar com uma questão cara à psicanálise: a repetição.

Com base no conceito de trauma e observando sua presença nas diversas formas de estruturação psíquica, da fobia à psicose, é possível distinguir os efeitos do traumático, que ora ocorrem como retorno do recalcado, ora como alojamento de um "corpo estranho" no psiquismo. Essa passagem de um estado a outro fez sentido para mim no momento em que a relacionei com a ideia de Lacan acerca da estruturação da psicose em três gerações: uma experiência traumática na primeira geração não encontra possibilidade de representação na segunda e é apresentada na terceira sob forma de um delírio. Então, poderíamos nos apoiar na verdade do delírio como argumento a favor da transmissão psíquica geracional.

A obra de Bernard Penot denominada *Figuras da recusa: aquém do negativo* (1992) traz o relato de alguns casos nos quais podemos acompanhar esse movimento da transmissão no trabalho do autor, especialmente com adolescentes psicóticos na França.

É ainda em *Moisés e o monoteísmo* (1939/1996h) que Freud propõe a compreensão da herança arcaica como aquilo que opera em nosso psiquismo sem havermos tido uma experiência direta, ou seja, aquilo que preserva nas pessoas, em forma de marcas, o experimentado pelas gerações de seus antepassados.

Outras referências foram Abraham e Torok (1995), analistas de origem húngara e descendentes de Ferenczi. Com um trabalho que privilegia uma clínica voltada para o luto, buscam compreender o aspecto patológico da transmissão, aquele originado da impossibilidade de simbolização. Eles formulam os conceitos de cripta e fantasma e se dedicam ao estudo da falha na transmissão. Se a dimensão fantasmática é o que desenvolve e sustenta a transmissão entre gerações, a dimensão da realidade não é, para eles, menos importante.

Abre-se um campo de reflexão fecundo quando se articula o intersubjetivo (representado no grupo primário da família e do social) com o intrapsíquico na constituição do sujeito. Podemos pensar, por exemplo, que diante de catástrofes sociais o trabalho da memória poderá contribuir para que ainda seja possível alguma nomeação, representação e simbolização, permitindo restituir, pelo menos em parte, o tecido simbólico "esburacado" pela situação violenta, por meio de uma contraposição ao horror experimentado na realidade. Se a família e o meio social não reconhecem a dimensão de uma realidade violenta, a denegação opera de modo tão nefasto quanto a situação traumática em si. O não falar impossibilita o pensamento. Presentifica-se a dimensão negativa da transmissão quando a vivência fica sem possibilidade de reconhecimento.

O traumático configura-se, assim, em virtude da impossibilidade de inscrição do horror vivido; este, por meio da repetição, segue se apresentando, sem poder ser minimamente representado.

A principal contribuição dos estudos acerca da transmissão psíquica através das gerações é a ampliação da escuta durante um processo analítico, o que cria condições necessárias para o emergir do sujeito da análise. Kaës, Faimberg, Enriquez e Baranes

(2001) ressaltam que, quando as diferenças fundamentais – a diferença entre os sexos e a diferença entre as gerações[2] – não estão garantidas (e, de fato, elas nunca estão totalmente...), é preciso que o trabalho analítico incida na devolução da capacidade de pensar a posição do sujeito no conjunto. Para Kaës, a condição humana implica o nascer em um grupo. Estamos atrelados a uma origem que nos diz respeito, embora a ela não tenhamos acesso. Dela temos apenas notícias, por meio do que será reconstruído *a posteriori*. Somos o elo em uma cadeia muito anterior à nossa chegada, com a qual temos uma dívida. Há uma origem que nos é, ao mesmo tempo, inacessível e determinante.

Desse modo, é possível pensar sobre a ideia de repetição da fatalidade para além de seu caráter individual; trata-se de uma repetição que não respeita os limites entre os diversos membros da família, sendo persistente ao longo das gerações.

Podemos entender sintomas físicos e psíquicos como sinais de algo transmitido geracionalmente. Para tanto, é importante distinguir dois tipos de transmissão: o que se dá pela repetição da cadeia significante e o que se dá pela radicalidade do negativo (nesse caso, ocorre a transmissão daquilo que se refere à ausência de representação ou de representabilidade). O trabalho de análise aposta no deslocamento do corpo, do silêncio ou da atuação, permitindo, dessa forma, introduzir a dramática no campo das palavras. Assim se estabelece a possibilidade de compreensão das relações entre o não-dito e a transmissão, tanto na vertente do proibido de dizer quanto do inominável.

O segredo como interceptação do dizer, como proibição deliberada, pelo menos em princípio, pressupõe uma interdição: "disso não se fala". Há algo a ser ocultado, geralmente por estar associado à vergonha e à culpa. Embora não faladas, essas histórias insistem nas gerações seguintes sob forma de um recalcado, que vez por outra retorna. Convém notar que, na clínica, esta última forma de não-dito produz alguns efeitos, por vezes aterrorizantes e repletos de angústia também irrepresentável, sob a forma de apresentações da ordem da atuação, do delírio, da psicossomática.

Uma forma possível de aproximação ao indizível é a admissão de que ele jamais será todo dito. Há e haverá sempre um resto que resiste à simbolização. Justamente entre o dizer todo e o nada dizer, porque não há palavras, coloca-se a tarefa analítica do alargamento representacional.

É importante mencionar que a negatividade da transmissão encontra lugar em grande número de atendimentos; contudo, em alguns, torna-se o centro da problemática.

Como eixo da constituição do sujeito, a diferença entre as gerações ganha dimensão fundamental. Assim, a repercussão disso no analista acaba provocando uma mudança na qualidade da escuta. A escuta, por sua vez, convoca intervenções, que, em alguma medida, antes precisam ser pensadas e recriadas. Desse modo, tais reflexões possibilitam uma clínica que considere imprescindível a apropriação da herança pelo analisando, como algo capaz de fazer frente à errância do legado das gerações anteriores.

O estudo do tema da transmissão psíquica através das gerações permite, então, articular a intersubjetividade à constituição psíquica, de forma a questionar a distinção radical entre o eu e o outro. Ora, esse viés concede também à diferença entre as gerações um lugar tão relevante na construção da subjetividade quanto o concedido à diferença entre os sexos. Assim, compreendo que pensar na transmissão psíquica geracional é pensar numa articulação entre narcisismo e Édipo, entre história e pré-história, entre constituição psíquica e laço social.

Para fazer dos ruídos material de trabalho, dos fragmentos esparsos da história uma narrativa, ou até do indizível o nomeado, é preciso um afinamento da escuta. Somente isso permite ao analista auxiliar o analisando a apropriar-se da herança deste, seja pela criação de um mito de origem, pela (re)construção de uma narrativa capaz de integrar elementos familiares secretos, seja pela pontuação do impossível. Convém destacar, aliás, que pontuar o impossível é criar uma oportunidade para que se reconheçam os limites do representável.

Uma análise pode propiciar ao analisando um posicionamento diante de sua ascendência, levando-o a construir simultaneamente uma pertença e uma existência singular.

Contudo, muitas vezes, o analista, diante do indizível, é também convocado para algo em suas próprias zonas de silêncio. Desse modo, o espaço de discussão (sendo esta assimétrica ou simétrica) com outros colegas, assim como a reflexão, contribui para disponibilizar outra vez nossa capacidade representacional diante do impensável.

Eis a contribuição dos estudos acerca da transmissão psíquica geracional, especialmente em sua dimensão de negatividade, para a clínica psicanalítica: possibilitar uma escuta mais aguçada do analisando através do tempo, das gerações, restituindo a ele o que lhe pertence, discriminando isso do que carrega como sobrepeso.

As histórias recobridoras

A história que podemos contar e contar-nos acerca de nossa existência é tecida com fios de diversas espessuras, cores, resistências... Tomarei, para início de conversa, as histórias familiares por meio das quais nos deparamos com o que chamarei aqui de histórias encobridoras, em referência às lembranças encobridoras de Freud.

Vou ainda me debruçar sobre o trabalho com o dito, mais especificamente com certo tipo de dito, que é presente, estável e repetido de forma excessiva, fazendo-nos desconfiar de sua função. Falo de histórias que insistem e se repetem, e que, por sua fixidez, tornam-se obliterantes. Elas tamponam algo, inviabilizam a criação de outras versões, imprescindíveis para que o sujeito se aproprie de sua herança. A essas construções narrativas dou o nome de histórias recobridoras, para diferenciá-las das que proponho como encobridoras, com base no conceito freudiano de lembrança encobridora.

Qual seria o estatuto dessas construções? Será que podemos considerá-las como algo simbólico? Como elas operam impedindo o "bom esquecimento" freudiano?

Faz parte da exigência de nosso ofício que nos deixemos tocar pelo sofrimento daqueles que nos procuram e, simultaneamente, que consigamos nos pôr a trabalhar a partir daí. Para tanto, a escrita constitui-se em importante ferramenta. Associada aos espaços de interlocução com outros analistas, a escrita funciona como um terceiro, fundamental para os analistas assumirem a condução do tratamento, após terem sido reconhecidos como sujeito suposto saber por seus analisandos. Também é por meio da escrita que ganhamos impulso para saltar em direção a mais uma oportunidade de elaboração teórico-clínica de nossa práxis.

Passo a apresentar ao leitor o caminho percorrido para chegar até aqui. Procurei manter a maior proximidade possível dos impasses, dos embaraços e das dificuldades inerentes tanto ao ofício de analista e à temática quanto à escrita em si. O texto reflete e chega até, por vezes, a prender-se nos nós dos quais tenta dar conta. Pergunto-me se haveria alguma outra maneira de aproximação ao traumático.

Contudo, ainda assim, sigo na esperança de ter dado alguns passos em direção à palavra – mesmo sabendo que não há palavra que possa acessar a experiência em sua totalidade – e de poder compartilhar algo com o leitor, tanto da experiência da clínica quanto da de escrita. Considero esses aspectos essenciais ao psicanalisar. Meu desejo é que as questões aqui mencionadas venham a ser revistas e redescobertas. Para tanto descrevo a seguir a estrutura do livro.

No Capítulo 1, "Alguns conceitos preliminares", apresento, com base nas teorias de Benjamin (1933/1994a, 1936/1994b, 1940/1994c) e de Agamben (2005, 2008), alguns conceitos fundamentais para a discussão dos diferentes estatutos de história propostos, como acontecimento, experiência, narrativa, história e transmissão.

No Capítulo 2, "As histórias encobridoras e sua função de velamento", abordo aquilo que chamo de história encobridora. Trata-se de uma narrativa construída pelo mecanismo da lembrança encobridora. Para tanto, faço uso do texto "Lembranças encobridoras", de Freud (1899/1996a), no qual o autor discute a lembrança encobridora como expressão do recalque (evidenciando a aproximação entre lembrar e esquecer no que diz respeito a esse aspecto).

No Capítulo 3, "As histórias recobridoras e sua função de tamponamento", busco conceituar lembrança recobridora, apontando o mecanismo de defesa nela mobilizado: a recusa. Convém destacar que a recusa e seus efeitos dissociativos produzem uma fixidez e uma imobilidade diferentes daquilo que é produzido no recalque. Começo pelas diferenças entre recalque e recusa para, em seguida, abordar as identificações, pois elas constituem outro importante elemento para a formulação da tese acerca das histórias recobridoras. No terceiro item, debato a ideia da análise como processo em que o analisando dá testemunho de si, considerando o impedimento desse testemunho na história recobridora. Recorro, então, ao que chamo de escuta testemunhal como recurso para a abordagem das histórias recobridoras na clínica.

Nos capítulos 4, "Austerlitz: da história recobridora", e 5, "Quando as lembranças anestesiam: uma história de loucura que recobre uma mãe", insisto na busca da delimitação do conceito de histórias recobridoras, por meio da análise da obra *Austerlitz*, de W. G. Sebald, e também pela apresentação de uma construção clínica referente a um atendimento realizado por mim. Espero, com isso, maior aproximação ao fenômeno (alinhavado em termos metapsicológicos no capítulo precedente). Faço também alguns apontamentos no que diz respeito ao trabalho do psicanalista com as histórias recobridoras.

Em "Conclusão: tecendo o final", discuto a relevância do conceito de história recobridora para a clínica psicanalítica, assim como para o trabalho do analista. Procuro, ainda, articular o conceito de história recobridora com a temática da transmissão psíquica geracional.

1. Alguns conceitos preliminares

O passado traz consigo um índice misterioso, que o impele à redenção. Pois não somos tocados por um sopro do ar que foi respirado antes? Não existem, nas vozes que escutamos, ecos das vozes que emudeceram? Não têm as mulheres que cortejamos irmãs que elas não chegaram a conhecer? Se assim é, existe um encontro secreto, marcado entre as gerações precedentes e a nossa.
Walter Benjamin (1936), *Magia e técnica, arte e política: ensaios sobre literatura e história da cultura*

O objetivo deste capítulo é apresentar elementos relevantes para a discussão acerca do estatuto das histórias recobridoras. Para tanto, irei me aproximar também de outras áreas do conhecimento, considerando a interface destas com a psicanálise, uma vez que estou em busca de tudo aquilo que possa subsidiar o conceito de história recobridora a ser erigido.

Origem e história

Ansermet (2003) lembra-nos que não nos é facultado nem escolher nem mudar nossa origem. Somos, então, por ela modelados, embora sem podermos acessá-la diretamente. Só temos notícias do que nos precede por meio de fragmentos, sempre reconstruídos em um relato *a posteriori*, fato que nos impõe um trabalho permanente de historicização. Portanto, não há como escapar a uma narrativa. A imperiosa questão da origem coloca o sujeito diante da difícil, interminável e estruturante tarefa de nomear, criar sentidos e estabelecer bordas que possam fazer uma aproximação àquilo que sempre escapa. Contar uma história sobre si é uma tentativa "manca" de articular marcas, inscrições, transbordamentos; ou seja, de encontrar um fio condutor que organize, ainda que transitoriamente, aquilo que foi vivido.

Entramos na complexa discussão acerca do registro, da inscrição do vivido. São as palavras que possibilitam a passagem do acontecimento[1] à experiência.[2] É por meio da linguagem, então, que tentaremos construir bordas para circunscrever algo do vivenciado. Seguimos, durante a vida, refazendo constantemente um trabalho iniciado ainda em tempos imemoriais. Nessa complexa composição, entre marcas e inscrições, entendo o historicizar como tarefa inexequível em sua plenitude, mas completamente necessária à instalação e à continuidade da vida.

Na condição de humanos, estamos situados entre dois elementos cujo desvendamento é impossível: a origem e a morte. Entre

---

1 Segundo o dicionário *Houaiss*, aquilo que acontece, uma ocorrência, um fato. Há também um segundo significado ligado à ideia de inesperado.
2 Utilizarei "experiência" com o sentido do que foi transformado via apropriação do vivido.

eles, resta-nos a aventura da construção de uma história, de uma narrativa que possibilite a apropriação do que foi vivido.

Ansermet (2003) afirma que "toda busca da origem tropeça em um umbigo, cicatriz deixada no corpo por uma primeira separação, sinal da entrada no tempo, que implica de uma e só vez um futuro indiscernível e um passado inacessível" (p. 108). Então, de que historiografia se trata?

A leitura que Gagnebin (2007a) realiza da historiografia benjaminiana ajuda-me a pensar sobre isso. Segundo a autora, a historiografia de Benjamin utiliza-se de uma temporalidade não cronológica, mas baseada na intensidade. No lugar de uma sucessão, há uma coexistência entre o eterno e o efêmero, na figura de um historiador que se parece mais com um colecionador do que com aquele que estabelece relações causais entre os acontecimentos. Trata-se de um historiador que coleta, separa e expõe informações sem que precise explicá-las de antemão. Nesse sentido, ele produz cortes na linha do tempo histórica. O contato com a brutalidade do objeto impede que este seja esquecido ou destruído. São esses cortes ou interrupções, como diz Gagnebin, que, ao pararem o tempo, podem permitir ao passado recalcado ressurgir no presente. Esse é um presente que atualiza o passado.

> *História e temporalidade não são, portanto, negadas, mas se encontram, por assim dizer, concentradas no objeto: relação intensiva do objeto com o tempo, do tempo no objeto, e não extensiva do objeto no tempo, colocado como por acidente num desenrolar histórico heterogêneo à sua constituição. (Gagnebin, 2007a, p. 11)*

Ainda no que diz respeito à temporalidade, remeto o leitor ao conceito de origem (*Ursprung*), também na obra de Benjamin.

30 ALGUNS CONCEITOS PRELIMINARES

Gagnebin (2007a) destaca uma composição da origem feita de saltos, recortes e paragens que desconstroem uma ideia cronológica em favor de uma retomada do passado no presente. Essa temporalidade é muito semelhante à freudiana do *après-coup*, também disruptiva em termos de linearidade. Convém observar, portanto, que faz um entrelaçamento entre origem e história, na medida em que a não linearidade concerne a ambas. Assim, a origem guarda tanto a dimensão do repetir quanto a do inovar, conforme uma narrativa pode ser construída. Nessa construção, o encontro com o passado permite transformá-lo em presente, e, desse modo, o presente é também transformado.

Gagnebin (2007a) chama a atenção para o método empregado por Benjamin: iluminar o que é atípico e que escapa à classificação, fugindo à regra positivista de ênfase no mediano. Não é à toa que se interessa pela monstruosidade dos personagens kafkianos ou pela anormalidade dos casos freudianos. Para a autora, é a ideia de salvação que norteia as escolhas de Benjamin. Ele parte da leitura do dado (em sua positividade) e vai em direção ao rastro e à promessa de outra verdade.

Nessa perspectiva histórica, a origem, para Benjamin, é "ao mesmo tempo indício de totalidade e marca notória da sua falta" (Gagnebin, 2007a, p. 14). Não há, portanto, garantia do cumprimento de uma promessa, de um final feliz ou de redenção do passado. Uma relação com o passado via rememoração, por mais cuidadosa que possa ser, não tem como escapar aos processos de mediação e reflexão. A origem, por um lado, remete à ideia de restauração e reprodução; por outro, à de incompletude e inacabamento. Benjamin propõe uma restauração que reconheça a perda, numa retomada constante do passado considerado como abertura para o futuro: um inacabamento constitutivo.

Gagnebin (2007a) acrescenta que a origem, segundo Benjamin, só pode realizar-se historicamente, pois é a ligação entre dois elementos que produz um novo sentido. Essa ideia de origem como algo diferenciado de gênese considera a rememoração do passado um pressuposto para a transformação do presente. Assim, uma "narração, por mais coerente que seja, precisa ser interrompida, desmontada, recortada e entrecortada" (Gagnebin, 2007a, p. 17).

Não há nada mais próximo da psicanálise, em termos de historicização, do que esta leitura: a perda ganha um papel de destaque como aquilo que engendra a constituição do sujeito e a criação de sua história. Existe uma ligação permanente entre a referência ao Outro e a singularização, tornando-as aspectos indissociáveis. A constituição do sujeito, portanto, está sempre num campo de tensão entre o dado (o atribuído, mesmo antes do nascimento) e o escolhido (modo de o sujeito lidar com o dado). A verdade histórica do sujeito será, então, uma criação baseada em outras histórias e na História.[3]

Ansermet (2003) ressalta, com propriedade, que, no âmago da história de todo humano, está um não evocável, um primeiro tempo inacessível – a origem – responsável por nos permitir entrar no tempo; esse tempo, há pouco referido, em psicanálise, não diz respeito ao registro cronológico.[4] Então, como se constrói uma narrativa historicizante? Qual é a relação entre narrativa e experiência?

---

3 Com "H" maiúsculo, por se referir à história da humanidade, sempre mais ampla que a história pessoal.

4 Esse aspecto temporal será retomado no capítulo seguinte, que aborda as histórias encobridoras.

Narrativa e experiência

Narrar é definido por Benjamin como "a faculdade de intercambiar experiências". Em seu texto *Experiência e pobreza*, de 1933, o autor considera a mudez dos combatentes, ao voltarem dos campos de batalha da Primeira Guerra Mundial, como prova do empobrecimento do comunicável, o que, segundo ele, não foi superado pelos livros escritos posteriormente.

Aqueles que fizeram contato direto com situações nas quais o corpo humano surge brutalmente em sua fragilidade e em sua pequenez vivenciaram uma radicalidade. A mudez põe em evidência o fracasso do trabalho diante do real[5] do corpo. Pode-se supor que haverá efeitos disso nas gerações seguintes, quando a possibilidade de intercâmbio da experiência encontrar-se obstaculizada ou impedida.

Segundo Benjamin, o desenvolvimento da técnica acarretou uma desapropriação da experiência do homem. Ele se refere a uma "galvanização" como forma de velar a pobreza. Ao questionar "qual o valor de todo nosso patrimônio cultural, se a experiência não mais se vincula a nós?", Benjamin (1940/1994c, p. 114), chama a atenção para essa "galvanização" no século anterior, além de antecipar o que veríamos como os efeitos dos horrores da Segunda Guerra Mundial poucos anos depois de terminada. Destaca,

---

5 "Real: termo empregado como substantivo por Jacques Lacan, introduzido em 1953 e extraído, simultaneamente, do vocabulário da filosofia e do conceito freudiano de realidade psíquica, para designar uma realidade fenomênica que é imanente à representação e impossível de simbolizar. Utilizado no contexto de uma tópica, o conceito de real é inseparável dos outros dois componentes desta, o imaginário e o simbólico, e forma com eles uma estrutura. Designa a realidade própria da psicose (delírio, alucinação), na medida em que é composto dos significantes forcluídos (rejeitados) do simbólico" (Roudinesco & Plon, 1998, pp. 644-645).

ainda, o apagamento dos rastros e dos vestígios como evidência da intenção dos homens de se libertarem de toda experiência: há o empobrecimento, "uma existência que se basta a si mesma, em cada episódio" (Benjamin, 1940/1994c, p. 119).

Entendo, de um prisma psicanalítico, que a historicização depende de uma apropriação da experiência – aquilo que tenho marcado como a transformação de uma vivência em experiência –, sendo, portanto, um recorte realizado pelo sujeito num certo *continuum* da vida. Para tanto, são imprescindíveis a nomeação e a atribuição de sentido ao vivido.

Rosa (2009), com base em Lacan, fala do poder de nomeação como aquele que estrutura a própria percepção. A nomeação estabelece um pacto: os objetos podem ser percebidos para além do instantâneo e reconhecidos por dois sujeitos em acordo. É a dimensão simbólica que permite aos sujeitos ultrapassarem a dimensão de uma vivência que, como tal, está aprisionada no imediato. O imediato, o tempo presente, não pode ser apreendido como experiência subjetiva. Desse modo, são quase óbvios os entrelaces entre a simbolização e a experiência.

Nas palavras de Rosa (2009), "[a] dimensão simbólica dá pistas de como o sujeito pode transcender o empírico, o imediato, o sensível. As falhas na simbolização redundam em veredictos ou emudecem no sem sentido, quando o fato é tomado como experiência de valor traumático" (p. 26).

São as falhas de simbolização em sua redundância de veredicto que interessam neste livro. A vivência é apartada do que se pode falar sobre ela; assim, a fala, ao registrar a história, torna-se incapaz de construir um testemunho sobre si, pois não deixa abertura para novas produções de sentido, vitais à continuidade da vida. A falha de simbolização impede a apropriação de vivências, que, desse modo, não se constituem como experiências.

É a palavra que "instala" os fatos e permite fazer história. O vocábulo "história" deve ser aqui entendido como trama de sentidos, como significâncias que falam da posição de um sujeito. Ainda assim, convém reiterar que o sujeito se constitui por meio de sua relação com o Outro. Portanto, uma história se faz com base em outras histórias e sempre se refere à História.

Entretanto, é preciso que também haja espaço para a falta de sentido, pois é ela que põe em movimento a busca, a apropriação, ou seja, que coloca em marcha o processo de historicização, que, como tal, jamais pode ser totalmente finalizado. Rosa (2009) afirma que a palavra confere ordem ao pulsional, mas não dá conta de tudo, deixando sobras deste no real. O dito, logo, só se configura articulado ao não-dito. Desse modo, ao admitir que "dizer tudo" é impossível, colocamos os restos como limite e, simultaneamente, como abertura para novos sentidos.

Encontro no texto "O narrador" elementos subsidiários para tratar da questão da ameaça à abertura a novos sentidos. Nessa obra, Benjamin (1936/1994b) discute acerca daquilo que é imprescindível para constituir um narrador: ter muito para contar, seja por sua condição de viajante (ter mantido contato com o estrangeiro), seja por sua condição de mestre (agregar em torno de si outros para os quais conta sobre suas histórias e tradições).

Se, em "Experiência e pobreza" (1933/1994a), o foco é a expropriação da experiência, em "O narrador" ele chama a atenção para o quanto a narrativa encontra-se ameaçada. Começa a argumentação destacando, no período moderno, o surgimento do romance, que se distinguiu das outras formas de prosa por não proceder do oral, ser uma obra solitária, não ser obrigatoriamente reprodutora da experiência do narrador nem da de outros e, portanto, não poder dar nem receber conselhos.

Ressalta Benjamin (1936/1994b) que o mais ameaçador à narrativa é a informação. O saber vindo de longe tanto no sentido temporal (tradição) quanto no espacial (terras distantes) fazia uso de uma autoridade para além da experiência direta com o ocorrido. Entendo que Benjamin utiliza o conceito de experiência como algo que se estabelece por meio da própria narrativa, como uma espécie de "banho de palavras" que coloca narrador e ouvinte em condição de experimentar. A ameaça da informação reside justamente aí: ela é passível de verificação imediata, plausível e compreensível "em si e para si". Fatos e explicações já vêm soldados. Na narrativa, cabe ao leitor construir suas próprias interpretações; na informação, ao contrário, há uma restrição no campo do sentido, e seu valor repousa na novidade como algo indispensável. Ora, a novidade e a apropriação do vivido são, de certa forma, incompatíveis. É impossível ao psiquismo apropriar-se de algo se estiver submetido permanentemente ao novo. Sabemos que a tarefa de apropriação exige tempo, enfrentamento de perdas, construções, reposicionamentos, enfim, muito trabalho psíquico.

A abertura, a distensão psíquica e a marca do narrador[6] são imprescindíveis à narrativa. A elas, Benjamin acrescenta os vestígios deixados pelos que viveram e pelos que narraram. O autor destaca o quanto a morte perde força a partir do século XIX, com a criação de instituições sociais, como os sanatórios e os hospitais, que a isolam e evitam seu espetáculo. É diante do imperativo da morte que a transmissão se faz necessária e urgente:

> Ora, é no momento da morte que o saber e a sabedoria do homem e, sobretudo, sua existência vivida – e é dessa que são feitas as histórias – assumem pela primeira vez sua forma transmissível. Assim como no

---

6 "... como a mão do oleiro na argila do vaso" (Benjamin, 1936/1994b, p. 205).

36 ALGUNS CONCEITOS PRELIMINARES

interior do agonizante desfilam inúmeras imagens –
visões de si mesmo, nas quais ele se havia encontrado
sem se dar conta disso –, assim o inesquecível aflora de
repente em seus gestos e olhares, conferindo a tudo o
que lhe diz respeito aquela autoridade que mesmo um
pobre diabo possui ao morrer, para os vivos ao seu re-
dor. Na origem da narrativa está essa autoridade.
(Benjamin, 1936/1994b, p. 207)

O que liga o narrador ao ouvinte é a conservação do que foi narrado; essa ligação inclui tanto tradição quanto transformação. A memória, "a mais épica de todas as faculdades", fica como responsável pela apropriação e, simultaneamente, pela resignação quando da chegada da morte. A memória tanto presentifica o objeto ausente quanto é peça-chave para a elaboração do luto.

Ansermet (2003) destaca que a memória congrega as ideias de passado, perda e luto como forma de uma possível restituição. É como atividade de ligação psíquica que a memória articula o antes, o agora e o depois, possibilitando, desse modo, que se atribua sentido ao presente. Mas, para isso, é indispensável o vínculo entre memória e esquecimento, caso contrário, "não poderíamos experimentar nem a duração, nem a mudança sem os laços que ela faz. Sem a amnésia infantil, o sujeito não teria história" (Ansermet, 2003, p. 111).

Segundo Gagnebin (1994), a teoria da narração de Benjamin é um refletir acerca do "discurso a respeito da história". Nessa teoria, o autor estabelece relações entre narrativa e história. Benjamin, ao se opor ao historicismo – que cultiva a imagem eterna do passado e a teoria do progresso – que toma a história como previsível e inevitável, propõe que um historiador seja alguém que constitua uma experiência com o passado. No texto "Verdade e memória do passado", Gagnebin (2006) argumenta que, para Benjamin, não é possível estabelecer uma correspondência entre o discurso científico e os fatos históricos. É por meio da nomeação, da linguagem, que os fatos se constituem. Não se trata de uma descrição, mas de "uma *narração* que obedece a interesses precisos" (Gagnebin, 2006, p. 40, grifo do original).

Já para Rudelic-Fernandez (1996), com base em um referencial psicanalítico, narrar supõe contar uma história, então, considera ser essa instância discursiva a responsável por integrar "o outro no mesmo". Isso significa apropriar-se "das imagens e das lembranças, dos personagens e dos cenários, dos ritmos e das melodias, para representá-los numa cena imaginária (mimesis), transformá-los numa história ficcional (mythos) e deles fazer um relato" (p. 722).

Entendo que a ideia de "o outro no mesmo" explicita o caráter tanto de manutenção quanto de transformação, aspectos necessários e articulados para que algo se constitua como experiência e possa ser transmitido. Isso se aproxima bastante da definição de Benjamin. Recorreremos, então, uma vez mais a esse autor para refletirmos acerca dessa articulação.

O conceito de "história" de Benjamin comporta simultaneamente a memória, a tradição e as modificações desta, ou seja, diz respeito a uma polissêmica, complexa e delicada articulação. Aqui encontro importantes fundamentos para a discussão acerca da memória e do esquecimento.

Gagnebin (1994) afirma que as referências de Benjamin para abordar as questões acerca da memória e do esquecimento são Proust e Kafka, respectivamente. Seguindo a trilha proustiana, vale destacar que a relação estabelecida entre o vivido e o lembrado inclui a dimensão do tempo. Enquanto o vivido é finito, o lembrado é infinito. Para Proust, há presença do passado no presente, um presente já prefigurado no passado. Daí decorre a ideia de um passado que é salvo pelo historiador ao ser descoberto na atualidade, podendo ser considerado "uma realização possível dessa promessa anterior" (Gagnebin, 1994, p. 16).

Gagnebin menciona a importância do narrador de Kafka, considerando-o "o maior narrador moderno". Por meio da perda da experiência, da desagregação da tradição e do desaparecimento do sentido primordial, esse narrador preconiza o fim da transmissão da mensagem definitiva, o que, ao mesmo tempo, significa ameaça de destruição e abertura para novos sentidos.

Em seu texto "Não contar mais?", Gagnebin (2007b) chama a atenção para aspectos importantes de "O narrador" e "Experiência e pobreza", de Benjamin. A autora suspeita de uma contradição entre as ideias apresentadas nessas obras: enquanto a segunda aponta o esfacelamento da narrativa tradicional, a primeira, escrita posteriormente, busca definir uma narrativa capaz de rememorar sem se transformar em narrativa mítica universal. A autora, contudo, procura destacar um ponto de confluência entre os dois textos: a problemática do desaparecimento dos rastros.

Gagnebin (2007b) diz-nos que as certezas coletivas foram paulatinamente substituídas pelos valores individuais e privados. Não podemos esquecer que é nesse contexto que nasce a psicanálise, ou seja, no momento em que surge um novo conceito de experiência, segundo o qual a história deixa de priorizar o comunitário e passa a enfatizar o individual. Há um processo de interiorização espacial (arquitetônica) e psicológica que leva da experiência calcada no coletivo (*Erfahrung*) para aquela calcada na vivência individual (*Erlebnis*). Mas outro fator também foi responsável pelo surgimento do moderno conceito de experiência: o sofrimento inenarrável, aquele que não pode ser traduzido nem comunicado. Eis as considerações de Gagnebin (2007b) a respeito disso:

Como descrever esta atividade narradora que salvaria o passado, mas saberia resistir à tentação de preencher suas faltas e de sufocar seus silêncios? Qual seria esta narração salvadora que preservaria, não obstante, a irredutibilidade do passado, que saberia deixá-lo inacabado, assim como, igualmente, saberia respeitar a imprevisibilidade do presente? Uma narração cuja dinâmica profunda não deixa de lembrar esse movimento paradoxal de restauração e de abertura que descreve o conceito benjaminiano de origem. (p. 63)

Como se pode notar, essas questões ligam-se diretamente aos propósitos deste trabalho, pois aqui pretendo tratar daquilo que se refere a uma narrativa a serviço da elaboração, o que pressupõe a coexistência de memória e esquecimento. A construção de uma história implica fazer contato indiretamente com a origem, mas, ao mesmo tempo, deixar abertura para a singularização, para a apropriação de uma herança. É também desse modo que se posiciona Figueiredo (2002):

A "experiência elementar e básica" é da ordem da ficção; toda experiência é construída ou, melhor dizendo, toda experiência é em construção. *Isto significa, porém, em consequência e em contrapartida, que toda experiência implica, igualmente,* destruição, *perdas de formas e figuras e, portanto, luto. E ainda há o que não se perde nem se cria, repetindo-se cegamente na experiência.* (p. 24, grifos do original)

Cabe aqui uma reflexão acerca da narrativa em sua articulação com a experiência. Convém notar que, caso a história não

40 ALGUNS CONCEITOS PRELIMINARES

mantenha contato com rastros e vestígios da experiência, transforma-se num amontoado de palavras desencarnadas, ou torna-se inoperante no que diz respeito ao simbólico. Uma narrativa que não mantém ligação com a experiência é incapaz de funcionar como fator subjetivante; aliás, ao contrário disso, é capaz de deixar o humano à mercê do pulsional e do traumático. Retomarei esse aspecto durante a abordagem das histórias recobridoras; estas, ao perderem a polissemia, o conflito, a contradição, nos colocam diante da Verdade, na qual não há lugar para as narrativas elaborativas.

Do homem moderno ao contemporâneo

Agamben (2005) defende a ideia de que o homem contemporâneo sofre de uma incapacidade de fazer e transmitir experiência, algo já anunciado por Benjamin em 1933. Se, para Benjamin, a referida inaptidão estaria associada à catástrofe (como os acontecimentos da Primeira Guerra), para Agamben, estaria atrelada a uma existência cotidiana lotada de eventos pouco traduzíveis em experiência.

Segundo Agamben, o homem contemporâneo está imerso em muitos acontecimentos que não se traduzem em experiências, pois sofre de uma incapacidade insuportável de tradução. Incapacidade esta que não se relaciona nem com a falta de qualidade nem com a insignificância de sua vida cotidiana, pois o autor nos lembra que, talvez, jamais se tenha vivido antes tantos eventos significativos no cotidiano.

Agamben reafirma que a experiência encontra o seu correlato na autoridade, ideia também já lançada por Benjamin. Entretanto, para o primeiro, há uma complicação a esse respeito, pois não se aceita na contemporaneidade uma autoridade baseada na experiência, pelo contrário, "toda autoridade tem seu fundamento no 'inexperienciável'" (Agamben, 2005, p. 23). Essa passagem me faz lembrar de uma fala muito presente na sociedade em geral e, em particular, na clínica de alguns pais quando solicitados a falar de seu desejo em relação ao filho: "que ele/ela seja feliz". Tenho escutado essa frase como aquilo que o autor chama de *slogan*. O *slogan*, na contemporaneidade, substituiu o provérbio e a máxima, formas antes calcadas na autoridade da experiência. Para Agamben, o *slogan* representa o provérbio de uma humanidade que perdeu a experiência. Convém destacar que esta, na atualidade, segue existindo, contudo, se dá fora do próprio homem.

É preciso, ou, talvez mais que isso, é exigido que se seja feliz. O que isso quer dizer para aqueles pais em relação àquele filho? Usa-se um *slogan* como palavra de ordem, um imperativo em um disfarce de máxima liberdade. Os adultos têm se colocado com muita dificuldade como autoridades – ou melhor, colocam-se, muitas vezes, em um movimento de fuga dessa posição.

Agamben (2005) afirma que, como herdeiro de Benjamin, posiciona-se como alguém que constata uma realidade e avista a possibilidade de uma experiência futura. Não se trata de um lamento, e sim de uma aposta, o que é denominado por ele "um germe de experiência futura em hibernação".

Cabe lembrar que a experiência originária do humano é uma experiência muda, anterior à palavra. Porém, a constituição do sujeito está atrelada à linguagem; mais precisamente, se dá por meio dela. E é essa mesma linguagem que pontua o limite por meio do qual nos deparamos com a experiência muda. Convém reiterar que tal experiência deixa rastros; estes surgem durante o processo analítico e merecem ser "escutados". Nosso esforço como analistas se faz na direção de disponibilizarmos recursos para lidar com tais vestígios, o que se constitui em uma tarefa tão difícil quanto necessária.

Para Agamben (2005), é preciso abrir mão de um conceito de origem que estabelece um limite cronológico: um antes-de-si e um depois-de-si. "A origem de um tal 'ente' não pode ser *historiciza-da*, porque é ela mesma *historicizante*, é ela mesma a fundar a possibilidade que exista algo como uma 'história'" (pp. 60-61, grifos do original). É a experiência que coloca o homem como ser nem sempre falante, mas já falante e guardador de um *infans*. Na infância há uma expropriação do sujeito da linguagem (como falante), mas é na linguagem que a experiência ganha seu caráter de verdade.

A infância cinde língua e discurso, semiótico e semântico, sistema de signos e discurso. A pura língua é natural e anistórica, sem descontinuidade e diferença. Então a história não é um processo contínuo da humanidade, mas antes de tudo uma descontinuidade. Na infância do homem está a origem da experiência, ela situa-se na diferença entre natureza e cultura, transforma a natureza em história.

Para Agamben (2005), experienciar é "reentrar na infância como pátria transcendental da história . . .; aquilo que tem na infância a sua pátria originária, rumo à infância e através da infância, deve manter-se em viagem" (p. 65). Gostaria aqui de propor que leiamos novamente esse enunciado, agora substituindo o vocábulo "infância" por "infantil", no sentido freudiano do termo. Isso porque entendo a ideia de experiência e história como aquilo que só ocorre em contato indireto com o infantil inconsciente sempre pulsante. Esse contato não deve ser próximo demais, pois isso levaria ao emudecimento, nem distante demais, pois isso levaria à perda da dimensão viva. Esse contato deve ser feito pelas bordas, o que permite, por palavras experienciadas, processos de elaboração e reelaboração. É preciso transformar a pura língua em discurso humano, o que se faz em presença do outro (um ser falante que fala a outro) e apenas momentaneamente.

Figueiredo (2002) chama a atenção para a impossibilidade da presença plena – ao contrapor-se à metafísica da presença e sua concepção de tempo como algo linear – quando se pensa em termos do conceito psicanalítico de inconsciente. O inconsciente não é nem *"origem* da história" nem *"fundamento* da experiência" (grifos do original). Esse conceito, segundo o autor, problematiza a noção de experiência, pois ela se mostra por meio de marcas, rastros e pegadas, numa constituição de sentido que só se dá *a posteriori*. Essa fugacidade da presença compõe a dimensão trágica da existência humana, evidenciando sua fragilidade, sua incompletude, sua finitude; a possibilidade de representar é o que nos ajuda a atravessá-la.

Meiches (2000), em sua obra *A travessia do trágico em análise*, apresenta-nos as características que aproximam a tragédia, tanto clássica quanto moderna, da psicanálise. Em primeiro lugar, destaca a tragédia como *"uma interpretação do estabelecimento do cultural"* (p. 19, grifos do original) que põe em cena o mal-estar. Por meio da ambivalência e da transitoriedade, considera o ser humano aquele que só vai adquirir conhecimento por meio do contato com a dor e com a complexidade. A situação humana proposta pela tragédia dói; assim, o homem passa não mais a ter um problema, mas a *ser* um problema. Não há resposta para as questões.

Ao seguir essa trilha e tomar a *"irresolução como constituinte do homem"*, o ser humano buscará a representação como forma de lidar com a desmesura da qual não tem como escapar. Meiches afirma que a representação funciona como operador para transformar os afetos. Mas sempre há restos! É possível notar, desse

44 ALGUNS CONCEITOS PRELIMINARES

modo, que a literatura e a psicanálise percorrem terrenos similares, descritos tão belamente nesta passagem:

> *Na ficção, só tem sentido a revelação após o acontecimento. Oxalá fosse o contrário em nossa vida desperta! Não é essa a experiência do divã: ela também só acontece depois, e só pode acontecer assim. Sempre tarde demais para que possamos viver de novo, sem erros, o progresso, a infância, os amores, as falências, as doenças. No entanto, compreender, no espetáculo trágico da análise, essa condição de erro, como uma espécie de sujeição inevitável, é, em parte, levantar-se do desastre, e, em parte, recrutar forças para suportá-lo, pois ele não deixa de existir por intermédio da compreensão. Ao seguir pensando, no entanto, diversificam-se os meios de sustentá-lo, para abrir caminho rumo ao novo (afinal a experiência deseja isto também): há o reconhecimento de uma história que já passou, até cronologicamente, e de outra que jamais passará, que a primeira deixa como restos míticos. São nossos significantes, nossas marcas, a representação que compõe uma imagem de nós mesmos para o mundo. (Meiches, 2000, p. 47)*

O autor destaca também o desconforto e a inquietação produzidos pela polissemia da tragédia literária, como o fato de apontar a impossibilidade humana de uma linguagem unívoca e sem equívocos. O homem encontra-se, então, em uma interminável tarefa de busca de palavras.

Meiches (2000) retoma o mito de Édipo, colocado por Freud como espinha dorsal na teoria psicanalítica, para falar da vitimização em face da própria origem. Édipo fica reduzido à sua filiação sem poder escapar ao pertencimento: "o jogo do discurso oculta o familiar, o cerne do recalcado" (p. 81). A verdade de Édipo reside naquilo que ele pronuncia sem o saber, por meio de uma expulsão precoce do materno e de um excesso de um saber.

Essa ideia parece cara à psicanálise ao tomarmos, em análise, a construção e os efeitos de uma narrativa. O psicanalista aposta que os imperativos categóricos do destino e do trauma podem ser elaborados com base em um reposicionamento diante da história; esta deve ser tomada, no sentido benjaminiano, como aquilo que une passado e presente em uma nova abertura para a subjetivação. Novas composições, por meio de um trabalho de análise, articulariam de uma forma inédita indícios míticos, lembrança e esquecimento. O historicizar aproxima-nos da origem, estabelecendo então novas ligações entre o passado e o presente. Afinal, não é justamente esse o trabalho de elaboração?

Seguindo essa trilha, vale ainda destacar o lugar do extemporâneo em psicanálise, como recomenda Figueiredo (1998). Baseado em Winnicott, questiona: "Como conceber uma 'experiência passada' irrecuperável pela memória, porque de fato não aconteceu, que possa ser vivida *só agora* em uma nova condição, *pela primeira vez,* ou seja, em meus termos, que possa *acabar de acontecer?*"[7] (p. 278, grifos do original, tradução nossa).

O extemporâneo como aquilo que é regido pelo *fora do tempo* do inconsciente remete ao indestrutível do pulsional e do traumático que sempre irrompe. Segundo Figueiredo (1998), são essas irrupções que estão em jogo em um processo de análise, pois

---

7 No original: "¿Cómo concebir una 'experiencia pasada' irrecuperable por la memoria, porque de hecho no aconteció, que pueda ser vivida *sólo ahora,* en una nueva condición, *por primera vez,* o sea, en mis términos, que pueda *acabar de suceder?*".

constituem a mola propulsora para a temporalização. Para o autor, a historicização, em psicanálise, implica que cada momento está atraído por outros momentos; isso se baseia na ideia de uma história fraturada que rompe com qualquer possibilidade de linearidade. É dessa forma que algo sempre recomeça (mas não a partir do mesmo início) e permite uma condição de fala, em análise, que deixa espaço para o acolhimento do extemporâneo.

Entendo ser esse o trabalho que se efetua "pelas bordas". Algo se faz contado sem ser totalmente dito – aliás, dizer tudo é impossível, assim como é impossível eliminar o extemporâneo – porque, como nos lembra Figueiredo, é do pulsional também que se origina a possibilidade de uma atividade fecundante.[8] Assim, a temporalização e a narrativa, em seu sentido psicanalítico, para esse autor, articulam o *por vir* com *o que foi* e com *o que está sendo*, numa abertura capaz de acolher o extemporâneo.

Retomando, então, o que eu vinha propondo acerca da tensão constante e vital entre memória e esquecimento, pergunto-me: "Como pensar na construção, no âmbito da análise, de histórias que permitam pertencimento e singularização?" Eis o que nos interessa com base nos conceitos de experiência, narrativa, memória e esquecimento. Nesse sentido, o não poder lembrar ou o não poder esquecer desarticulados entre si, embora por vias diferentes, remetem a importantes entraves de subjetivação. Desse modo, algo da mobilidade, do deslizamento, da não fixação fica comprometido.

---

8 Em uma nota de rodapé, Figueiredo atribui essa ideia à tradição winnicottiana, especialmente a Bollas.

Experiência e transmissão

Gagnebin (2007a) afirma que, para Benjamin, a experiência inscreve-se numa temporalidade comum a várias gerações, na continuidade da palavra transmitida de pai para filho. Essa transmissão, segundo Benjamin, faz-se pela autoridade, sendo esta conferida àquele que traz notícias de alhures (viajante) ou àquele que está próximo da morte, conforme mencionado anteriormente.

A mesma autora aponta que Benjamin defende a existência de três condições para a transmissão da experiência, que se encontram abaladas na sociedade moderna capitalista: a proximidade entre as gerações, o modo de produção artesanal e o compartilhamento de uma história aberta e contínua (Gagnebin, 1994). A primeira dessas condições inexiste atualmente em razão da vertiginosa mudança da técnica, que transformou o saber do ancião moribundo em algo inútil; a segunda inexiste em virtude da falta de tempo para o contar e do desaparecimento de uma forma de vida comunitária, que aproximava o gesto da palavra; finalmente, a terceira inexiste em função do desfazimento da comunidade da experiência, na qual alguém transmitia um saber acerca do que era narrado, englobando memória e tradição.

Gagnebin (1994) destaca, ainda, que "o leitor atento descobrirá em *O narrador* uma teoria antecipada da obra aberta" (p. 12). A autora aponta duas razões para isso. A primeira é que cada história enseja outra história e suscita novos relatos e novos textos. A segunda diz respeito à leitura e à interpretação de um texto, que tomam Heródoto como protótipo de narrador, pois ele conta sem dar explicações definitivas e, assim, mantém a obra aberta, "disponível à continuação da vida", como diz a autora. Enfim, de acordo com essa teoria, a narrativa comporta sempre uma pergunta acerca do que aconteceu depois, assim como permite sempre novas interpretações.

Essas ideias muito interessam à psicanálise, na medida em que podemos fazer uma analogia entre a teoria de abertura de uma obra – segundo a qual sempre há novas versões – e a possibilidade de apropriação de um legado transmitido.

A esse respeito, Hassoun (1994) propõe que "somos passadores",[9] ou seja, modificadores constantes do recebido como herança e alterado "segundo os acasos de nossa vida, de nossos exílios, de nossos desejos"[10] (p. 13, tradução nossa). Esse autor lembra-nos de que, pelo fato de não ignorarmos a nossa condição de mortais, diferentemente dos outros animais, temos o papel de depositários – de alguém que porta um nome, uma biografia dentro de certa História (para além da história individual) – e, simultaneamente, de transmissores.

Como passadores, executamos um trabalho paradoxal, pois o êxito da transmissão depende da existência de um espaço de liberdade ao transmissor, ou seja, é preciso que haja um "deixar (o passado) para (melhor) encontrá-lo"[11] (Hassoun, 1994, p. 14, tradução nossa). Assim, o campo da transmissão, do qual as histórias familiares são um importante componente, coloca uma tensão permanente entre o que se recebe e a construção da verdade do sujeito. E aqui entra a fecundidade do esquecimento. Hassoun (1994) propõe que é o trabalho de esquecimento que produz a significação de nossa existência; para ele, o esquecimento funciona como um saber: "... nós podemos afirmar que a transmissão é um meio-dizer que transmite um sem saber, essa será a fórmula que introduz

---

9 "Nous en sommes les passeurs."

10 "... selon les aléas de notre vie, de nos exils, de nos désirs."

11 "... quitter (le passé) pour (mieux le) retrouver."

aquilo que nomearia: as línguas de esquecimento"[12] (p. 46, tradução nossa), definidas como

> ... aquelas palavras que o infante entende, mas não compreende. Contudo, são elas que movimentam a vida. É a língua da amamentação, a língua do aleitamento, a língua somente articulada de exclamações, de palavras que representam nada, que são como cochichos, suspiros, fragmentos de palavras, flechas enfiadas na carne, de carícias recebidas, de tapas nunca dados e que, como adultos, reencontramos um dia para nossa grande surpresa em uma frase, em uma emoção. Nós não compreendemos de onde vem essa palavra, esse vocábulo, essa expressão em desuso: ela nos é estrangeira como um dialeto esquecido, um dialeto massacrado pela língua acadêmica dominante.
>
> A língua do esquecimento sustenta nossas emoções mais arcaicas, as mais violentas. Às vezes, ela aparece em um lapso inexplicável, frequentemente como encontro, caro aos surrealistas, de um guarda-chuva e de uma máquina de costura sobre uma mesa de dissecação.[13] (pp. 46-47, grifos do original, tradução nossa)

---

12 "... nous pouvons affirmer que la transmission est un mi-dire qui transmet un in-su; telle serait la formule qui introduirait à ce que je nommerai: 'le langue de l'oubli'."

13 "... des mots, que l'enfant entend sans comprendre et qui rythment les petits et grands événements de sa vie de nourrisson. C'est la langue du halètement, la langue de l'allaitement, la langue à peine articulée des exclamations, des mots qui ne représent encore rien, qui sont comme autant de chuchotements, de soupirs, de fragments de mots, de flèches plantées dans sa chair, de caresses esquisées, de gifles jamis assénées, et qu'adultes nous

A língua materna é veiculada pela mãe, mas a separa do bebê. A distância criada possibilita que a criança demande algo, que faça interpolações para não ser tragada por essa mãe. Entre o corpo da mãe e o do seu bebê coloca-se a língua, segundo Hassoun, a "parte distraída" da mãe, para que algo de fora possa passar.

O filhote humano é por natureza um prematuro. Nasce incapaz de sobreviver sem a intervenção de um adulto da espécie que dele se ocupe por um período nada desprezível de tempo. Por não ter condições nem físicas nem psíquicas para realizar ações específicas capazes de dar conta de suas necessidades, esse filhote coloca-se em uma posição de dependência – absoluta, no início, como assinala Winnicott – de alguém que lhe preste socorro, que invista nele; afinal, que o ame.

O desamparo primordial é constitutivo. O bebê depende do outro para decodificar o mar de sensações nas quais se vê envolto. Embora dotado de inúmeras sensações corporais e de motricidade, o filhote humano é incapaz de integrar as experiências, de atribuir-lhes sentido. É a mãe quem se oferece como filtro, quem pensa e digere o banquete do vivido para que ele não se torne indigesto.

Fourment-Aptekman (citado por Bernardino, 2008) acentua a virada das atuais pesquisas cognitivistas em relação aos achados piagetianos: os bebês pensam, percebem o mundo por categorizações, podem até efetuar comparações, embora não consigam

---

retrouvons tous un jour à notre grand étonnement au décours d'une phrase, au decórs d'une émotion. Nous ne comprenons pas d'où nous vient ce mot, ce vocable, cette expression désuète; elle nous est étrangère comme un patois oublié, un dialecte écrasé par la langue académique dominante.

La langue de l'oubli soutient nos émotions les plus archaïques, les plus violentes. Parfois elle apparaît dans un lapsus inexplicable, souvent *comme la rencontre*, chère aux surréalistes, *d'un parapluie et d'une machine à coudre sur une table de dissection.*"

atribuir sentido aos pensamentos, o que só ocorre por meio do Outro. Assim, a passagem do organismo ao sujeito articula-se com uma transmissão simbólica passada entre gerações, que insere um novo integrante na cultura.

Françoise Dolto (1992), ao propor o conceito de imagem inconsciente do corpo, faz uma articulação entre corpo e linguagem, pois separa o desejo do sujeito das necessidades do organismo. Nesse sentido, a voz e o olhar da mãe são, inicialmente, os articuladores mais importantes. O bebê é embalado pela música das palavras, "falado" por sua mãe, até que possa se fazer falante; isso constitui uma adoção no campo da linguagem, como propõe Catão (2008). Contudo, o campo da linguagem comporta também o inominável. Como bem nos lembra Figueiredo,[14] é preciso ir além de uma contraposição simplista entre representável e irrepresentável, entre a plena capacidade de simbolização e o déficit de simbolização, que consideram a terapêutica como uma dimensão, desde muito abandonada por Freud, na qual o inconsciente se torna consciente. É preciso compreender que algo sempre escapa. O umbigo do sonho, a rocha viva da castração, o caroço do inconsciente são formas de aproximação.

Há então um interminável esforço na direção de um alargamento representacional, o que jamais trará conforto, porém é capaz de colocar a vida em movimento. Sobre isso, pontua John:

> *Por maior que seja seu esforço, por mais importante que seja para o sujeito compartilhar sua experiência, tentando emprestar a ela palavras, algo sempre lhe escapa. Uma parte de sua vivência não cabe em sua*

---

14 Em seu curso "Comunicar a incomunicabilidade", no segundo semestre de 2008, cujo conteúdo foi incluído no livro *Cuidado, saúde e cultura: trabalhos psíquicos e criatividade* (2014).

tentativa de contá-la. Por isso, seu discurso na análise coloca-se como frágil e multiforme. Diz Rudelic-Fernandez (1993, p. 722) "O relato sustenta-se na análise, ao longo de um limite de 'dito-não-dito' que desenha, às vezes em meio a uma profusão de palavras, os contornos de um abismo de silêncio". (2015, p. 109)

Entendo a construção de uma história como tentativa de apropriação do vivido, do acontecimento, como um esforço de amarração que possibilitará uma experiência e sua transmissão. Dessa forma, a narrativa é algo que está muito além de uma relação entre fatos e personagens numa sequência cronológica. Há, sempre compondo a transmissão psíquica entre gerações, o dito e o não--dito, numa trama que oferece alguns sentidos. Cabe a cada sujeito posicionar-se diante da história familiar narrada, tornando-se um ouvinte que já começa a fazer história por sua escuta, selecionando os pontos nos quais se fixa e aqueles dos quais se esquece, identificando os que o aterrorizam e os que o fascinam.

A esse respeito, convém mencionar o que nos diz Rosa:

O jogo das dimensões Real, Simbólico e Imaginário, contido no enunciado elucida[,] a prática clínica em que determinados não-ditos bloqueiam a articulação do significante, uma vez que preconizam uma única verdade e não se apresentam como um significante, mas como um significado, destituindo o mal-entendido e instituindo um mandato, um destino. Uma versão dessa situação são as histórias, muitas vezes traumáticas, insistentemente repetidas nas várias gerações, sempre de modo idêntico e inquestionável. São lembranças

encobridoras do conflito e da fantasia que as alimenta.
(2009, p. 30)

Tomo a liberdade de aproximar o ponto de vista aqui adotado e a ideia de Rosa. Proponho, contudo, que o dito possa ocupar um lugar parecido com esse do não-dito referido pela autora: um lugar inquestionável de verdade única (significado). Convém observar que um dito sem articulação com o pulsional, com a memória presente no corpo, também funciona como significado que se fixa. O que não se diz, nesse caso, é do luto/da perda. O tamponamento dessa dor pelo dito da história recobridora impede que se instale um trabalho de luto e, assim, que se reconheçam o conflito e a fantasia. Prefiro o termo "recobrimento" a "encobrimento" por acentuar a diferença entre os mecanismos de defesa atuantes nas duas situações. Nas lembranças encobridoras, o mecanismo é o recalque; nesse caso, o retorno do recalcado poderia ser considerado um "móvel psíquico".[15] As histórias recobridoras, por sua vez, são produzidas sob os efeitos da recusa; nesse caso, desautoriza-se a percepção para evitar o encontro com o vazio, preenchendo-o como um todo dito que nada mais é que o negativo do sem palavras para dizer.

Nas histórias recobridoras, a abertura às modificações imprescindíveis ao processo de historicização encontra-se impedida, pois se tampona o lidar com a dimensão do insuportável do que foi vivido, que, com isso, não pode ser transformado em experiência. Perde-se a articulação entre o dito e o não-dito, perde-se o molejo simbólico, motor das elaborações e reelaborações, numa tentativa fracassada de evitar a perda.

---

15 Sem, obviamente, desconsiderar os sintomas que podem ser produzidos por esse retorno.

O que ocorre, então, nas histórias recobridoras, que, embora construídas com palavras, não operam simbolicamente? Por que discriminá-las daquilo que vem sendo denominado na literatura psicanalítica "lembranças encobridoras" desde os tempos de Freud? É com essa discussão que seguiremos nos próximos capítulos.

2. As histórias encobridoras e sua função de velamento

Todas as dores podem ser suportadas se você as puser numa história ou contar uma história sobre elas.
Isak Dinesen *apud* Hannah Arendt (1968),
Homens em tempos sombrios

Essa epígrafe aponta os efeitos elaborativos que têm as histórias quando podem ligar a dor àquilo que foi vivido, transformando-a, assim, em uma experiência da qual o sujeito pode se apropriar e diante da qual pode se posicionar. A dor, por meio de tal processo, transforma-se em *pathos*; o *pathos*, por sua vez, em experiência.

No capítulo anterior, fiz uma breve alusão às histórias encobridoras e recobridoras; passemos, então, a partir deste momento, a analisá-las mais detidamente.

Para tanto, meu ponto de partida será a diferenciação entre dois tipos de história.[1] Creio ser essa uma distinção de relevância

---

1 Entendo que caberia, ainda, distinguir uma terceira categoria de histórias, nas quais as defesas estariam menos mobilizadas. No caso, não seriam histórias encobridoras, nas quais a questão do retorno do recalcado está em jogo,

não só em termos metapsicológicos, mas, especialmente, em termos clínicos. Comecemos, então, pelas histórias encobridoras.

A história encobridora é elaborada com base no conceito freudiano de "lembrança encobridora". Entendo a história encobridora como uma narrativa na qual a lógica inconsciente da lembrança encobridora apresenta-se de maneira correlata. Ou seja, há formação de compromisso entre o mecanismo de defesa envolvido – o recalque – e a forma assumida pelo conteúdo recalcado para ser admitido na consciência; essa formação atende tanto ao desejo inconsciente quanto às exigências defensivas.

Na tentativa de aprofundamento do tema, recorrerei tanto à articulação entre lembrança e esquecimento, assentada no recalque e em sua manutenção, quanto à questão do retorno do recalcado. De saída já se anuncia, desse modo, a relação direta entre história encobridora e recalque, o que distingue esse tipo de história daquela que proponho chamar de "história recobridora", na qual o mecanismo em jogo é a *Verleugnung*.[2]

Depois de passar pela lembrança encobridora como conceito de referência e de falar do funcionamento da história encobridora, apresentarei tanto minha argumentação acerca da construção da história recobridora quanto os primeiros subsídios para pensar no trabalho com essas histórias na clínica.

---

nem recobridoras, nas quais é preciso pensar em termos de recusa, conforme abordagem a ser realizada ao longo do terceiro e do quarto capítulo. Contudo, como isso ultrapassaria os limites deste livro, fica aqui uma indicação para futuras pesquisas.

2 Utilizarei ao longo do texto os termos "recusa" e "desautorização" como formas traduzidas do vocábulo em alemão, de acordo com a preferência dos autores citados.

As lembranças encobridoras como conceito de referência

No texto "Lembranças encobridoras", de 1899, Freud discute longamente as recordações dos primeiros anos de vida. Defende a ideia de que as primeiras experiências deixam no sujeito traços inerradicáveis. Faz também uma detalhada exposição sobre o estudo dos Henri. Para esses autores, cenas relevantes podem ficar retidas na memória de forma incompleta, pois o que é esquecido relaciona-se ao que é importante na experiência. Freud concorda com tal posição, mas diz preferir a ideia de omissão à de esquecimento. Segundo ele, a retirada de algo relevante tem a finalidade de possibilitar o apaziguamento diante daquilo que provoca angústia.

Para Freud, o fato de as lembranças encobridoras suprimirem o mais importante e guardarem os aspectos irrelevantes assenta-se na proposta de que há duas forças psíquicas opostas que se conciliam: uma que tenta promover a lembrança e outra que busca resistir a isso. Como fruto dessa conciliação, tem-se o registro, como imagem mnêmica, de um elemento psíquico associado ao elemento de objeção, este, sim, de experiência relevante: "o resultado do conflito, portanto, é que, em vez da imagem mnêmica que seria justificada pelo evento original, produz-se uma outra, que foi até certo ponto associativamente deslocada da primeira" (Freud, 1899/1996a, p. 290).

Para Freud, na lembrança encobridora, os elementos essenciais estão representados pelos não essenciais por deslocamento em continuidade, no que diz respeito tanto ao tempo quanto ao espaço. O conflito, o recalcamento e a substituição promoveriam esse processo, todos a serviço da conciliação anteriormente mencionada. Portanto, os significados da experiência estariam ocultos por outros de aparência mais inocente.

Em seguida, no mesmo texto, o autor refere-se a um homem[3] que passou a se interessar pelas questões psicológicas após um tratamento realizado com ele, Freud. Nesse tratamento, o sujeito em questão teria se livrado de uma leve fobia. O relato inicia-se diferenciando três grupos de lembranças, a saber: as cenas descritas repetidamente pelos pais, as cenas não descritas nem pelos pais nem pelos personagens nelas presentes e, finalmente, uma cena longa e rica em detalhes fixada na memória sem aparente relevância.

É sobre uma cena pertencente ao terceiro grupo que Freud (1899/1996a, p. 294) se debruça:

> *Vejo uma pradaria retangular com um declive bastante acentuado, verde e densamente plantada; no relvado há um grande número de flores amarelas – evidentemente, dentes-de-leão comuns. No topo da campina há uma casa de campo e, frente à sua porta, duas mulheres conversam animadamente – uma camponesa com um lenço na cabeça e uma babá. Três crianças brincam na grama. Uma delas sou eu mesmo (na idade de dois ou três anos); as duas outras são meu primo, um ano mais velho do que eu, e sua irmã, que tem quase exatamente a minha idade. Estamos colhendo as flores amarelas e cada um de nós segura um ramo de flores já colhidas. A garotinha tem um ramo mais bonito e, como que por acordo mútuo, nós – os dois meninos – caímos sobre ela e arrebatamos suas*

---

3 Que sabemos ser ele próprio.

flores. Ela sobe correndo a colina, em lágrimas, e a título de consolo a camponesa lhe dá um grande pedaço de pão preto. Mal vemos isso, jogamos fora as flores, corremos até a casa e pedimos pão também. E de fato o recebemos; a camponesa corta as fatias com uma longa faca. Em minha lembrança, o pão tem um sabor delicioso – e nesse ponto a cena se interrompe.

O homem indaga a Freud se este poderia ajudá-lo a compreender tal cena. Freud, então, pergunta-lhe acerca do momento no qual passa a ocupar-se dela. O homem relata que, quando tinha 17 anos, retornou à sua cidade natal, e destaca duas circunstâncias: a bancarrota do pai e o enamoramento por uma moça na casa em que se hospedara. Em seu primeiro encontro com ela, chama-lhe a atenção o vestido amarelo da garota. Três anos depois, volta àquela cidade e toma conhecimento de que seu pai e seu tio planejavam o casamento entre ele e sua prima (parceira nas brincadeiras infantis). Só mais tarde, ao se deparar com suas dificuldades de jovem cientista, volta a pensar no plano de seu pai, considerando a referida estratégia como uma forma de compensá-lo pela bancarrota. Acredita que nesse tempo é que emerge a lembrança infantil.

Freud pontua a projeção de duas fantasias na produção da cena. Chama de "lembrança encobridora" uma recordação que, por seu caráter de irrelevância, se presta a representar na memória impressões posteriores ligadas por elos simbólicos. Tal reminiscência é tida "como aquela que deve seu valor enquanto lembrança não a seu próprio conteúdo, mas às relações existentes entre esse conteúdo e algum outro que tenha sido suprimido" (Freud, 1899/1996a, p. 302).

O que as lembranças encobridoras ocultam é o desejo recalcado, mantendo, contudo, ligações com ele. Freud defende a ideia de que, a despeito da existência de falsificações na memória, pode-se crer na autenticidade da cena infantil. As lembranças encobridoras servem ao recalcamento e ao deslocamento das impressões sentidas como desagradáveis em virtude de seu caráter abjeto, atendendo, ao mesmo tempo, às duas exigências da defesa. Freud pergunta-se, então, sobre como podemos distinguir as lembranças encobridoras de outras lembranças infantis. Conclui que todas essas mostram os primeiros anos com base em recordações de infância ocorridas em períodos posteriores a ela; assim, propõe o conceito de *après-coup*, tão caro à psicanálise:

> *Nossas lembranças infantis nos mostram nossos primeiros anos não como eles foram, mas tal como aconteceram nos períodos posteriores em que as lembranças foram despertadas. Nesses períodos de despertar, as lembranças infantis não emergiram, como as pessoas costumam dizer; elas foram formadas nessa época. E inúmeros motivos, sem qualquer preocupação com a precisão histórica, participaram de sua formação, assim como da seleção das próprias lembranças. (Freud, 1899/1996a, p. 304, grifos do original)*

No capítulo IV, "Lembranças da infância e lembranças encobridoras", do texto "Psicopatologia da vida cotidiana", de 1901, Freud retoma a discussão acerca das lembranças encobridoras, especialmente no que se refere à sua relação com as lembranças infantis. Argumenta que a lembrança de um episódio não revela em que ele estaria centrado, ou seja, pouco ou nada se sabe acerca dos elementos lembrados sobre os quais recai o "acento psíquico" da cena; essa é

. . . a natureza tendenciosa do funcionamento de nossa memória. Parti do fato notável de que, nas mais remotas lembranças da infância de uma pessoa, frequentemente parece preservar-se aquilo que é indiferente e sem importância, ao passo que (amiúde, mas não universalmente), na memória dos adultos, não se encontra nenhum vestígio de impressões importantes, muito intensas e plenas de afeto daquela época. (Freud, 1901/1996b, p. 59)

Como já dito anteriormente, Freud se refere ao deslocamento. Este é o responsável pela preservação de um conteúdo irrelevante que guarda um vínculo associativo com o conteúdo recalcado.

Ainda no mencionado texto, o autor faz uma aproximação entre o esquecimento dos nomes próprios e a lembrança encobridora, definindo ambos como "falhas no recordar". Se o primeiro concerne ao mecanismo do esquecimento propriamente dito, o segundo concerne à insistência, ao longo da vida, de uma recordação aparentemente sem importância. Assim, em comum, ambos falam da reprodução em termos de memória de algo diferente daquilo que de fato importa: esquecer o nome próprio ou lembrar de maneira insistente um substituto do que não se pode lembrar são ambas amnésias do que é relevante: ". . . no esquecimento de nome, *sabemos* que os nomes substitutos são *falsos;* nas lembranças encobridoras, ficamos *surpresos* por possuí-las" (Freud, 1901/1996b, p. 61, grifos do original).

Ao deter-se no estudo da amnésia infantil, Freud insiste em sua importância, salientando que os médicos não devem tratá-la com indiferença. Chama a atenção para o fato de que, especialmente nos primeiros anos de vida, as realizações intelectuais são muito significativas. Além desse aspecto, ressalta a presença dos

62   AS HISTÓRIAS ENCOBRIDORAS E SUA FUNÇÃO DE VELAMENTO

complexos impulsos afetivos e conclui ser intrigante que se preserve tão pouco de tudo isso que é responsável por marcas indeléveis para o resto da vida:

> *Isto sugere que existem, para o ato de lembrar (no sentido da reprodução consciente), condições especialíssimas de que não tomamos conhecimento até agora. É perfeitamente possível que o esquecimento da infância nos possa fornecer a chave para o entendimento das amnésias que, segundo nossas descobertas mais recentes, estão na base da formação de todos os sintomas neuróticos. (Freud, 1901/1996b, p. 62)*

Para Freud, lapso, lembrança encobridora e sintoma são elos de compromisso entre o recalque e a defesa. As lembranças encobridoras ocultam as vivências sexuais ou as fantasias por meio do deslocamento destas para elementos anódinos, que fazem apenas alusão ao conteúdo recalcado. É, portanto, o trabalho de análise que pode revelar o caráter das lembranças encobridoras: falsificação, incompletude ou deslocamento no tempo e no espaço. Freud exemplifica isso ao destacar o amarelo vívido e o sabor do pão, na lembrança da cena que acabamos de retomar, descrita no texto de 1899.

O autor destaca, ainda, a relação entre o recordar visual (por imagens) e o recordar infantil, aproximando o sonho e as lembranças encobridoras:

> *Nas cenas infantis, sejam elas de fato verdadeiras ou falsas, a pessoa costuma ver a si mesma como criança, com seus contornos e suas roupas infantis. Essa circunstância deve causar estranheza: em suas*

*lembranças de vivências posteriores, os adultos vi-
suels já não visualizam a si mesmos. (Freud, 1901/
1996b, p. 63, grifo do original)*

Por fim, Freud conclui que esse fato atesta que o traço mnêmico sofre influência de forças psíquicas posteriores, não sendo,
portanto, fidedigno às vivências da criança: "Portanto, as 'lembranças de infância' dos indivíduos adquirem universalmente o
significado de 'lembranças encobridoras', e nisto oferecem uma
notável analogia com as lembranças de infância dos povos, pre-
servadas nas lendas e nos mitos" (Freud, 1901/1996b, p. 63).

Encontro nesse excerto outro dado capaz de fundamentar a
ideia de história encobridora:[4] o fato de esse tipo de história estar
alicerçado no recalque originário e operar em conformidade com
ele. A história encobridora funciona como lenda e mito para todos
nós, humanos, que precisamos lidar com a questão da origem, da
sexualidade e da morte. Para tanto, somos "obrigados" a construir
uma narrativa em termos pessoais, mas obviamente relacionada
aos âmbitos familiar e social (este, numa dimensão mais abran-
gente), que venha a dar conta de nos inserir em uma linhagem e na
História.[5]

Após essa breve passagem pelo universo freudiano, recorrerei
agora ao texto "Lembrança encobridora: precisão e surpresa", de
Forget (1997), a fim de destacar outros aspectos relativos a essa
temática também dignos de atenção. Convém observar que estes

---

4 Aqui a terceira categoria de histórias poderia diferenciar com mais precisão
aquelas nas quais há uma excessiva presença do retorno do recalcado e de
seus efeitos sintomáticos daquelas nas quais o recalque estaria mais centrado
no originário.
5 Relembro ao leitor que o vocábulo "História" está aqui grafado com H maiúsculo por se referir à História da humanidade, sempre mais ampla que a história pessoal.

serão retomados mais adiante, como elementos subsidiários para fundamentar a diferenciação entre as histórias encobridora e recobridora. Procedamos à referida abordagem.

Forget (1997) baseia-se na concepção freudiana para falar da lembrança encobridora como construção que mantém as marcas do recalque e do deslocamento. Toma a ausência de correlação entre a intensidade da figuração da lembrança encobridora e a intensidade psíquica como "o sinal do ponto de articulação entre o conteúdo recalcado e o traço que serviria de suporte à lembrança", ou seja, "a marca da representação mais próxima da fantasia recalcada" (p. 97).

Esse autor enumera três aspectos referidos por Freud na analogia que este último faz entre a lembrança encobridora e o sonho no que se refere à figurabilidade e à intensidade das imagens. São os seguintes: o fato de a intensidade não se relacionar diretamente com a sensação real experimentada no sono; o fato de não haver correlação entre a intensidade psíquica e a da imagem; e, finalmente, o fato de a intensidade dos elementos de um sonho advir tanto de sua relação com os elementos de realização de desejo quanto de se constituir como ponto de partida para numerosas cadeias de pensamentos.

Contudo, em termos de diferença, no sonho, a condensação é a principal responsável pela estranheza que ele produz. Já na lembrança encobridora ocorre o deslocamento de uma fantasia "grosseiramente sensual" para algum elemento que a evoca apenas de maneira alusiva, ou seja, um elemento que joga um véu sobre o que permanece inconfessável. A lembrança encobridora funciona como um testemunho do recalque desse pensamento inconfessável.

Segundo Forget (1997), ela busca formular uma resposta às questões da origem, da diferença dos sexos, do desejo, entre outras, via sustentação de uma lembrança que passa por uma letra, uma palavra ou uma locução. O autor aponta, baseado em Lacan, o surgimento do significante que marca a falta e sustenta o desejo.[6]

A lembrança encobridora coloca-se como uma tentativa de lidar com a falta no Outro – vivido como o nada e não como vazio[7] – quando o sujeito se sente "sem recursos", como o pequeno Hans, que se utilizou da fobia diante da possível queda do falicismo materno. Entre o sujeito e o nada, estende-se um véu, mas sobre esse instrumento do velamento "pinta-se a ausência", imagina-se a ausência. Nesse jogo,

> *A castração imaginária é ao mesmo tempo negada e possível. A função do véu e a sua interposição introduzem no registro do imaginário um "mais além", fundamental na relação simbólica, fixando-o ao mesmo tempo no registro da imagem, numa captura imaginária. (Forget, 1997, p. 103)*

Entendo que o velamento diz respeito à passagem do nada ao vazio, é a constituição da falta; assim, o velamento é fundamental na constituição do sujeito (isso, aliás, não é nenhuma novidade em psicanálise). O que nos interessa aqui especialmente são os

---

6 Este será um aspecto especialmente relevante na diferenciação entre a história encobridora e a recobridora, a ser abordado um pouco mais adiante.

7 Utilizo no texto o termo "vazio" como espaço para elaboração, condição para constituição da falta, ausência do objeto, intervalo. O termo "nada", por sua vez, designa aquilo que é anterior a qualquer possibilidade de experiência. Desse modo, este diz respeito a algo absoluto e muito mais ameaçador em termos de existência. Ser lançado ao nada é ser lançado a um campo no qual só é possível mobilizar poucos recursos subjetivos para lidar com o vivido. É preciso muito trabalho subjetivo para transformar o nada em vazio, o vivido em experienciado.

pontos de parada, de fixidez, de obstrução das possibilidades de perlaboração.

Do referido trecho do texto em diante, Forget conclui que a lembrança encobridora está ligada por toda uma cadeia à história do sujeito, mas como um ponto de parada. Ou seja, constitui-se como um ponto de recalque e, portanto, alude a um ausente. A lembrança encobridora é a fixação a uma imagem, uma insistência dessa imagem, que possibilitará o surgimento da palavra e do desejo por meio da emergência de um significante imagístico.

Na transferência com o analista, a mensagem colocada em jogo poderá vir a rearticular o que estava fixado como lembrança encobridora. Na transferência, a lembrança que funcionava como signo[8] pode voltar a alcançar um estatuto simbólico ao apresentar o que se articula com o desejo.[9]

Entendo que o autor está se referindo ao trabalho na análise que, pela via da transferência, passa necessariamente pela retomada da mobilidade das cadeias associativas por meio do abandono de uma insistência presente na lembrança encobridora.

Forget (1997) discute como funciona o velamento presente na insistência da lembrança encobridora em relação à memória. O autor relembra a afirmação freudiana de que a repetição pode ser uma forma de recordação, mas, nesse sentido, a lembrança funciona como um signo. A lembrança encobridora carrega um traço tanto do objeto quanto do vazio que sustenta o desejo do sujeito. Em relação ao vazio, isso é feito de uma forma velada. Entendo que

---

8 Justamente como ponto de parada em sua fixidez.
9 A reflexão sobre o desejo leva a outra: a que diz respeito à falta em oposição ao nada.

tal fato é o responsável por tornar a lembrança suportável para o sujeito.[10]

Forget (1997) menciona, ainda, a insistência das lembranças encobridoras na imagem. Destaca que o investimento da imagem especular, fundamental para constituir o objeto de desejo do sujeito, é sustentado por um paradoxo: à medida que o objeto falta, ele não é mais visível na imagem especular (já que não há imagem da falta). Sendo assim, o investimento libidinal não tem como corresponder totalmente à imagem especular. Há sempre um resto que investe o corpo do narcisismo primário e do autoerotismo, um resto que determina uma parte faltante na imagem desejada e serve, assim, à simbolização da falta.

É no lugar dessa falta que surgem o brilho, a nitidez e a precisão da lembrança encobridora: "a precisão da imagem da lembrança encobridora manifesta que a pulsão não se fecha no vazio, mas sim num brilho imaginário fálico atrás do qual o sujeito busca o nada[11] no Outro" (Forget, 1997, p. 106). O sujeito, fascinado pela imagem, é capturado por esta, que tem a "função mortal de fixar o momento e matar a vida" (p. 107).

Num fragmento posterior do texto, o autor refere-se à lembrança encobridora como aquela que testemunha e, ao mesmo tempo, obtura a questão da falta, o que a coloca muito próxima, em termos de função, da fantasia do neurótico: "a esse título, a lembrança encobridora se manifesta como esboço de uma estruturação da fantasia, como a tentativa pelo sujeito de uma inscrição que sustenta a divisão do seu ser" (Forget, 1997, p. 109).

---

10 Aqui acompanhamos a transformação do nada em vazio e a importância do registro do imaginário (da fantasia) para essa ocorrência.

11 Aqui eu prefiro o termo "vazio".

A lembrança encobridora é, portanto, uma tentativa de inscrição e de articulação sobre a qual se assenta a divisão do sujeito. Convém notar que este pode vir a alcançar o significante em uma rearticulação na transferência.

As histórias encobridoras

Entendo a construção de uma história como algo além de uma simples relação de fatos e personagens dispostos numa sucessão cronológica. Compor uma história é uma tentativa de alguém de se apropriar do vivido, transformando-o em experiência; isso também estará em jogo no momento de transmissão dessa experiência.

Como nos lembra John (2015), narrar é adotar um modo de colocar algo em palavras para um sujeito, é uma tentativa de instalar alguma ordem no caos apresentado pela vida. Contudo, é preciso observar que a narrativa tecida em uma análise, estruturalmente, não coincide com a noção tradicional de narrativa.

Segundo a autora,

> ... a história contada em transferência resulta do ir e vir de um tempo heterogêneo que transforma o sujeito, tornando sua apreensão em um "puro presente" uma tarefa impossível. Trata-se de uma história em construção/desconstrução, passível de ser ressignificada a posteriori e, portanto, sempre inacabada, incompleta, imperfeita. (2015, p. 109, grifos do original)

Para nós, psicanalistas, a escuta busca os pontos de parada, de detenção das cadeias, pontos nos quais um reposicionamento do sujeito, alcançado na análise, permitiria o retorno do entrelace da dimensão simbólica. Nessa articulação, descobre-se ou redescobre-se a capacidade de seguir continuamente em um processo de construção/desconstrução/reconstrução da história de vida, tão cara ao processo de perlaboração.

As histórias encobridoras são, portanto, narrativas que funcionam segundo os mecanismos descritos por Freud ao abordar as lembranças encobridoras. Nessas histórias, os elementos insignificantes passam a encobrir outro elemento, que está recalcado. Lidar com elas na análise passa pela retomada da questão da falta e do desejo, num trabalho de interpretação e manejo aparentado com o que se faz com o sonho, o sintoma, o lapso e o ato falho.

Segundo Freud, há uma relação entre o recalcamento e a lembrança encobridora; é com base nisso que entendo a história encobridora. Sabemos, porém, que há outras formas de defesa em face da castração, distintas do recalque. Considerando esse aspecto, proponho outra categoria de história, diferente daquela na qual a narrativa se compõe de fragmentos que são, principalmente, efeitos do retorno do recalcado. E assim emerge outra categoria de histórias: a das histórias recobridoras.

3. As histórias recobridoras e sua função de tamponamento

Por que propor o conceito de história recobridora?

Comecei a perceber, por meio do atendimento de alguns analisandos, a existência de histórias ligadas à origem, assim como de histórias familiares, que funcionavam como destinos de pertencimento: eram histórias que, devido à sua fixidez, dificultavam o trabalho de apropriação da herança e de construção e reconstrução de uma versão, ou de várias versões, de uma história própria. Quando havia essas histórias, as intervenções e interpretações do recalcado não eram suficientes. Passei, então, a refletir acerca da diferença entre elas e as histórias encobridoras, nas quais há um velamento.

Surgiu-me, desse modo, a seguinte dúvida: se a historicização é um processo fundamental de constituição do sujeito, por que algumas histórias se tornam obstáculos à singularização?

Sabemos pela clínica e por produções culturais que o trabalho de elaboração inclui a feitura de versões, ou seja, pressupõe constantes construções, desconstruções e reconstruções daquilo

72 AS HISTÓRIAS RECOBRIDORAS E SUA FUNÇÃO DE TAMPONAMENTO

que foi vivido. As histórias recobridoras, contudo, são histórias que acabam por funcionar como tamponamento de questões traumáticas e, portanto, falham em sua função de propiciar elaboração. Se suas construções são uma tentativa de elaboração do trauma, a forma como circulam dificulta ou impede novas elaborações. É nesse sentido que as nomeio "recobridoras", pois perdem a mobilidade de abertura inconsciente, que tem a formação de compromisso, e passam a ser elas próprias, muitas vezes, retraumatizadoras por si.

As histórias recobridoras, ao não deixarem espaço para novas interpretações e reelaborações, transformam-se na Verdade acerca daquele grupo familiar e de cada um de seus membros, pois providenciam Uma forma de pertencimento e impedem o bom esquecimento freudiano. Se, para esquecer, num primeiro momento, é preciso lembrar, o não poder esquecer se torna nas histórias recobridoras um imperativo. O evento traumático segue intensamente colorido, e a temporalidade torna-se uma questão.

Gueller (2001), em sua tese de doutorado acerca da (a)temporalidade, lembra-nos de que Freud concebe a memória pela via do esquecimento quando propõe que o inconsciente não pode ser pensado em termos de presença. A autora, recorrendo a Freud, destaca que a análise e seus efeitos terapêuticos estão centrados na possibilidade de haver trâmite e esquecimento dos processos inconscientes. Contudo, para esquecer, é necessário primeiro lembrar. Nesse sentido, Gueller propõe uma distinção entre o verdadeiro e o falso esquecimento: o falso esquecimento refere-se à atualização do passado pelo retorno do recalcado; o verdadeiro, à obliteração terapêutica, que coloca o passado em seu devido lugar, deixando a lembrança despresentificada. O que promove a tramitação, segundo a autora, é a troca da descarga pela ligação, sendo tal conexão estabelecida com o pré-consciente, com as representações-palavra. A tramitação é considerada aqui a responsável por promover a distinção entre o esquecimento patogênico e o terapêutico; consiste numa terapêutica capaz de despresentificar a "lembrança", tirando o presente de uma constante invasão pelo passado.

O trabalho na clínica com as histórias encobridoras passaria, então, pelo desfazimento de sua característica de "história fachada" ou "história véu". Dessa forma, o esquecimento falso, que remete à lembrança na história encobridora, na qual o recalcamento construiu uma fachada, mostraria seu núcleo genuíno. Assim, nas histórias encobridoras, estaríamos no campo, como nos propõe Gueller (2005), do sepultamento da sexualidade infantil em sua dimensão fundante do psiquismo:

> Então disfarces, fachadas e mentiras são o que mais e melhor nos aproximam de tocar esse núcleo infantil sepultado da neurose já constituída. São também o que, quando necessário, nos permite produzir o sepultamento via recalque. Disfarces, fachadas e mentiras são, pois, um trabalho de construção necessário para lidar com a angústia e deixam ver porque a angústia aparece quando falta disfarce ou quando a fachada cai. (p. 109)

A autora constrói, desse modo, uma argumentação que visa diferenciar o trabalho de análise realizado com adultos daquele efetuado com crianças. Em relação ao primeiro, o desvelamento é central, em face de um retorno do recalcado que provoca angústia. Quanto ao segundo, como nas crianças o sepultamento da sexualidade infantil ainda não ocorreu, a angústia toma conta de tudo, conduzindo o analista na direção do recalcamento.

Com base nessa diferenciação, proponho outra, ao considerar também o mecanismo de defesa. Se Gueller (2005) trabalha com a questão do recalcamento, discutindo inclusive sua importância ímpar para a estruturação psíquica do recalque originário, proponho pensar no acionamento da recusa como mecanismo de defesa diante da angústia advinda do traumático.

Tentarei, a partir de agora, articular história recobridora e recusa e, um pouco mais adiante, luto, em virtude da seguinte questão surgida da clínica: o que ocorre quando as histórias, supostamente construídas por meio da representação-palavra, falham em sua tarefa de promover o verdadeiro esquecimento?

Entendo que, para nos aproximarmos desse enigma, será preciso pensar em outra articulação nos casos em que o "pôr em palavras" não funciona por si só como elemento de tramitação. Vale então, ainda, a hipótese de existir uma "aparência simbólica", pois se trata de uma base que não é a de velamento (véu) do recalque.

Recalque e recusa

Para seguirmos na tarefa de diferenciação entre as histórias encobridora e recobridora, é imperioso retomarmos outra distinção, já há muito conhecida: aquela existente entre recalque (*Verdrängung*) e recusa (*Verleugnung*).

O recalque, como discutido anteriormente, é um processo no qual se visa afastar e manter afastadas da consciência as ideias e representações ligadas às pulsões; aquelas, uma vez realizadas, se tornariam fonte de desprazer em alguma instância psíquica. O recalque, constitutivo do núcleo do inconsciente, é ainda responsável pela própria origem deste, ao separá-lo do resto do psiquismo.

É por meio desse núcleo originário que o recalcamento[1] propriamente dito (recalque *a posteriori*) ocorre. O recalque originário fixa a pulsão nos representantes, que são mantidos fora da consciência; assim, funciona como polo de atração para aquilo que se refere a esses representantes, para aquilo que será preciso manter recalcado. Simultaneamente a essa atração, há uma repulsa, que coloca em operação o recalque *a posteriori*. Freud define ainda um terceiro momento do recalque, a saber: o retorno do recalcado. As histórias encobridoras funcionam, assim como o sonho, o sintoma, o lapso e o ato falho, como formação de compromisso entre os elementos recalcados e a defesa.

Para melhor explicar as histórias recobridoras, teremos que recorrer a outro mecanismo de defesa. Passemos, então, à recusa. Esse termo foi utilizado por Freud pela primeira vez em 1923, para caracterizar um mecanismo de defesa por meio do qual é efetuado o reconhecimento da realidade de uma percepção negativa, e, ao mesmo tempo, ela é recusada. Reconhecimento e recusa do reconhecimento passam a conviver, ou melhor, a coexistir como duas realidades contraditórias não conflitivas, o que acarreta a clivagem do eu como forma de sustentação dessa coexistência.[2]

Como ressalta Penot (1992), na recusa há uma indecisão no sentido da representação, ou seja, uma suspensão do julgamento. Ao abolir o sentido, a recusa diferencia-se do recalcamento, já que o recalcado é aquilo que, justamente, ao manter uma ligação com um sentido inadmissível para a consciência, precisa ser apartado. A recusa, como nos propõe Figueiredo (2014), não permite que aquilo que foi percebido e armazenado leve a uma tomada de decisão, a um posicionamento do sujeito.

---

1 Tomo neste texto os termos "recalque" e "recalcamento" como sinônimos.

2 Lembremos que faz parte das funções do eu assegurar uma percepção relativamente estável e constante de si mesmo diante do mundo exterior.

Penot (1992) e Figueiredo (2014) lembram-nos de que a recusa é parte do processo de constituição, não tendo qualquer consequência patológica na primeira infância. A problemática surge a partir do momento em que a recusa se torna uma posição duradoura que funciona como "uma operação psíquica pela qual é mantido um não investimento específico em certas representações do mundo exterior, através da retirada de sua possível significação" (Penot, 1992, p. 20). Diferentemente do recalque, não é a representação que se apaga, e sim o valor simbólico dessa representação. Como resultado da recusa, ocorre a interrupção de um processo, o que acaba por eliminar a "eficiência transitiva de um de seus elos" (Figueiredo, 2008a, p. 59). Octave Manonni resume-o no seguinte enunciado: "eu sei, mas mesmo assim...". O que não ocorre, o que está impedido é uma inferência advinda do que foi percebido. Nesse sentido, preserva-se uma posição subjetiva fixa, inalterável, que desmente o percebido, conforme ressalta Figueiredo (2008a, p. 60):

> O que se passa, contudo, é que ela é desfalcada da autoridade para ensejar outras percepções e outros processos psíquicos, vale dizer, é mantida isolada do processo perceptivo e das suas conexões naturais com os processos mnêmicos e de simbolização.

Assim, fica claro o motivo de o caráter traumático das representações marcadas pela recusa ter relação direta com a abolição de suas implicações simbólicas.

No que concerne ao efeito da recusa para o pensamento, Penot (1992, p. 34) sublinha:

> Como Freud destacou, por muitas vezes, o fenômeno da recusa-clivagem não consiste em apagar esta ou aquela representação desagradável do campo da

consciência como faz o recalcamento.[3] *Pelo contrário, é a significação particular, que nela está implicada, que permanecerá "invalidada" no jogo da mentalização. Tem-se de lidar com representações que, por assim dizer, não seriam dotadas de seu valor de pensamento, mostrando-se muito impróprias para servir de elo para a livre circulação da significância, em um jogo simbólico instituído. Elas logo se manifestam, ao contrário, como pontos de interrupção, de não-passagem, da atividade de pensamento. Estas representações não admitidas são o lugar de uma condensação ambígua, que confronta o sujeito com uma vivência traumática, conotada geralmente pela estranheza...*

É aqui que localizo as histórias recobridoras. Assim como as histórias encobridoras são narrativas que funcionam como formação de compromisso por meio do recalque, as recobridoras constroem-se como tentativa fracassada de articulação por meio da recusa e da consequente clivagem do eu. A recusa é, então, o que testemunha o fracasso do recalcamento, pois, como nos lembra Penot (1992), não ocorre o enlace entre o registro da sensação ou da representação formal e o representante da linguagem. Há uma importante falha no que se refere à capacidade simbólica, afetando, consequentemente, a perlaboração do traumático.

Nas histórias recobridoras, a narrativa constitui-se essencialmente por meio da abolição simbólica, pois tanto o sentido quanto o julgamento encontram- se suspensos. Considerando esse aspecto, vale lembrar que estamos diante de uma importante dificuldade de

---

3 Gostaria de ressaltar aqui, em contraposição à recusa, o caráter do recalque como operação no sentido de um trabalho de simbolização.

lidar com a ausência. Isso faz da história recobridora uma forma capaz de reiterar a presença em estado bruto, ou seja, de ratificar a presença do traumático de um modo não passível de metáfora; trata-se de algo que é efetivamente difícil de ser pensado e que resiste a entrar na cadeia significante.

Figueiredo (2008a) nos lembra de que, quando se desautoriza uma percepção, impede-se a ligação desta com outras percepções, inviabilizando a continuidade do processo de simbolização. Se uma percepção se torna ineficaz, tem a significância comprometida, o que bloqueia sua entrada em uma rede associativa e, por esse motivo, tal percepção é reiterada como muito próxima da "coisa". A história recobridora, embora seja feita de palavras, vive um estado de coisificação, justamente por estar apartada, por ter sido isolada, de modo violento, pela recusa, que impede o caráter transitivo de uma percepção. Vem daí o caráter de fixidez dessas histórias.

Em virtude de os processos de representação terem sido detidos, ocorre um fechamento, que emerge em forma de histórias com um potencial retraumatizador muito grande. A obstrução da capacidade de significância fixa um significado desprovido do caráter de transitividade, aprisionando o sujeito em Uma Verdade.

Figueiredo (2008a) nomeia a percepção recusada, aquela que "interrompe a marcha do psiquismo", de "pseudopercepção". Ela estaria a serviço de uma defesa que opera nos limites do traumático, mas que, paradoxalmente, o repete. Como exemplo de pseudopercepção, o autor menciona as lembranças encobridoras. Eu preferiria chamá-las de recobridoras, visando acentuar um desligamento diferente daquele advindo como efeito do recalcamento. As lembranças encobridoras mantêm um elo mais eficiente com o recalcado do que aquele que as recobridoras mantêm com a pseudopercepção.

Em relação a esse aspecto, explicita Figueiredo (2008a): "Nos lugares vacantes, abertos por essas falhas autoproduzidas, criam-se os excessos imagéticos, as pseudopercepções, as lembranças recorrentes, os relatos imutáveis em que um certo saber se erige como um obstáculo quase intransponível aos processos de transformação" (p. 70).

E eu acrescentaria: nesses lugares vacantes abertos pela recusa, criam-se as histórias recobridoras, nas quais o que está em jogo é a dificuldade de simbolização da ausência, num traumático que se perpetua pela própria forma de historicização ou, mais precisamente, de pseudo-historicização.

Nessas histórias, entendo que a inquietante estranheza não surge como retorno do recalcado. A esse respeito, convém observar a seguinte passagem do texto freudiano:

> *Refiro-me a que um estranho efeito se apresenta quando se extingue a distinção entre imaginação e realidade, como quando algo que até então considerávamos imaginário surge diante de nós na realidade, ou quando um símbolo assume as plenas funções da coisa que simboliza, e assim por diante. (Freud, 1919/1996f, p. 261)*

Proponho pensarmos no estranho efeito que se produz quando substituímos, na citação de Freud, o termo "imaginação" por "real". Não há nada mais assustador do que essa duplicação!

Quando Freud menciona em seu texto os fenômenos da inquietante estranheza apenas no retorno do recalcado, exclui as figuras de retorno da recusa e da rejeição (forclusão). É conveniente sublinhar que tais fenômenos têm sido especialmente acompanhados por psicanalistas interessados no tema da transmissão psíquica entre gerações.

Proponho aqui uma questão que extrapola os limites desta pesquisa; assim, deixo-a como indicação para uma investigação futura: a existência de dois tipos distintos de inquietante estranheza. Nesse caso, um deve ser analisado como retorno do recalcado; outro, como encontro com o real. Quanto ao segundo, estaria especialmente ligado às questões relativas a este trabalho.

Quando a história recobridora é associada à dificuldade de simbolização da ausência, surge o assunto do luto. Em outras palavras, ela aparece como forma de evitar o reconhecimento da perda e, em consequência disso, busca evitar o trabalho de luto.

A história recobridora, ao deixar em suspenso o sentido e o julgamento, dificulta a ligação e não faz contato com a perda – perda esta sentida como o lançamento do sujeito em direção ao nada. Cria-se uma história recobridora ali onde deveria se instalar o trabalho de luto; tenta-se evitar a dor, entendida freudianamente como o fracasso do aparelho psíquico em fazer a passagem da energia livre às representações psíquicas.

Se a história recobridora surge para evitar o trabalho que é convocado pela necessidade de ligação psíquica de impressões, especialmente das traumatizantes, cabe ressaltar, ainda, a dimensão intersubjetiva acentuada por Penot (2005). O autor afirma que a recusa, em princípio, nunca é do sujeito. Para dar conta daquilo que fica interditado pelo outro (o pensar em consequências), cria-se uma história que cobre completamente (recobre) o que poderia vir a ser inscrito como falta.

Impedir o reconhecimento da perda é inviabilizar o trabalho de luto, é instituir uma confusão entre falta, vazio e nada, é manter uma posição imutável. Não reconhecer a perda do objeto é, talvez, o modo mais eficaz de manter maciçamente a presença deste.

A recusa, ou seja, a desautorização da percepção acerca do que foi vivido, mantém cindidos aspectos que precisariam enfrentar a contradição, o conflito e até mesmo o paradoxo, fundamentais na narrativa, imprescindíveis quando se trata da história.

Hassoun (2002) fala da melancolia como uma maneira específica de relação com o luto, com a perda e com a morte; no caso, as pulsões parciais e a pulsão de morte estão desintrincadas. Penso em considerar a história recobridora como um tipo de narrativa em que palavras-coisas ocupam o espaço onde deveria se instalar a inscrição de uma perda. Evita-se o contato com a perda, como na cripta; desse modo, a história recobridora protege da melancolia.

O estatuto de verdade das histórias recobridoras se faz pela via do inquestionável, o que confere a elas o caráter de fixidez. Tais histórias se constroem e se perpetuam em virtude da inexistência de dúvidas acerca do já sabido, o que obstaculiza a criação de novas edições ao longo da vida. Compreendo a formulação dessas edições como a possibilidade de reposicionamento do sujeito.

Com o intuito de dar conta do traumático, as histórias recobridoras, caracterizadas por impedir o esquecimento, entendido aqui como o bom esquecimento freudiano da elaboração, oferecem uma garantia de saber e uma infalibilidade da verdade, o que impede o sujeito de realizar o constante e necessário trabalho de implicação com o vivido. Em outras palavras, diante do horror produzido pelo contato com o nada, a tentativa de aplacar uma angústia avassaladora se faz pela via da construção de uma história recobridora. Trata-se de uma história "tapa-buraco", para impedir o desmoronamento das bordas de um imenso buraco, que tende a tragar tudo que o circunda. Porém, ao tentar impedir essa avalanche, a história preenche o buraco de maneira a tamponá-lo, inviabilizando a possibilidade de um trabalho de luto que instalaria a falta. O ato de recobrir, que significa cobrir completamente, implica cobrir também o contato com o sentir, com as marcas, com os indícios, imprescindíveis à vida e à elaboração.

Gostaria de introduzir, a título de apontamento inicial, alguns aspectos a serem abordados mais detalhadamente nos Capítulos 4 e 5, respectivamente, "Austerlitz: da história recobridora" e "Quando as lembranças anestesiam: uma história de loucura que recobre uma mãe", acerca do trabalho do analista com as histórias recobridoras.

No encontro com a história recobridora, o analista está convocado à tarefa de pensar o impensável por meio de um cuidadoso e delicado trabalho de ligação ali onde a cisão, a clivagem, foi buscada como tentativa de solução.

Penot (1992, 2005) destaca a relação entre recusa e trabalho psíquico mal realizado pelos pais. Retomo essa ideia para pensarmos na função do analista diante das histórias recobridoras que remetem a zonas de compulsão à repetição. Como abrir espaço para a difícil tarefa de pensar o abolido, de criar condições para que dois sistemas de referência que convivem como irredutivelmente estranhos possam ser questionados?

A história recobridora como "memorial", da mesma forma que o objeto fetiche e a cripta, recusa e testemunha simultaneamente a perda. Um trabalho de luto fica impedido quando o reconhecimento é imediatamente recoberto pela abolição de seu sentido, pelo não tirar consequências com base no reconhecimento.

A função do analista passa, então, pela capacidade de dar testemunho dessa perda ao apontar o que se encontra como incompatível para o sujeito. Trata-se de um testemunho com a finalidade de permitir ao analisando a construção de um testemunho de si. Parte do trabalho testemunhal do analista consiste na identificação daquilo que insiste, do que não se pode dizer, do que aparece na atuação; isso significa que o trabalho não se restringe ao que está presente no sentido da narrativa. Entendo que há uma escuta que testemunha, ou seja, uma escuta que também se faz "pelas bordas", ao retirar o foco de atenção de uma narrativa já constituída e considerar os indícios, os vestígios daquilo que não circula de maneira articulada, mas se faz presente como resto de natureza não simbolizável decorrente de uma experiência traumática.

Retomaremos a seguir a questão do testemunho, na Seção 4, "Testemunho, história e escuta testemunhal". Contudo, no momento, é preciso dizer mais algumas palavras acerca das identificações. Tenho consciência de que este é um conceito psicanalítico bastante complexo. Ainda assim, não pretendo tratar disso de forma exaustiva; convém esclarecer, aliás, que meu intento é modesto. Na realidade, nesta pesquisa, espero tomar as identificações como mais um componente a compor uma moldura para o quadro das histórias recobridoras.

O uso do termo "identificações", no plural, deve ser justificado. Isso diz respeito a uma longa discussão realizada em Paris, no ano de 1984, em um evento teórico-clínico promovido pelo Centre de Formation et de Recherches Psychanalytiques (CFRP).[4] Nesse evento, o eixo mobilizador das discussões foi a constatação de que não há uma definição unívoca que dê conta das inúmeras variações reunidas sob o nome de "identificação", tanto na obra freudiana quanto na pós-freudiana. Tentarei, a seguir, propor uma argumentação que considere alguns aspectos de diferenciação das identificações e contribua para responder a duas questões formuladas ao longo deste capítulo:

---

4 Instituição fundada por Maud Mannoni, Octave Mannoni e Patrick Guyomard.

1ª) Se a historicização é um processo fundamental de constituição do sujeito, por que algumas histórias se tornam obstáculo à singularização?

2ª) O que ocorre quando as histórias supostamente construídas por meio da representação-palavra falham em sua tarefa de promover o verdadeiro esquecimento?

As identificações

A identificação, tomada como conceito fundamental da teoria psicanalítica, teve, da mesma forma que outros conceitos, uma evolução ao longo da obra de Freud. Contudo, se há um princípio comum que englobe a pluralidade das identificações, é o de que elas são constitutivas do sujeito.

Dos modos de identificação propostos por Freud, gostaria de, a seguir, destacar dois. Aliás, tenho interesse em me aprofundar na abordagem de tais modos, que me servem particularmente como material de trabalho neste livro.

• **Identificação primordial**, também referida como identificação primitiva, identificação totêmica, identificação com o pai da pré-história individual ou, ainda, identificação simbólica: trata-se daquela que, por meio da instalação de um "protótipo" do trabalho de luto de um objeto perdido como sexual (objeto fortemente investido), faz do eu seu herdeiro. O modelo de identificação é o da incorporação, pois na fase oral primitiva não há distinção entre o investimento de objeto e a identificação.

• **Identificação regressiva:** trata-se de caso em que uma escolha objetal regride a uma identificação diante de uma frustração; o sujeito toma um traço da pessoa amada ou odiada. O traço único (*einziger Zug*) referido por Freud levará Lacan à formulação do conceito de traço unário. A identificação histérica é uma identificação com o desejo insatisfeito do outro, identificação com o significante da falta do outro. Ela comporta moções de desejo contraditórias, estando presentes também a ambivalência e a bissexualidade. O jogo das identificações nesse campo faz-se pela via da identificação com traços particulares; estes, articulados aos processos primários, tomam os personagens do romance histérico como objetos submetidos à representação pulsional, mais precisamente aos significantes.

Florence (1994) destaca que, quando a prática psicanalítica passou a incluir os pacientes psicóticos (convém lembrar especialmente dos atendimentos realizados por Adler, Steckel e Jung), houve um debruçar-se sobre as ligações existentes entre a sexualidade e o eu. Nesse panorama, a identificação passa a ter um estatuto tanto genético quanto estrutural. É o infantil, como estrutura pulsional, que organiza a dimensão sexual:

> O infantil como movimento do desenvolvimento e do nascimento do humano, o infantil como motor, como "momento" estrutural permanente da organização subjetiva, o infantil como lugar indestrutível do desejo: eis o que vai forjar como referência essencial para a teorização dos processos psíquicos. A identificação, por certo, fará parte dessa reorganização que reconduz as coisas à sua produção, a seu começo. A identificação torna-se, a partir desse momento, o nome de um duplo processo de inteligibilidade analítica: genética e estrutural. (Florence, 1994, p. 126)

Freud chama de "incorporação do seio" (*Einverleibung*) a atividade sexual originária. Florence toma a incorporação como o que marca o objetivo sexual primitivo, lembrando que a escolha do objeto, segundo Freud, se faz em vários tempos e em várias modalidades.[5] O encontro com o objeto sexual, em termos freudianos, é, em última instância, sempre um reencontro. Florence (1994) chama a atenção para a ideia de uma repetição diferenciada de uma origem "que não é datável, nem representável, mas ativa, real" (p. 127).

Do "incorporado primitivo" não há representação, não há uma figuração do "objeto perdido", mas é imprescindível que ele seja perdido para abrir-se o primeiro espaço de desejo. Porém, se ele continua ativo, como origem, exige então um efetivo trabalho de luto, para que se instale o desejo. Entendo estarmos aqui no campo do originário freudiano, não só em termos de identificação, mas também de recalque.

Podemos já perceber também o quanto a identificação primordial está associada à dimensão simbólica. Freud, em "Totem e tabu", de 1913-1914, aborda detalhadamente a relação entre elas. Florence (1994), seguindo essa trilha, destaca a questão do totemismo à luz das reelaborações da identificação. Vamos acompanhá-lo um pouco mais de perto nessa discussão.

É o recalque do incesto e do canibalismo que cria condições para que advenha um sujeito e para que se entre em um sistema de troca com os outros. Em outras palavras, é por meio da identificação com o totem, como representante do pai morto, que são disparados os processos de singularização e socialização. Identificar-se com o totem é identificar-se com a lei e com o ideal, identificar-se com o pai como símbolo. A identificação totêmica é, pois, uma identificação simbólica com *um traço ideal paterno*. Quando esta é realizada, opera-se tanto o luto do objeto edipiano quanto a renúncia

---

5 Abordadas por Freud em "Sobre o narcisismo: uma introdução", de 1914.

a uma relação pulsional ambivalente. Para que ocorra a substituição do objeto da ambivalência pela identificação com um traço ideal, é imprescindível o reconhecimento de que o pai está morto.

Passemos, então, a "Luto e melancolia" (Freud, 1917[1915]/ 1996d), para estabelecer as relações entre perda do objeto, luto e identificação. Florence (1994), ao se debruçar sobre esse texto freudiano, aponta a identificação melancólica como uma identificação simbólica fracassada, porque da *introjeção*[6] da relação ambivalente com o objeto decorre uma clivagem do eu, o que se torna mortífero para este. A perda do objeto com o qual o eu estabelecia uma relação narcísica não promove um efetivo trabalho de luto que possa vir a elaborar essa perda. O que decorre disso é uma identificação melancólica, na qual o vínculo estabelecido entre o eu e o objeto pressupõe que um seja o duplo do outro.

Convém recorrer neste momento a Abraham e Torok (1995),[7] especificamente à proposta desses autores para diferenciar introjeção e incorporação. Isso permitirá articular de modo mais preciso as noções de história recobridora, recusa e identificação melancólica.

Torok (1968/1995) alude ao conceito de introjeção proposto por Ferenczi no texto deste autor denominado *A definição da noção de introjeção* (2011a/1912). Nessa obra, Ferenczi define a introjeção como uma maneira de desdobrar ao exterior os mecanismos autoeróticos responsáveis por um alargamento do ego.[8] O autor justifica a ideia de alargamento na constatação da passagem de

---

6 Essa é a denominação utilizada por Florence; abordarei logo adiante o que concerne a esse aspecto, com os aportes trazidos por Ferenczi, Abraham e Torok, a fim de evidenciar mais precisamente a diferença entre introjeção e incorporação.

7 Com base numa retomada do termo freudiano "incorporação" por Klein e sua escola.

8 Utilizarei o termo "ego" a fim de respeitar a nomenclatura do próprio autor.

uma atividade originalmente autoerótica para objetal, utilizando como recurso a inclusão do objeto no ego. Assim, a introjeção liga-se ao estabelecimento de um jogo objetal responsável pela passagem da pura excitação ao desejo.

O fracasso da introjeção é denominado por Abraham e Torok (1995) de "incorporação". A incorporação é uma fantasia à moda da satisfação alucinatória do desejo. Para tentar evitar a perda do objeto, o mecanismo da incorporação instala-o no interior de si. Como resultado disso, aquele que deveria ter sido perdido e não foi é agora incorporado ao ego. Trata-se de uma solução mágica que visa escamotear o trabalho de luto. A fantasia incorporativa guarda o objeto secretamente e tem como apoio o corpo; convém notar que, dessa forma, a ação é silenciada em termos de palavra.

Para Torok (1968/1995), a fantasia de incorporação é o efeito de uma linguagem bastante rudimentar num tempo no qual o desejo ainda não está nem nascido verdadeiramente como tal; trata-se de um momento muito arcaico. Sabemos que, desde Freud, a instalação do desejo depende do confronto com a falta; a incorporação, justamente, evita a falta às custas da instalação do objeto no ego.

Acredito na existência de uma relação direta entre o sucesso do trabalho de luto e o sucesso da introjeção, pois, mesmo que não seja possível apagar o caráter doloroso do luto, atravessá-lo disponibiliza a libido novamente para outros investimentos. Mas, afinal, o que é o luto?

O luto é o resultado da perda de um objeto particularmente investido e, como tal, exige um trabalho: o trabalho do luto, que consiste na retirada da libido do objeto, na renúncia a este; dessa forma, a libido retorna ao eu, ou seja, volta a ficar disponível para novos investimentos. Porém, trata-se de um trabalho de renúncia bastante complicado, porque é justamente a falta, resultante do trabalho de luto, que atribui ao objeto o valor que este tinha para o sujeito. O desligar-se do objeto perdido inclui uma passagem pelo ligar-se novamente a ele, desta vez suportando reencontrar apenas a representação de tal objeto, que é o que promove o reencontro, agora na ausência do suporte imaginário da pessoa que o sustentava, para o verdadeiro desligamento. É só na sua condição de ausente que o objeto pode ser desejado: a perda do objeto faz dele objeto de desejo.

Podemos perceber a relação entre o trabalho de luto e a abertura de um "buraco" no mito da unidade primordial, o que causa uma ruptura no viver cotidiano, segundo Moulin (1997):

> *Buraco que o trabalho de luto deve conduzir a simbolizar como falta, fundador de um relance do desejo, simbolização que não se opera senão por uma mobilização dos significantes do sujeito. Trabalho em todos os pontos análogo àquele que se operou no espelho. O que equivale a dizer que esta mobilização é trabalho de restauração do Ideal do eu, de re-investimento da fantasia no espaço psíquico... (p. 121)*

As fantasias de incorporação estão, dessa forma, associadas à recusa diante de uma súbita perda de objeto, quando este, em termos narcísicos, ainda era indispensável. A fantasia de incorporação é a maneira pela qual se mantém uma recusa do luto: sabe-se da perda e mesmo assim... segue-se vivendo como se ela não tivesse ocorrido.

Encontro aqui uma ligação entre as histórias recobridoras (com sua faceta coisificadora), a recusa do luto e a identificação melancólica. Em todos esses casos, há um objeto que não pode ser falado introduzido no corpo. Estamos diante de uma importante questão, inclusive no que diz respeito à possibilidade de representação da coisa, conforme as palavras de Abraham e Torok (1972/1995, p. 247): "É porque a boca não pode articular certas palavras, enunciar certas frases – por razões a determinar – que se tornará em fantasia o inominável, a própria coisa". Uma "palavra-coisa", acrescentaria eu, e é esta a matéria-prima das histórias recobridoras.

De acordo com Florence (1994), as primeiras identificações simbólicas formam o "núcleo resistente do eu"; esse núcleo, seguindo a moda do recalque primário, atrai para si as identificações posteriores. O autor chama de "incorporativo" o modelo inicial de identificação; no entanto, como já ressalvei anteriormente, prefiro denominá-lo "introjetivo",[9] a fim de reservar o termo "incorporação" para algo que esteja mais ligado ao fracasso do simbólico. Quando o eu se oferece a isso, estando este na condição de objeto substituto de outra cena na qual o objeto é de fato perdido (abandonado como única fonte de investimento), "a identificação aparece então como o método mais geral da sublimação do fim pulsional: ela dá lugar ao campo do narcisismo secundário" (Florence, 1994, p. 139). O narcisismo funciona paralelamente à libido objetal; assim, o supereu, em sua faceta de ideal de eu, está operando.

Para o alcance da dimensão simbólica, é necessário o percurso pelo trabalho de luto. Se este é realizado com êxito, após seu término o eu se faz herdeiro, e a diferenciação instala-se. Estamos aqui no campo da identificação simbólica e da introjeção. Nas palavras de Moulin (1997):

---

9 Cabe ressaltar que, para os lacanianos, incorporação é algo ligado ao pai simbólico; para os demais autores referidos, é aquilo que estaria na esfera da introjeção.

O luto estaria concluído ou em via de conclusão na passagem da incorporação à introjeção. Seja do Imaginário ao Simbólico ou ainda do mesmo ao diferente, do objeto perdido-objeto "a", objeto narcísico, à emergência e à instauração do sujeito. O luto nos levaria a esta experiência que restou insabida ao infans. O luto como operação da linguagem. Nova entrada no Simbólico. (p. 124)

Depois dessa breve trajetória acerca do trabalho bem-sucedido de luto, voltemos agora à identificação narcísica, na qual incluímos a melancólica, a fim de tentarmos relacioná-la aos problemas do luto e às histórias recobridoras.

Espero ter conseguido esclarecer o porquê de minha preferência pelo uso do conceito de incorporação no que se refere à especificidade desse tipo de identificação, no qual a amplitude narcísica é tremendamente maior. Nas identificações simbólicas ou regressivas, como a histérica, o eu é afetado apenas pontualmente, como bem nos lembra Florence (1994). Na identificação melancólica, que relaciono diretamente com alguma falha da identificação simbólica, entram em funcionamento os modos mais arcaicos de ambivalência. O eu fica cindido: uma parte sádica, identificada com o objeto incorporado, e uma parte perseguida pela fantasia do objeto.

Kristeva (1994), em seu texto denominado "O real da identificação", lembra-nos que, na identificação psicótica ou *borderline*, somos obrigados como analistas a reconsiderar algumas questões acerca da identificação primária (já referida no presente texto também como simbólica ou totêmica). Para a autora, essa identificação não seria tomada apenas como "assimilação do significante ou de esquemas simbólicos", pois há uma dimensão do real que toca o corpo. Nas palavras de Kristeva (1994):

> *O sintoma pode ser uma identificação que se fez em carne, em vez de submeter-se à exigência de identidade que a frustração e a palavra ditam. Tal identificação é uma recusa de identidade: ela opta pelo gozo e denega o corte, a distinção. (p. 48)*

Entendo que a autora chama a atenção para o real da identificação que interpelará, mais ampla e diretamente, aquilo que Freud denominou de *Einfühlung*, o "sentir como se fosse um só". O registro real da identificação, diferentemente do imaginário e do simbólico, é da ordem do trans ou do pré-verbal e remonta às identificações primárias, que, "inacabadas e imbricadas", formam um conglomerado identificatório não distinto. O trabalho analítico, nesses casos, visa dar nome àquilo que se apresenta por meio da transferência,[10] tanto por representações verbais quanto por representantes psíquicos da pulsão, numa transferência que mobiliza não só a fala do analista, mas também seu corpo.

A história recobridora constrói-se por meio de fortes e importantes identificações narcísicas, especialmente as melancólicas, que visam dar conta do aspecto real da identificação, contudo fracassam. É, portanto, uma narrativa em que a dimensão representacional fica subordinada à problemática identificatória.

É preciso considerar que na identificação narcísica há uma predominância dos representantes pulsionais sobre os verbais; desse modo, a interpretação e o manejo analíticos buscam estabelecer um corte no conglomerado identificatório. Segundo Kristeva (1994),

---

10 Esse aspecto será analisado mais detalhadamente no Capítulo 5, "Quando as lembranças anestesiam: uma história de loucura que recobre uma mãe".

À custa de uma subtração do gozo, elas (as interpreta-
ções) indicam ao paciente que aqui ele é tomado por
isso e lá por aquilo; antes por isso, agora, por aquilo.
O tempo e o espaço traçam, assim, a identidade recon-
quistada. (p. 50, grifos do original)

Há um trabalho nominativo, interpretativo e de corte com o traumático. Esse trabalho, ao pautar-se no real da identificação, possibilita discriminar tempo e espaço, pontua, inscreve; isso é capaz de fazer frente às avassaladoras consequências de excesso ou de falta no traumático.

Antes de finalizar este tópico, devo dizer algo acerca do supereu; não de sua faceta de ideal de eu, mas de seu aspecto de controlador de parte do gozo do isso (id pulsional). O supereu faz uma exigência de gozo e, dessa forma, torna-se "uma figura temível e fascinante, fonte permanente da reativação do masoquismo primordial e de todas as suas consequências . . ." (Florence, 1994, p. 141). Esse supereu está ligado às nossas origens absolutas. As identificações narcísicas nos colocam de frente para a força da pulsionalidade, da onipotência e das demandas do Outro do início de nossa existência. Então, segundo Florence (1994), devemos atentar ao ensinamento freudiano de que é preciso que o poder civilizatório ganhe terreno em relação a esse supereu exigente do gozar. Não nos esqueçamos, pois, da dupla dimensão superegoica e de seus efeitos para a subjetividade. A esse respeito, Florence (1994) nos diz o seguinte:

Nunca deixaremos de nos perguntar sobre as origens
da crença na onipotência e de nos espantarmos diante
da irredutível duplicidade, uma vez que a instância
do ideal lastreia nossas exigências éticas mais funda-

> *mentais, assim como, ao contrário, condiciona nossas sujeições mais alienantes. Lugar da emergência do desejo (como desejo do outro) e da negação do desejo. (p. 142, grifo nosso)*

Eu acrescentaria que o supereu está ligado tanto à emergência do desejo, naquilo que Freud apontou em termos de herdeiro do complexo de Édipo, quanto às formas mais cegas de obediência e submissão das paixões arcaicas, ou seja, diz respeito às falhas da identificação totêmica. Em tais circunstâncias, coloca para o eu as exigências ilimitadas do id.

Figueiredo (2009), por diferentes vias filiatórias, acrescenta outro aspecto que evidencia a integração das dimensões intrapsíquica e intersubjetiva por intermédio do supereu. Para o autor, as "identificações" que compõem o supereu[11] são as funções intersubjetivas incorporadas, ou seja, aquelas funções nas quais o processo de introjeção fracassou. Para ele, a função intersubjetiva relaciona-se à constituição do sujeito, o que, por sua vez, só acontece via relações com o mundo social desde o nascimento do ser. A dimensão intrapsíquica será fruto das marcas deixadas por essas relações somadas à dimensão da pulsionalidade. Ao fracasso intersubjetivo presente na dimensão intrapsíquica corresponde uma diminuição significativa da abertura para a alteridade. Na exigência gozosa superegoica, conforme descrito anteriormente, não cabe a alteridade, pois a abertura a esta implica renúncia pulsional (no sentido de sua satisfação imediata e direta) e, portanto, muito trabalho de luto ao longo de toda a vida.

Ao articularmos o caráter complexo do supereu, que contempla desde o lugar da cultura até a pulsão de morte, com o caráter

---

11 Que o autor prefere chamar de "Supra-eu", de acordo com a proposta de tradução de Hans para o termo *Über-ich*, em alemão.

problemático das identificações à moda da incorporação, fica mais compreensível o porquê de algumas narrativas estarem tão distantes de uma função sublimatória.

Para finalizar, retomo o sentido de traumático para Abraham e Torok (1995). Nesse caso, o que está em jogo é uma impossibilidade intersubjetiva de metabolização do vivido. Destaquei, na primeira parte do texto, a importância de que o vivido, ao ser metabolizado, transforme-se em experiência, ou seja, em algo de que o sujeito possa se apropriar. Há pouco mencionei o fato de Penot (1992) enfatizar o aspecto intersubjetivo da recusa, pois, a princípio, trata-se de uma recusa do outro.

É o momento, então, de pensarmos na função do analista em face da recusa, das identificações narcísicas, do impedimento da instalação do trabalho de luto e da presença disso tudo na narrativa das histórias recobridoras. Adianto que a metabolização do vivido estará diretamente ligada à possibilidade de dar testemunho. Passemos a ela.

Testemunho, história e escuta testemunhal

> *A experiência psicanalítica, ao não reconhecer outra autoridade além daquela que nos damos pelo fato de falarmos de nós, é por excelência um lugar de testemunho.*
> Anne Levallois (2007), *Une psychanalyste dans l'historie* (tradução nossa)

O testemunho

Utilizarei o termo "testemunho" neste texto em um sentido mais amplo do que aquele de acompanhar a fala, o dito do analisando, especialmente no início de uma análise, momento em que surgem a queixa, a impotência e o esforço de narrativa.

Em relação a esse aspecto, convém lembrar que Lacan, em um primeiro momento de sua obra, argumenta que é pelo testemunho que pode aparecer aquilo que faz o sujeito sofrer. A análise estava toda pautada no campo da fala. Posteriormente, Lacan adota o posicionamento de que o analista é tomado no lugar de objeto ao fisgar a repetição pelas bordas do trauma (dito e não-dito). Porém, o autor já não considera esta última uma forma de testemunho. É preciso dizer, então, que o termo "testemunho", na presente pesquisa, designa não somente o acompanhamento da narrativa, mas também a repetição, o traumático e a tomada do analista no lugar de objeto.

Como afirma Levallois (2007), no fragmento que colocamos como epígrafe deste capítulo, partiremos do pressuposto de que toda análise é um testemunho de si. Contudo, se apenas o próprio analisando pode dar testemunho de si, qual seria a função do analista?

O analista é o "testemunha-dor" de um testemunho. Mas, afinal, qual é o sentido de testemunho tomado no presente trabalho?

Para ajudar-me na circunscrição desse conceito, recorrerei a um texto de Levallois intitulado "Testemunho e história: uma abordagem da singularidade contemporânea" (2007). No início, a autora destaca dois aspectos a serem por ela discutidos ao longo do texto: a articulação entre testemunho e responsabilidade e a articulação entre história individual e coletiva. Julgo que ambos sejam relevantes neste trabalho em razão do viés aqui adotado para abordar a questão do testemunho. Estimo que duas dimensões muito nos auxiliarão a avançar (especialmente na seção seguinte) e a pensar a questão do testemunho nos processos analíticos.

Levallois (2007) retoma que o verbo "testemunhar", no dicionário, significa declarar o que se viu, ouviu ou percebeu, declaração esta que serve para o estabelecimento da verdade. A autora ressalta que, em termos jurídicos, essa é uma prática habitual. Em contrapartida, do ponto de vista da História como disciplina, a ligação entre o testemunhar e o estabelecer a verdade já surge em um campo bastante complexo, pois, para os antigos, só poderia escrever uma história aquele que a tivesse testemunhado.[12] Claro está o lugar do testemunho no discurso histórico ocidental desde o seu primeiro sentido: "o que se sabe por ter sido testemunha".

Contudo, a responsabilidade dos humanos na escrita da História não foi entendida sempre da mesma forma. Isso porque, nas sociedades autônomas contemporâneas, a verdade e a justiça são assuntos pertencentes à organização humana, ao passo que, nas sociedades heterônomas, como o Antigo Regime, a existência do homem está submetida a um Deus soberano. O ser humano é dEle um instrumento. O Ocidente cristão invoca a igualdade de

---

12 A autora apresenta a definição de "*historia*" como "o que se sabe por ter sido testemunha".

98 AS HISTÓRIAS RECOBRIDORAS E SUA FUNÇÃO DE TAMPONAMENTO

cada homem diante do olhar de Deus e "escreve sua história à luz do além"[13] (Levallois, 2007, p. 163, tradução nossa), mas, com a mesma força, justifica a barbárie também com a autoridade divina.

Foi-se criando, então, ao longo da História, a ideia de uma unidade da espécie humana com as particularidades de cada um, mas com uma essência presente em todos. O homem moderno veio então a se constituir com base na crença no valor absoluto e inviolável do ser humano, crença esta totalmente abalada no século XX pelo que foi vivido como efeito do nazismo. O ataque à ideia de espécie humana, ideia esta que o mundo ocidental tinha como valor já inscrito pela História, evidenciou nossa fragilidade em face do inimaginável:

> *Mostrando que há um "não-homem do Homem", que não há natureza humana que pré-exista a ele e o garanta contra ele mesmo, essas testemunhas do "inimaginável" nos introduziram no "desconhecido" de nós mesmos e puseram em desordem todas as ideologias e idealismos que tinham seu fundamento em "a grande evidência, aquela de ordem natural e divina, ou aquela das verdades inscritas na razão dos humanos". (Levallois, 2007, p. 165, tradução nossa)[14]*

---

13 "... a lumière de l'au-delà".

14 "En montrant qu'il y a un 'non-homme de l'homme', qu'il n'y a pas de nature humaine qui preexiste à l'homme et le garantisse contre lui-même, ces témoins de 'l'imaginable' nous ont introduits 'dans l'inconnu' de nous et bouleversé toutes les idéologies et tous les idéalismes qui trouvainent leur fondement dans 'une grande évidence, celle de l'ordre naturel et divin, ou celle des vérites inscrites dans la raison des humains'."

O genocídio evidencia a orfandade do humano em relação a uma autoridade supraterrestre; há uma outorgação da responsabilidade pelo que ele escolhe fazer.

Com o testemunho dos sobreviventes, borrou-se a representação que o Ocidente forjara de si mesmo, o que demonstrou que os valores inscritos pela História e pensados como definitivamente estabelecidos podem não se sustentar diante das paixões. Assim, entendo que a autora destaca a necessidade imperiosa, porque vital, de que o inimaginável seja nomeado e conhecido, mesmo que seja pela via do acolhimento do impossível de dizer, sendo tal impossibilidade fruto do não haver palavras para tanto.

Estamos aqui no campo do traumático, buscando elementos para pensarmos no lugar da psicanálise:

> *A perversão da qual a razão não nos preservou, seja aquela dos deuses ou das ideologias, enfraqueceu definitivamente as consciências, deixando aos humanos a responsabilidade de sua humanidade e a liberdade de instituir os valores.*

> *Ora, é nesse lugar de indeterminação, onde está em jogo a liberdade do ser humano, que se situa a psicanálise. O indivíduo com o qual ela se confronta desde a sua origem não encontra mais o sentido de sua vida no legado que a História deixou e procura, às vezes desesperadamente, os caminhos pelos quais ele poderá existir e unificar os elementos em desalinho que o constituem. Passo essencialmente responsável, na medida em que a psicanálise não propõe nenhum sentido à vida, mas permite, por meio de um processo relacional complexo, que o indivíduo se aproprie da própria*

100 AS HISTÓRIAS RECOBRIDORAS E SUA FUNÇÃO DE TAMPONAMENTO

existência, inscrevendo-a em uma história que a torne inteligível. Isso ocorre também porque, para testemunhar nossa vida, somos obrigados a colocar em questão os outros e, ao mesmo tempo, nós mesmos, sem outra garantia de estabelecer a verdade que não nossa própria convicção. (Levallois, 2007, pp. 166-167, tradução nossa)[15]

A psicanálise e o testemunho de si

Segundo Levallois (2007), a psicanálise oferece, por meio do trabalho analítico, a possibilidade de alguém testemunhar a si mesmo, o que contempla tanto o reconhecer a existência quanto o assumir a responsabilidade de ser. Ao se interrogar sobre a própria vida, o analisando é convocado pelo analista a um relembrar e a um fazer-se ao mesmo tempo historiador e testemunha de sua história. Sabemos bem dos efeitos que provêm, muitas vezes, apenas

---

15 "La perversion dont la raison ne nous a pas préservés, qu'elle soit celle des dieux ou celle ideologies, a ébranlé définitivement les consciences, laissant désormais aux humains la responsabilité de leur humanité et la liberte d'en instituer les valeurs.

Or, c'est dans ce lieu d'indetermination, où se joue la liberté de l'être humain, que se situe la psychanalyse. L'individu auquel elle est confrontée depuis son origine ne trouve pas plus le sens de sa vie dans ce que l'Histoire lui a légué et cherche, parfois désespérement, les chemins par lesquels il pourra exister et unifier les élements désaccordés qui le constituent. Démarche essentiellement responsable dans la mesure où la psychanalyse ne propose aucun sens à la vie mais permet, à travers un processus relationnel complexe, de s'approprier son existence en l'inscrivant dans une histoire qui la rend inteligible. Dans la mesure, également, où; pour témoigner de sa vie, on est contraint de mettre en cause les autres en meme temps que soi-même est sans autre garantie de la vérité que sa propre conviction."

da escuta que o analisando faz de sua própria voz, ou seja, dos efeitos provocados pelo ouvir-se falando para outro em voz alta.

A autora relembra que Freud reconheceu esse testemunho nos discursos de seus pacientes, o que o levou a formular a hipótese de uma memória inconsciente que guarda os "traços vivos de sua construção"[16] (Levallois, 2007, p. 167, tradução nossa). Contudo, a história dessa construção não é acessível à consciência com um simples esforço de rememoração. Há vestígios justapostos e sem ligação, presentes em qualquer narrativa, mas que só se evidenciam quando se tornam problemáticos. Ao perturbarem a capacidade de existência, revelam também que a história da qual emanam está parasitando o presente. É da confusão no tempo que a autora fala, é ao tempo do traumático que se refere. Os vestígios só se tornam problemáticos quando não restritos ao passado como algo que passou, quando perpetuam o passado e, dessa forma, perturbam o presente. Trata-se de vestígios que não foram esquecidos, que não passaram ao bom esquecimento da elaboração.

Esses elementos impedem uma historicização que possa dar um contorno razoável a uma existência. Há uma experiência subjetiva de estranhamento, de fragmentação, de exílio de si mesmo, o que confere uma fragilidade à própria existência.

Levallois (2007) defende que o processo analítico, com a regra fundamental, é uma aposta de que seja possível iniciar uma nova leitura da existência com o que emerge do infantil. A força dessa nova leitura viria do relançar de um questionamento, antes aplacado por haver apenas um único ponto de vista (a posição do sujeito). Contudo, ressalta que a ideia otimista de que a mudança seria produto de uma melhor compreensão da história tropeça no fenômeno da repetição, aliás, já denunciado por Freud.

---

16 "... les traces vivantes de sa construction".

A autora critica especialmente duas posições que considera reducionistas no tocante ao tema da repetição. A primeira é a busca ilusória por localizar na história do analisando o que chama de "um buraco negro da pulsão de morte". Para ela, essa posição do analista pode manter uma análise durante toda a vida de um analisando. A outra postura, que ela aponta também como enganosa, é a visão transgeracional simplista, que busca isolar um acontecimento nas gerações anteriores e fazer dele o responsável por toda a situação patológica posterior. Entendo que a autora chama a nossa atenção para uma transposição direta de causa e efeito que pode aparecer em algumas leituras do transgeracional, mas discordo de que seja esta a única forma de pensar a transmissão. Aliás, num fragmento posterior de seu texto, Levallois aponta a complexidade da transmissão no mundo atual. Isso leva a crer que o aspecto do transgeracional não está por ela descartado, e que anteriormente ela fizera apenas uma importante ressalva com a finalidade de alertar para a simplificação excessiva no que concerne à transmissão.

A família, como primeiro representante do espaço social, é portadora de um patrimônio comum, como a língua e os valores, por exemplo. O testemunho de si em sua própria legitimidade não é independente do lugar social ocupado. Assim, a história constrói-se entre a indeterminação, o acaso e um transmitido pela História, porém, é necessário que cada pessoa pesquise sobre isso, a fim de reunir inclusive os elementos contraditórios.

Há diferentes formas de se utilizar o testemunho na construção de uma história pessoal, mas em todas deve estar presente a articulação desta com a história coletiva. Convém notar que, se isso não acontecer, corre-se o risco de que se entre na loucura de uma história que encontra a sua verdade apenas na solidão do espaço subjetivo. Assim, um processo analítico precisa englobar o pensamento acerca do modo pelo qual a história coletiva foi interiorizada pelo sujeito, pois, caso contrário, contribuiria para um sentimento "ilusório e tóxico" de exceção.

Levallois chama a atenção para o quanto a articulação história/História, quando considerada em um processo analítico, permite analisar o modo como a história coletiva foi absorvida e interiorizada, a maneira como o sujeito se localiza em um espaço social. Para a autora, essa articulação traz ferramentas para o analista quando lança luz sobre os "estigmas" marcados no inconsciente de cada sujeito.

Gostaria de acrescentar que o transmitido pela História está intimamente associado a uma transmissão que atravessa as gerações em termos familiares e se atualiza a cada chegada de um novo integrante. Isso exige um trabalho de constituição que inclui o de pertinência.

Hassoun (1994) propõe a ideia de que todos nós somos o que ele chama de "passadores"; este é um elemento de diferenciação entre a espécie humana e as demais, pois a primeira tem um saber acerca da morte e busca assegurar-se de que haja um mínimo de continuidade:

> *Nós somos todos portadores de um nome, de uma história singular (biografia) ligada à história de um país, de uma região, de uma civilização.*

Nós somos os depositários e os transmissores. Nós somos os passadores.

> *Sejamos revoltados ou céticos diante do que nos foi legado e dentro do que fomos inscritos, adiramos ou não a esses valores, nossa vida é mais ou menos tributária a isso, a esse conjunto que vai das maneiras à*

> *mesa aos ideais mais elevados, aos mais sublimes e que*
> *foram propriedade daqueles que nos precederam.*
> *(Hassoun, 1994, p. 13, tradução nossa, grifo do original)[17]*

Levallois (2007) corrobora, a seu modo, o proposto por Hassoun e acrescenta, ainda, que nas sociedades contemporâneas é a História que substitui a figura do contador de histórias. Essa figura, convocada no início deste livro em uma referência ao narrador de Benjamin, é responsável pela transmissão. É a figura daquele que nos diz acerca das linhagens nas quais estamos inscritos, que fala de uma inserção do presente vivido em um mundo e em uma tradição. Estes constituem parâmetros de extrema relevância na passagem do vivido para o experienciado, sendo esta a condição para o testemunho de si.

A história recobridora e o impedimento do testemunho de si

Este texto começa a ser pensado em virtude de um confronto com a seguinte condição: o sujeito não pode realizar o testemunho de si. Considerando esse "estar diante do inefável", aponto uma forma de "fragilidade extrema ao sentimento da própria existência", que confere, pelo menos aparentemente, inteligibilidade, mas de

---

17 "Nous sommes tous les porteurs d'un nom, d'une histoire singulière (biographique) prise dans L'Histoire d'un pays, d'une region, d'une civilization.
Nous en sommes les dépositaires et les transmetteurs. Nous en sommes les passeurs.
Que nous soyons révoltés ou sceptiques devant ce qui nous a été légué et ce dans quoi nous sommes inscrits, que nous adhérions ou non à ces valeurs, il reste que notre vie est plus ou moins tributaire de *cela,* de cet emsemble qui va des manières de table aux idéaux les plus élevés, les plus sublimes et qui ont été la propriété de ceux qui nous ont précédés."

uma maneira bastante particular. Trata-se da história recobridora, que se caracteriza pelo fato de os elementos ali presentes constituírem uma história congelada em sua significação, uma história que, ao preencher o vazio, estabelece uma significação imóvel que não permite ao sujeito reposicionamentos, ressignificações, reelaborações, tão necessárias à continuidade da vida.

O sujeito permanece atrelado a um passado que não termina de ser vivido no presente. Assim, embora encontrar palavras para dizer do vivido seja extremamente importante, isso pode não dar conta, não ser suficiente para mudar a relação do sujeito com seu passado/presente quando tal atitude não é acompanhada da possibilidade de esse sujeito posicionar-se ou reposicionar-se, tomando para si a responsabilidade de atribuição de sentido à existência.

Entendo que nem a história individual nem a transmissão psíquica entre gerações, isoladamente, podem dar conta de uma construção subjetiva, pois uma história singular só pode ser construída por meio de outras, dentro de um espaço social e de uma temporalidade. Os pais transmitem um passado, mas transmitem também resquícios dos quais nem se dão conta. São as primeiras identificações com aqueles dos quais a criança depende de forma vital que permitem a humanização; contudo, ao mesmo tempo, são elas também que, atualizadas na transferência, se tornam fontes de repetição. Isso porque elas contêm um valor de pertencimento do qual não se abre mão e que não pode ser dissociado do contexto sócio-histórico.

Ao tomarmos a atualização tanto em sua via de repetição quanto de aposta de surgimento do inédito, como analistas, passamos a uma clínica que faz uso da oportunidade de encontro/reencontro das "relações problemáticas e das identificações múltiplas e heterogêneas que constituem a identidade subjetiva" (Levallois, 2007, p. 170, tradução nossa). Por meio do trabalho na relação transferencial com tais pontos nodais, passamos a considerar também a angústia suscitada, quando se dá, no processo analítico, uma aproximação dos afetos envolvidos, o que implica mudanças tão profundas quanto arcaicas. Tal reflexão desemboca no questionamento acerca da apropriação da herança familiar e social em sentido mais amplo.

Em um interessante texto intitulado "Vossos corpos incham a terra como o corpo dos monstros incha o mar" (2002), Daniel Destombes discute, incluindo na abordagem sua experiência pessoal, de que modo a memória transgeracional das guerras (no caso, da Primeira Guerra Mundial) pode ser elaborada por meio de um trabalho de pesquisa e de escrita. Destaca que um processo de simbolização não se faz sem o enfrentamento das resistências e dos conflitos interiores, ou seja, não se faz sem o contato com emoções bastante perturbadoras.

Destombes (2002) sublinha que, para haver o emergir do novo por meio da repetição, é necessário, em primeiro lugar, que se faça contato com o catastrófico. De acordo com o autor, somente desse modo se estabelece uma tensão dialética entre as forças de destruição e de renascimento. Entendo que esse contato pode ser realizado pela via da escuta testemunhal, que, pelas bordas, isto é, situada entre o dito e o não-dito, permite uma brecha para a entrada do que foi silenciado e/ou recusado, ou, como propõe Destombes, por uma escuta da palavra, de forma a ouvir dela um grito silencioso que não pode ser proferido.

O autor sugere uma diferenciação entre o portar a guerra e o portar a marca, colocando o acento da elaboração no segundo fazer. Entendo que essa diferença se assenta na capacidade de simbolização. Quando se representa a marca como guerra, a marca da guerra, cria-se outro vínculo entre a presença e a ausência, entre o lembrar e o esquecer. Contudo, se ele não ocorre, "paradoxalmente, aquilo que desaparece se torna onipresente" (Destombes, 2002, p. 33, tradução nossa).[18] Então, uma marca indelével, porém inacessível à possibilidade de representação, permanece como algo que não se apaga e, ao mesmo tempo, não cessa de retornar; é isso que nos aponta o autor, retomando o conceito de real na obra de Lacan.

Indaga Destombes: "Como barrar a mostração incessante?" (tradução nossa). Para responder à questão, começa a fazer distinções. Diferencia a natureza dos esquecimentos: em um caso, a história é reconhecida e assumida; em outro, com efeitos subjetivos bastante distintos, ela é consequência de um processo de recusa. Recorrendo a Ricœur, acrescenta que o primeiro é um esquecimento que põe em reserva uma memória apaziguada e deixa dormirem as lembranças, ao passo que o segundo, fruto da recusa, tende ao apagamento dos traços necessários ao processo de elaboração.

Em termos da história recobridora, estamos falando de um luto não elaborado, de um tamponamento que impede justamente o processo de luto, assim como o faz a cripta. Tanto a cripta quanto a história recobridora colocam-se como formas de o sujeito não fazer contato com a perda, mas, paradoxalmente, de torná-la presente. Na história recobridora, contudo, podemos ter a impressão de que a narrativa é aparentemente capaz de simbolizar o que foi vivido... Bem, espero que o leitor já tenha elementos suficientes para questionar justamente essa aparência...

No caso estudado por Destombes (2002), o silêncio dos mortos da Primeira Guerra, silêncio que pesa sobre as famílias, obriga, ao mesmo tempo, a um falar e a um não falar sobre o assunto. Assim, compreendo como parte do trabalho do analista a criação de condições para a construção de uma via de acesso para que o

---

18 "Paradoxalement, ceux qui ont disparu deviennent omniprésents."

analisando dê um testemunho de si. Nesse sentido, não se pode escapar do encontro com a origem e a herança; é preciso encontrar na língua um lugar para aquilo que, não tendo achado lugar anteriormente, segue errante entre as gerações.

Se a genealogia do silêncio de morte de que trata o autor é a recusa, o trabalho de luto dos sobreviventes passa necessariamente pela articulação entre duas partes: uma que se identifica com os mortos e outra que tenta desprender-se deles. Esse desprendimento é efetuado pela ação das palavras, que pode extrair algo do real compacto do silêncio, instituindo, assim, uma lacuna. É essa lacuna que também inexiste na história recobridora, pois em seu lugar coloca-se outro compacto, o compacto de uma história que perpetua um silenciar do sujeito. Tanto por meio do compacto do real quanto por meio do compacto da história recobridora, ao tentar fazer contato com o recusado, estabelece-se "uma pane de inscrição e uma pane de arquivamento" (tradução nossa).

Destombes (2002) termina o texto escrevendo sobre os efeitos também nele decorrentes da tentativa de se aproximar da questão e de abordá-la, depois de uma série de atos falhos em ocasiões nas quais falou e tentou escrever sobre o tema. Transcrevo aqui suas palavras a respeito disso, pois compartilho da dificuldade que relata para acessar o inapreensível – aliás, dificuldade à qual não temos como nos furtar em nosso ofício de analistas, seja em nossa clínica cotidiana, seja em nossa escrita:

> Tive durante todo esse tempo o sentimento de ser atravessado por um estado de guerra civil interior: enquanto eu tentava me colocar no trabalho para produzir uma inscrição, as forças violentas de apagamento tentavam impedir qualquer inscrição. Não era uma situação confortável para escrever com o mínimo

de clareza requerido. Tenho consciência do caráter balbuciante e caótico daquilo que pude escrever. Que o leitor me perdoe. Que tome esse texto como um pequeno resto, um pequeno traço que, a despeito de tudo, possa ter escapado às forças de apagamento, algumas palavras lançadas em sua direção, leitores, na esperança de que elas contribuam para relançar entre nós o processo da palavra, a despeito das forças de morte que não deixarão de entregá-lo à guerra. (Destombes, 2002, p. 37, tradução nossa)[19]

A escuta testemunhal

Procurarei agora acrescentar à discussão acerca das histórias recobridoras outro elemento, que me parece relevante para pensar o trabalho na clínica. A análise é um processo de testemunho de si, que faz a passagem entre o que foi vivido e o que virá-a-ser experiência, ou seja, é um processo de apropriação. Nessa perspectiva, o analista tem como uma de suas funções ser testemunha do testemunho que o analisando dá de si mesmo. Levallois (2007)

---

19 "J'ai eu pendant tout ce temps le sentiment d'être traversé par un état de guerre civile intérieure: tandis que je tentais de me mettre au travail pour produire une inscription, de violentes forces d'effacement tentaient d'empêcher toute inscription. Ce n'est pas là une situation confortable pour écrire son propos avec le minimum de clarté requis. J'ai conscience du caractère balbutiant et chaotique de ce que j'ai pu écrire. Que le lecteur veuille bien me le pardonner. Qu'on veuille bien prendre ce texte comme un petit reste, une petite trace qui, malgré tout, a pu échapper aux forces d'effacement, quelques mots lancés jusqu'à vous, lecteurs, dans l'espoir qu'ils contribuent à relancer entre nous le processus de la parole, en dépit des forces de mort qui ne manqueront pas de lui livrer la guerre."

afirma que há também uma responsabilidade daquele que ouve o testemunho. Entendo essa responsabilidade como a do analista, que não pode se furtar à escuta, inclusive daquilo que diz respeito ao real da identificação.

Mas por que enfatizar então aquilo que chamo de escuta testemunhal, já que a escuta é algo tão essencial e corriqueiro em qualquer processo analítico?

Essa escolha visa enfocar um aspecto da escuta que pode estar presente majoritariamente nas análises; entretanto, muitas vezes torna-se essencial para a possibilidade de elaboração do traumático e de reposicionamento do sujeito. No atendimento de algumas pessoas, é primeiro o testemunho do analista de algo que foi por elas vivido, mas que permanece em uma "zona de limbo", que cria condições para que se construa, em análise, um testemunho de si.

Assim, qualificar essa escuta como "testemunhal" é dar destaque a um aspecto específico da escuta, articulando-o ao âmbito de elaboração do trauma. Na abordagem do traumático, torna-se imprescindível tanto o reconhecimento da realidade de algo vivido quanto a nomeação desse algo, para que seja possível alguma elaboração. Destaco, aqui, que é o testemunho dado primeiro pela escuta e, depois, pela intervenção do analista que pode contribuir para a construção de um testemunho de si por parte do analisando.

Ao se colocar na função de testemunha do testemunho, o analista utiliza como baliza para o trabalho analítico o estabelecimento de uma falta ali onde estava ou o nada ou o recobrimento do vazio, numa articulação entre as dimensões do pulsional e da significância. Essa articulação permite "deixar dormirem as lembranças" (tradução nossa) e, assim, apaziguar a memória, estabelecendo uma nova tensão entre memória e esquecimento.

A escuta testemunhal é, então, uma escuta que buscaria convocar um trabalho de elaboração, primeiro, por meio da restituição de um sentido abolido pela suspensão do julgamento (recusa). Tal operação permite a simbolização do excesso traumático fraturante do aparelho psíquico. É, portanto, pela via do testemunho do analista, que reconhece com sua escuta algo vivido, mas não experienciado, que o analisando pode vir a criar condições para a construção de uma narrativa ou para a mudança de posição do sujeito na narrativa, de maneira a articular os elementos que, embora estivessem presentes, ficavam restritos ao campo do traumático.

Dois recursos são imprescindíveis para fazer frente aos efeitos do traumático em toda a sua violência: o reconhecimento e a produção de sentido do que foi vivido. Convém notar que isso passa pela linguagem, ainda que seja pela nomeação do impossível de dizer.

Para encerrar este capítulo, gostaria de acentuar um aspecto já mencionado no texto, no sentido de ratificar o valor da escuta testemunhal. Recorro assim a Levallois (2007), que chama a atenção dos analistas para o fato de considerarem em seu trabalho a História e seus entrelaces com a história do sujeito. Para além de uma história familiar, que julgo importante levar em conta, convém fazer referência a uma coletiva, responsável por questionar uma vivência de exceção, por colocar o sujeito como mais um entre outros, em sua condição humana, e, ao mesmo tempo, como responsável pela construção da sua história. Eis uma diferenciação extremamente necessária e terapêutica entre a exceção e a singularidade.

4. Austerlitz: da história recobridora

Com efeito, o termo "morte", que dominou toda a sua existência, esteve separado demais, desde sempre distanciado demais do significante "luto", para que ele pudesse escutá-lo em sua amplitude trágica.
Jacques Hassoun (2002), *A crueldade melancólica*

À impossibilidade do luto responde a impossibilidade do nascimento verdadeiro, pois somente o reconhecimento da morte permite a plenitude da vida.
Jeanne Marie Gagnebin (2000), "Palavras para Hurbinek"

Situando o autor e a obra

Em uma entrevista concedida a Maya Jaggi (2001) e no obituário de W. G. Sebald, assinado por Eric Homberger (2001), ambos publicados no jornal inglês *The Guardian*, encontrei, já depois de escrito meu texto acerca do livro, dados sobre a vida e a obra de W. G. Sebald. Mencionarei algumas informações, de maneira que o leitor possa conhecer um pouco sobre esse escritor contemporâneo, capaz de falar de questões humanas de uma forma bastante original e tocante, e de seu livro *Austerlitz*. Contudo, não pretendo fazer uma análise a esse respeito, o que justificarei mais adiante, na Seção 2, "O trabalho com o livro".

Nascido na pequena cidade de Wertach im Allgäu, Baviera, ainda durante a Segunda Guerra Mundial, foi um dos quatro filhos de um casal católico, rural, anticomunista e hostil aos estrangeiros. Sebald foi criado numa Alemanha do pós-guerra, imersa em ruínas e emudecida diante do ocorrido. Nem mesmo seu pai, ao voltar de um campo de prisioneiros na França, em 1947, proferiu qualquer palavra sobre a guerra. Sebald relata na entrevista que só por volta dos 17 anos, quando assistiu a um documentário sobre a abertura do campo de Belsen, teve seu primeiro contato com a história precedente ao ano de 1945.

Estudou literatura alemã na Universidade de Freiburg, onde se licenciou em 1965. Mudou-se para a Inglaterra em 1966 e lecionou na escola de estudos europeus da Universidade de East Anglia. Foi durante seu período em Freiburg que se iniciaram os julgamentos de Auschwitz em Frankfurt, e Sebald deu-se conta de que os acusados eram pessoas comuns, como aquelas que conhecia e com as quais havia crescido. Essa revelação foi para ele bastante perturbadora, mas sua reação não foi a mesma adotada pelos estudantes alemães radicais, que se confrontaram com o passado nacional e com seus pais. Ele, por sua vez, contestou a tendência ao esquecimento presente em seu país pela literatura.

Sebald escreveu toda a sua obra em alemão, com sensibilidade literária para tratar das experiências vivenciadas. Quando perguntado sobre sua obliquidade na abordagem da *Shoah*, respondeu:

Na história da escrita alemã do pós-guerra, durante os primeiros quinze ou vinte anos, as pessoas evitavam falar sobre a perseguição política, isto é, a prisão e o extermínio sistemáticos de grupos inteiros da sociedade. Houve, a partir de 1965, uma preocupação por parte dos escritores, nem sempre de forma aceitável. Por esse motivo, eu sabia que escrever sobre o tema, particularmente para pessoas de origem alemã, seria difícil e perigoso. Enganos insensíveis, morais e estéticos, poderiam ser facilmente cometidos.

Estava claro, porém, que não se poderia escrever diretamente sobre o horror da perseguição em suas formas mais radicais, porque ninguém suportaria olhá-las sem perder sua sanidade mental. Então seria preciso aproximar-se delas de um certo ângulo, sugerindo ao leitor que ele está constantemente em companhia desses temas, presentes de forma matizada em cada inflexão e em cada sentença escrita. Se alguém for hábil o suficiente para torná-los críveis, então poderá começar definitivamente a defender a escrita sobre esses temas. (Sebald citado por Jaggi, 2001, tradução nossa)[1]

---

1 "In the history of postwar German writing, for the first 15 or 20 years, people avoided mentioning political persecution – the incarceration and systematic extermination of whole peoples and groups in society. Then from 1965 this became a preoccupation of writers – not always in an acceptable form. So I knew that writing about the subject, particularly for people of German origin, is fraught with dangers and difficulties. Tactless lapses, moral and aesthetic, can easily be committed.

It was also clear you could not write directly about the horror of persecution in its ultimate forms, because one could bear to look to these things without losing their sanity. So you would have to approach it from an angle, and by intimating to the reader that these subjects are constant company; their

A invenção de uma forma híbrida por W. G. Sebald, segundo Freitas (2008), apontou novos caminhos para o romance, com a mescla de ficção, memorialismo e ensaio, em uma obra que tinha como alicerce a tentativa de "juntar os pedaços do passado, numa luta contra o esquecimento" (p. 1). De uma geração de escritores alemães pós-trauma coletivo do nazismo, Sebald cria para o leitor efeitos que estão menos no conteúdo do que na forma.

A narrativa é construída de maneira que permite o mergulho em um universo de sensações e percepções refinadas, porém tudo pode parecer confuso se o leitor insiste em seguir uma lógica racional. Não é disso que se trata, e, portanto, para acompanhar Sebald na construção da história de Austerlitz, foi preciso primeiro parar de brigar com as palavras e deixar-me levar por uma escrita que é, em momentos, tão enigmática quanto podem ser as formações do inconsciente quando confrontadas com a racionalidade.

Impressionou-me muito como a própria construção do texto já me fazia pensar nas histórias recobridoras. Há algo na forma do romance, no modo como Sebald narra, que nos coloca diante do fenômeno de tamponamento. Assim, é preciso que encontremos, como leitores, alguma possibilidade de "ler através", ou seja, de seguir no texto sem nos prendermos excessivamente aos aspectos da lógica formal, pois, se nos pautarmos por esta, teremos uma enorme dificuldade para avançar na leitura das primeiras cinquenta páginas. Há uma necessidade de se deixar levar pelo texto e ir em busca do que ele nos pode suscitar: uma "escuta flutuante" atenta aos aspectos transferenciais.

Encontro nas palavras de Freitas (2008), em seu texto intitulado "A última obra-prima", elementos da análise de um historiador

---

presence shades every inflection of every sentence one writes. If one can make that credible, then one can begin to defend writing about these subjects at all."

e jornalista que reiteram minha experiência com a narrativa de Sebald – experiência esta que está intimamente ligada à formulação da pesquisa ora em questão:

> *Essa zona nebulosa entre a realidade e a ficção em que o autor opera explica, em grande parte, o entusiasmo que Austerlitz despertou. E essa sensação de que a história ali contada trafega na fronteira entre dois mundos é reforçada pelas fotografias – que trazem lugares, situações e rostos que existem, mas não correspondem necessariamente às suas identificações. No conjunto, a sensação é que não se compreende totalmente o que está se passando, ao mesmo tempo em que fica evidente que nada no romance, do longo parágrafo à presença das fotos, é gratuito. (p. 1)*

Muito me impressionou o quanto podia farejar naquelas linhas aparentemente caóticas, até mais ou menos a quinquagésima página do livro, algo que não conseguia definir, até que encontrei no próprio romance uma figura para o que vinha tentando apreender com meu trabalho de pesquisa.

O protagonista da história é Jacques Austerlitz, que, ainda criança, em 1939, embarca em um trem na Tchecoslováquia rumo à Inglaterra. A viagem ocorre porque sua família pretende livrá-lo do gueto e do campo de concentração; assim, envia-o secretamente para adoção no Reino Unido. Lá ele é criado por um pastor calvinista e sua mulher na pequena cidade de Bala, no País de Gales. Só aos 15 anos descobre que seu nome não é Dafydd Elias e que nascera em Praga, pois até então havia sido afastado por seus pais adotivos de qualquer contato com sua origem, de qualquer referência ao seu passado.

118   AUSTERLITZ: DA HISTÓRIA RECOBRIDORA

Julia Bussius (2008), estudiosa da obra de Sebald, ressalta que a revelação a Austerlitz de seu nome verdadeiro, após a morte de seus pais adotivos, coloca-o em contato direto com algo que clama por elaboração: "... a partir desta palavra, que lhe soa totalmente estranha, o imenso e triste vazio de sua história surge de modo irreparável" (p. 1). O presente trabalho enfatiza quão grande é esse "buraco" para quem o sente, tamponado pela história recobridora,[2] que justamente dificulta a possibilidade de elaboração.

Austerlitz sai da Inglaterra e perambula por três décadas pela Europa à procura de algo que não sabe muito bem o que é. Durante muitos anos, ele foge dos vestígios que remontam à sua origem. Convém observar que nem mesmo o material histórico, instrumento de trabalho do protagonista, que se tornara professor de história da arquitetura, adentra o século XX. O personagem vive atormentado e errante.

O Narrador[3] o conhece em uma viagem à Antuérpia nos anos 1960, e só trinta anos depois, em um segundo encontro de ambos em Londres, Austerlitz inicia uma narrativa acerca de sua história, que vai sendo construída paulatinamente, à medida que a história da arquitetura deixa de tamponar a sua própria história, e os indícios de algo desconhecido, até então dispersos e caóticos, podem ser acolhidos e transformados. É a partir do encontro com o Narrador que o passado de Austerlitz passa a ter alguma forma, que ele deixa de perambular para dedicar-se à procura de seus pais e de suas respectivas histórias. Nessa busca, reencontra lugares nos quais tinha vivido, bem como sua língua materna, além de sua babá, com quem pode falar sobre o passado, que, tamponado,

---

2 Voltarei a esse aspecto na Seção 3, "Austerlitz", na qual trabalho diretamente sobre a obra.

3 Utilizarei a palavra "Narrador" com letra maiúscula, pois, no romance em questão, trata-se de personagem de extrema relevância.

se fazia presente em sua vida, deixando-o em um estado de permanente desassossego.

O trabalho com o livro

Tendo a obra *Austerlitz* como ponto de partida, pretendo trabalhar o conceito de história recobridora. Convém destacar que Freud já nos alertava para a possibilidade de a literatura apresentar as questões humanas de maneira muito profunda e, desse modo, contribuir para a reflexão acerca da subjetividade. Sem pretensão alguma de realizar uma análise literária, muito menos de fazer qualquer psicanálise aplicada da figura do escritor, tenciono, no espírito freudiano, tomar o personagem principal desse romance como um "caso psicanalítico". O objetivo deste estudo é, portanto, utilizar o texto literário como base para discutir questões acerca do estatuto das lembranças e de seus efeitos na construção, na desconstrução e na reconstrução de uma história. Intento, ainda, tecer comentários acerca da função do narrador do livro e de sua semelhança com a função do analista.

Para tanto, tomo como fundamento a proposta de Mezan (1998) em "'Um espelho para a natureza': notas a partir de 'Hamlet'". É interessante observar que o texto de Mezan inicia com uma pergunta acerca do direito do analista de se imiscuir na área da literatura. O autor retoma as críticas dirigidas aos psicanalistas (feitas pelos próprios psicanalistas ou por especialistas de outras áreas do conhecimento) por estarem cometendo um abuso ou projetando seus fantasmas quando tomam personagens literários como pessoas "de carne e osso".

Segundo Mezan (1998), os analistas costumam suspeitar da legitimidade da empreitada, já que ela não se passa entre o divã e a poltrona. Ainda de acordo com esse autor, os especialistas de outras áreas, por sua vez, apontam especialmente a "artificialidade do empreendimento", postulando que as questões relativas à subjetividade humana não trariam qualquer compreensão para a obra literária em si. Mezan, entretanto, acredita que a psicanálise contribui para uma leitura crítica da obra quando passa a acessar elementos que poderiam ter passado despercebidos. Convém ressaltar, ainda assim, que a contribuição possível a ser oferecida pela psicanálise está vinculada à própria psicanálise, ou seja,

> ... *tanto no caso clínico quanto nas produções do imaginário artístico, o psicanalista vai reencontrar certos temas fundamentais, porque estes são o que torna o humano o ser humano. ...*
>
> *São os meandros desse processo que interessam à psicanálise, e a particularidade deles consiste em que o universal está engastado no singular, é-lhe imanente mas apresenta-se a cada vez sob novas roupagens. Ora, decifrar o universal a partir daquilo com que a história de cada um o revestiu é o que faz o psicanalista, por meio da escuta que lhe é própria. (Mezan, 1998, p. 72)*

A interpretação analítica, então, com base no que está manifesto no texto, busca pistas para encontrar o que estaria oculto. Para tanto, Mezan aponta que é preciso referir-se constantemente ao que foi escrito pelo autor, pois o analista não acrescenta outros episódios ou personagens ao texto, apenas acessa as facetas presentes "nas dobras" do próprio texto.

Por fim, Mezan (1998) acrescenta que esse exercício interpretativo auxilia o analista a refinar o manejo de seu instrumento de trabalho, de maneira "a compreender mais sutilmente a sutileza da alma humana" (p. 73).

Foi dessa perspectiva que optei pelo trabalho com o romance: um exercício de escuta, partindo do discurso do personagem, da transferência com o texto literário e com a psicanálise e das implicações dessas transferências para o pensar psicanalítico.

Corroborando a ideia de utilização da literatura para a reflexão psicanalítica, Nathalie Zaltzman (2007), em seu livro *L'esprit du mal*, afirma que, embora a dimensão imaginária de um romance não tenha valor de documento histórico, há um elemento de muito interesse: a transgressão dos limites de uma racionalidade rechaçada. Para a autora, por meio desses documentos impessoais, tem-se acesso a movimentos inconscientes em termos dinâmicos e à sua ocorrência coletiva, possibilitando que entremos em contato com a dimensão sensível do fenômeno.

É com esses fundamentos, e buscando o objetivo de discutir tanto a metapsicologia quanto a clínica psicanalítica, que tomo o romance *Austerlitz*, de W. G. Sebald, como material de trabalho.

Austerlitz

Austerlitz, o protagonista da história, já leva uma vida errante há tempos, até que se encontra com o Narrador em uma estação ferroviária de Antuérpia. O Narrador não tem nome. Somos informados, logo no início, de que este sentira um mal-estar em seu primeiro encontro com Austerlitz, mas que, apesar do inexplicável desconforto, sentira-se mobilizado a estar com ele. Observe-se, contudo, que a pessoalidade do Narrador não se apresenta ao longo do romance. Como não estabelecer um paralelo entre ele e a figura do analista?

É do encontro do personagem principal com o Narrador (testemunha dos acontecimentos), acompanhante de Austerlitz durante anos, em períodos alternados, que uma narrativa a serviço da ligação pode ser construída. Até então, a vida de Austerlitz era marcada pela errância, pela repetição, pelo agir muito mais que pelo lembrar. Austerlitz visitava e revisitava lugares, línguas e trens que faziam contato com sua biografia, mas sem conceder a si a possibilidade de elaboração do que vivenciava. Tratava-se de uma errância caracterizada pela compulsão à repetição, o que, por um lado, mantinha-o preso a inscrições desconectadas, que o impediam de superar o trauma; por outro, levava-o incessantemente a tentativas de conectar tais inscrições, o que se dava na forma de um interesse acadêmico, intelectual.

Aparentemente, Austerlitz realizava pesquisas acadêmicas, mas as sensações, os indícios, as marcas eram fortes demais para que tais estudos produzissem o efeito sublimatório provavelmente desejado. De estação em estação, de fortaleza em fortaleza, do idioma inglês ao francês (fugindo do alemão), o personagem não encontrava descanso. Tomado frequentemente por uma angústia atroz, "aquela que nunca engana", como dizia Lacan, Austerlitz passara anos em suas andanças pela Europa, mas à procura de quê?

O leitor leva algum tempo até conseguir juntar elementos e descobrir ligações na trilha de Austerlitz. Tem-se a impressão de que construir alguma narrativa com função elaborativa, de certa forma, é uma realização conjunta de leitor, narrador e protagonista, e inicialmente os conduz ao ano de 1939, quando chega à Inglaterra, num trem, um garotinho de 5 anos, em companhia de outras crianças, que, "deixando para trás um passado e uma identidade", fogem dos horrores da *Shoah*.

O Narrador tem incontáveis encontros com Austerlitz ao longo de muitos anos. Descreve logo nas primeiras páginas uma curiosa relação de Jacques com a história e a transmissão:

> *Desde o início me surpreendeu o modo como Austerlitz dava corpo a suas idéias no próprio ato de falar, como era capaz de desdobrar as frases mais harmoniosas a partir daquilo que lhe ocorria no momento, e como a transmissão de seu conhecimento através da fala constituía para ele a gradual aproximação a uma espécie de metafísica da história, na qual os fatos relembrados tornavam novamente à vida. (Sebald, 2008, pp. 16-17)*

Temos aqui uma primeira pista de um efeito da compulsão à repetição. Aliás, é importante notar que não se trata de uma recordação, mas de uma "lembrança", que, por nunca ter sido esquecida, porque não integrada (como efeito do próprio traumático), faz do acontecido algo presente, justamente na confusão da temporalidade própria. Convém frisar que não se trata de uma lembrança propriamente dita, mas de uma vivência ("tornavam novamente à vida").

Um pouco mais adiante, contudo, em meio a uma série de minuciosas descrições e referências históricas, o protagonista revela ao Narrador seus pensamentos de aflição em despedidas e seu medo de lugares estranhos. Rapidamente esclarece que isso em nada se relaciona com a história da arquitetura. Algo é tocado para além do consciente e da racionalidade. Observa-se que seu interesse pela arquitetura se presta a tamponar algo insistente, mas é incapaz de propiciar a colocação das inscrições em uma cadeia que permita o trabalho de simbolização e elaboração. O traumático, um corpo estranho inassimilável, vem à tona, surge a angústia que não engana.

Austerlitz, ao falar de fortalezas, alvo de seu interesse, bem como as estações de trem, faz uma descrição magistral do que seriam as defesas psíquicas. Podemos acompanhá-lo na construção de uma teoria onírica da cripta, de acordo com a conceitualização de Abraham e Torok (1995):

> *Mas talvez justamente nossos projetos mais ambiciosos tra[i]am de forma mais patente o grau de nossa insegurança. A construção de fortalezas, por exemplo, para a qual Antuérpia fornecia um dos modelos mais ilustres, mostrava claramente como nós, para nos precaver contra a incursão das forças inimigas, éramos obrigados a nos rodear, em fases sucessivas, de defesas sempre maiores, até que a ideia de círculos concêntricos que se expandem para fora esbarrava em seus limites naturais.*
>
> *. . . foi negligenciado o fato de que as maiores fortalezas também atraem naturalmente as maiores forças inimigas, e que, quanto mais a pessoa se entrincheira, mais tem de permanecer na defensiva, de modo que pode acabar se vendo obrigada a assistir impotente, de uma posição fortificada com todos os recursos, como as tropas inimigas criam em outra parte uma nova frente de batalha por elas escolhida e simplesmente ignoram as fortificações, transformadas em verdadeiros arsenais de guerra, repletas de canhões e apinhadas de tropas. (Sebald, 2008, pp. 18-20, grifo do original)*

Quanto mais elementos inscritos estão desligados, maior é o trabalho de defesa para tentar mantê-los inócuos em seus efeitos devastadores. Trata-se de uma fortaleza que se expande incessantemente para tentar afastar, cada vez mais, o corpo estranho inassimilável, mas este insiste em retornar e impõe a ampliação permanente da fortaleza.

Em outra passagem, na qual fala do Palácio de Justiça de Bruxelas, a relação entre a dimensão da angústia e a da defesa volta a aparecer:

> No máximo a pessoa o admira, e essa admiração já é um prenúncio de terror, porque sabe como por instinto que os edifícios superdimensionados lançam previamente a sombra de sua própria destruição e são concebidos desde o início em vista de sua posterior existência como ruínas. (Sebald, 2008, p. 23)

A história da arquitetura serve todo o tempo como referência de sua própria história, mas recobrindo-a. Jacques, o suposto filho de um pastor protestante do País de Gales, vai, por meio de seu interesse pela história, esbarrando com sua origem cerca de cinquenta anos após ter sido adotado, o que é evidenciado ao final da narrativa. Sabemos que, fugindo da *Shoah*, ele vem do Leste Europeu para Londres; contudo, é somente ao longo das 288 páginas do romance que seu tamponamento acerca de suas origens se revela majestosamente. No percurso da narrativa, nos deparamos com os indícios desse tamponamento, notados em virtude tanto da "escolha" de algumas ações (por exemplo, comunicar-se com o Narrador em francês, evitar a Alemanha) quanto da descrição de inquietantes sensações. O que se nota é que Austerlitz se debate ao longo da vida com repetições que simulam ligações – tão necessárias à construção de uma história – mas, ao mesmo tempo, efetivamente recobrem os fracassos de ligação, efeitos do traumático.

É do encontro com o Narrador como metáfora do analista (o que fundamentalmente nos interessa) que Austerlitz começa a poder converter elementos dispersos (presentes em sua história, mas dela dissociados) em uma narrativa a serviço da elaboração, que o libera para "seguir em frente" e transformar uma errância atormentadora em um passado que só então poderia ser esquecido (trata-se do velho e bom esquecimento freudiano!). O Narrador escolhe a posição do "escuta-a-dor", daquele em companhia do qual se tornaria possível o atravessamento de uma dor para a construção de um sofrimento e, assim, nessa condição, esse ouvinte ofereceria uma escuta a serviço da ligação e da elaboração.

Entre o primeiro encontro e o segundo, passaram-se vinte anos; nesse período, observa-se que o Narrador fez uma escolha:

> Coisa estranha, disse Austerlitz, naquela tarde enquanto contemplava com Pereira aquele belo tema, ele pensara em nossos encontros na Bélgica, tanto tempo atrás, e que deveria encontrar para a sua história, que ele só desvendara nos últimos anos, um ouvinte tal como eu o fora naquela época em Antuérpia, Liège e Zeebrugge. (Sebald, 2008, p. 47)

Um ouvinte qualquer não serve para acompanhar alguém em tarefa tão complexa quanto necessária. O que há de "especial" nessa escuta é o que me interessa discutir, pois é este inédito que contribui para um rearranjo psíquico a serviço da vida.

Zygouris (2002) propõe uma reflexão sobre o conceito de vínculo, especialmente em sua dimensão inédita, como condição para um processo de análise. A autora inicia sua argumentação alertando para a dificuldade extrema de pensarmos naquilo que é da ordem do sensível. Contudo, para ela, esta é uma discussão imprescindível, para que não fique "numa nebulosa do indizível", já que não se trata do impensável.

O conceito de vínculo está calcado na presença; assim, o próprio dispositivo analítico é responsável por sua existência. Mas ele não se confunde com o conceito de transferência, que depende pelo menos de duas cenas, uma pré-seleção e uma interpretação do saber inconsciente, para que haja repetição. "O vínculo não decorre da interpretação. Ele se vive, ele é o embasamento efetivo da singularidade de dois corpos em presença" (Zygouris, 2002, p. 18).

Para Zygouris (2002), é a presença do analista que põe em cena a repetição – via objeto imaginário do outro –, simultaneamente rompendo-a, via singularidade real. Para essa autora, o essencial de uma análise, como processo terapêutico, passa-se no vínculo que não é interpretável. Tal vínculo, por ser vivido no interior de uma experiência analítica, tem uma diferença crucial dos vínculos mundanos: a limitação dos abusos impostos pelo enquadre, "eis por que digo que Freud inventou um 'vínculo inédito'" (Zygouris, 2002, p. 32).

A autora defende a ideia de que o vínculo como forma de contato é fundamentalmente não verbal, pois se traduz como um "estar junto". Acredito que, embora não o explicite, supõe que o estar junto dependa da condição de alteridade a ser sustentada pelo analista. É imprescindível que este não ponha palavras na boca e sensações no corpo do analisando! É esse o "fio da navalha" para quem se aventura a escutar o sensível. Entendo ser essa condição essencial para, inclusive, ascender à palavra, mas é preciso, da mesma forma, escutar para além ou aquém das palavras.

A autora se fundamenta em Freud para defender a ideia de que há um desejo de contato com o objeto. O contato com o objeto entra "na zona dos fluxos das pulsões de vida" na medida em que faz laço. Assim, o olhar e a voz permitem tocar, permanecer em contato, mesmo quando há uma distância física material. "A maioria dos bons clínicos trabalham com essa noção de contato, mas o fazem intuitivamente, sem conceder-lhe um estatuto" (Zygouris, 2002, p. 35).

No romance *Austerlitz*, o Narrador/analista era, então, um clínico dotado dessa intuição que lhe permitia acompanhar o protagonista na viagem rumo à sua verdade. Observe-se que fora impossível para Austerlitz, estando sozinho, realizar tal empreitada, como podemos apreender de suas próprias palavras:

> *Desde minha infância e minha juventude, começou ele finalmente, tornando a dirigir o olhar para mim, eu nunca soube quem na verdade sou. Do meu ponto de vista atual, é claro, sei que o meu nome e o fato de que esse nome me foi ocultado até os meus quinze anos já deveriam ter me posto na trilha das minhas origens, mas nos últimos tempos também me ficou evidente a razão pela qual uma instância preposta ou superior à minha capacidade de pensamento, e que claramente reina em algum ponto do meu cérebro com a maior circunspecção, sempre me preservou do meu próprio segredo e impediu sistematicamente que eu tirasse as conclusões mais óbvias e procedesse às indagações por ela suscitadas. (Sebald, 2008, p. 48)*

Austerlitz sabe que a presença do Narrador como testemunha poderá auxiliá-lo, pela escuta, a ligar elementos vividos e até então desconectados e, portanto, impedidos de fazer parte de uma narrativa. No lugar de uma historicização, com tudo o que dela faz parte, só aparecia um vagar, um perambular por fatos e lugares. Encontrar alguém para "estar junto", para testemunhar, era a proposta contida na escolha de seu analista/Narrador.

Jacques presenteia-nos, antes da escolha do Narrador/analista como testemunha, com uma descrição emocionante dos efeitos de "escuridão". Convém notar que isso ocorre quando a rede sustentada pelo Outro, e encarnada no outro, falha a ponto de ameaçar a possibilidade de se transmitir:

> ... a escuridão não se dissipa, mas se adensa enquanto penso como é pouco o que logramos conservar na memória, como tudo cai constantemente no esquecimento com cada vida que se extingue, como o mundo por assim dizer se esvazia por si mesmo, na medida em que as histórias ligadas a inúmeros lugares e objetos por si sós incapazes de recordação não são ouvidas, não são anotadas nem transmitidas por ninguém, histórias por exemplo, e isso me vem à cabeça pela primeira vez desde então enquanto agora escrevo, como a dos colchões de palha estendidos, feito sombra, sobre as tarimbas de madeira empilhadas umas sobre as outras e que haviam se tornado mais finos e mais curtos porque a moinha dentro deles se desintegrara ao longo dos anos, encolhidos, como se fossem os restos mortais daqueles, agora me lembro de ter pensado então, que ali se deitaram naquelas trevas. (Sebald, 2008, p. 28)

Como se nota, a memória depende do laço social para sustentar-se, mas esse laço é construído por vínculos de cuidado com o outro. Entendo que a memória inclui a possibilidade de esquecimento,

130 AUSTERLITZ: DA HISTÓRIA RECOBRIDORA

e que, portanto, já pode ser recordada, integrada em algum momento.

É da relevância da presença que ele fala, de uma presença implicada e reservada simultaneamente, como bem nos diz Figueiredo (2009). Aponta para uma forma de presença capaz de auxiliar o homem a lidar com "as desproporções [que] fazem parte essencial de nossa condição e da nossa história" (p. 134).

Para o autor, há uma ética do cuidado, ou seja, uma disposição para o recebimento de novos membros no mundo. Seu exercício requer operações de separação e ligação constantes ao longo da vida, imprescindíveis para a construção de sentido. "Fazer sentido", em contraposição a ficar à mercê de uma pulsionalidade excessiva e traumática, segundo Figueiredo, diz respeito a passar por experiências de cuidado bem-sucedidas que possam constituir "experiência integrada" ou "experiência de integração". Trata-se de um lugar humano, ou seja, de um *ethos* assentado sobre esse trabalho de "corte e costura" vital, ou, ainda, de uma tessitura que se inicia nos primórdios, mas que não cessa jamais.

As figuras do cuidado no sentido de presença em reserva incluem o seguinte: a experiência de continuidade como possibilidade de manutenção de "uma posição simbólica do sujeito no mundo" (Figueiredo, 2009, p. 136); a experiência de transformação, pela qual se escapa da pura repetição via oferta de condições e meios para a figurabilidade; o interpelar que coloca o cuidador como fonte de questões e enigmas; o reclamar uma presença viva e interativa; e o reconhecer, tanto em sua dimensão de testemunho quanto na de espelhamento.

O Narrador está nessa posição de cuidador, e estabeleço aqui um paralelo entre o lugar desse narrador e o do analista. Um analista testemunha o percurso que se inicia com vivências e chega à construção de uma experiência que pode ser historicizada, "uma experiência integrada". O que acompanhamos ao longo do romance é esse processo de integração, possível graças à presença implicada e reservada do Narrador/analista, uma presença indispensável, pois "[n]inguém pode explicar exatamente o que acontece dentro de nós quando se escancaram as portas atrás das quais estão escondidos os nossos temores de infância" (Sebald, 2008, p. 29).

Gostaria ainda de destacar a questão do reconhecimento para Austerlitz, personagem que, quando criança, passa por uma separação brutal de todas as referências, vindo a ocupar um lugar no qual encontra cuidadores em luto pela perda de um filho. Que espaço psíquico tiveram esses cuidadores para que pudessem reconhecer o objeto de cuidado em sua singularidade e remetê-lo à sua própria imagem, como aponta Figueiredo (2009)?

> *Por isso não me lembro de quase nada desses meus primeiros tempos em Bala, a não ser de como me doía ser chamado de repente por um outro nome, e de como era terrível, após o desaparecimento das minhas próprias roupas, ter de andar com aquelas calças curtas à moda inglesa, com as meias três-quartos que não paravam de escorregar, um colete igual a uma rede de pesca e uma camisa cinza-rato muito leve. E sei que muitas vezes eu ficava acordado durante horas na minha cama estreita na casa do pregador, tentando imaginar os rostos daqueles que, assim temia, eu abandonara por culpa minha; mas só quando o cansaço me entorpecia e as minhas pálpebras baixavam na escuridão eu via, por um instante fugaz, a minha mãe se curvar para mim ou meu pai sorridente enquanto punha o chapéu. Depois de tal consolo, tanto pior era despertar de manhã cedo e ter*

de me convencer a cada novo dia que eu não estava mais em casa, mas bem longe, em uma espécie de cativeiro. . . . E, assim como na casa em Bala reinava o frio, nela reinava também o silêncio. (Sebald, 2008, pp. 48-49)

Acompanhamos o Narrador em sua presença implicada e reservada que permite a Austerlitz integrar elementos presentes, que se encontravam apenas como indícios no início. Trata-se de uma testemunha com a disponibilidade de um "cuidar silencioso que se resume a prestar atenção e responder na medida, quando e se for pertinente" (Figueiredo, 2009, p. 138). A partir daí, algo foi desligado em termos do circuito pulsional mortífero e permitiu encontrar sentidos em velhas ações repetitivas, nomear uma angústia até então inominável, dar um rumo a uma errância sem fim.

A essa altura, poderíamos perguntar: que efeitos psíquicos pode produzir o testemunhar do Narrador para Austerlitz? Qual é a relação entre o testemunhar, o cuidar e a função do analista?

Na apresentação do livro *O que resta de Auschwitz: o arquivo e a testemunha*, de Agamben, Gagnebin (2008) acentua o significado de "resto" como a lacuna que funda a língua do testemunho e a opõe à do arquivo. Há um testemunho que o inclui e, portanto, dá a ver uma incapacidade de falar. A referida passagem muito me interessa, pois nela encontro referências para a posição do analista diante do traumático: ". . . trata-se de narrar 'o que aconteceu' e de afirmar, ao mesmo tempo, que 'o que aconteceu' não faz parte do narrável" (p. 11). Mas é justamente a possibilidade de sustentar esse paradoxo que permite ao analista um trabalho no "fio da navalha" do representável. Nem tudo se tornará narrativa, pois isso é impossível. Assim, entender o resto "como aquilo que, no testemunho, solapa a própria eficácia do dizer e, por isso, institui a verdade de sua fala" (p. 11) é tão caro à possibilidade de representação. A verdade da fala inclui necessariamente um real que nunca poderá ser acessado diretamente, mas é dele, dessa pura pulsionalidade, que vem toda possibilidade de algo vir-a-ser representação. Dessa forma, entendo o trabalho analítico como a escuta daquilo que se diz e, simultaneamente, daquilo que não se diz, mas que aparece, surge, irrompe, não só por meio de atos, mas também de indícios, como tão bem nos ensina Austerlitz.

A questão da língua não é de modo algum um detalhe. Convém destacar que o Narrador informa ao leitor que era "quase impossível falar com Austerlitz sobre assuntos pessoais" (Sebald, 2008, p. 35), mas que a comunicação se dava em francês, o que parecia ser a língua materna do professor de história da arquitetura em Londres. Essa hipótese talvez tenha sido confirmada pelo Narrador quando este percebeu que, ao conversar em inglês, Jacques mostrava-se gago e com dificuldades de pronúncia. Há, no caso, a percepção de algo nomeado aqui como indício; trata-se daquilo que não se escuta diretamente do discurso, mas por meio dele.

Ainda como indício, o Narrador destaca a escolha das pesquisas de Austerlitz, iniciadas como tese de doutorado, mas que obedeciam a um "impulso". Entendo que podemos acompanhar uma faceta não sublimatória de construção de conhecimento, aliás, pelo contrário, uma faceta impregnada pela compulsão à repetição da pura pulsionalidade:

> Suas pesquisas, disse-me Austerlitz certa vez, há tempos haviam superado seu propósito original como projeto de tese de doutorado e derramaram-se, em suas mãos, numa infinidade de trabalhos preliminares a um estudo, inteiramente baseado em suas próprias opiniões, sobre a afinidade existente entre todos esses

134 AUSTERLITZ: DA HISTÓRIA RECOBRIDORA

edifícios. O motivo pelo qual se aventurara em campo tão vasto, disse Austerlitz, ele não sabia. Provavelmente fora mal aconselhado quando iniciou os primeiros trabalhos de pesquisa. Mas verdade era também que até hoje ele obedecia a um impulso que ele próprio não compreendia, que estava ligado de algum modo ao fascínio precoce pela idéia de uma estrutura em rede, como, por exemplo, todo o sistema ferroviário. (Sebald, 2008, pp. 37-38)

Uma rede era justamente o que Austerlitz não podia construir, uma rede que articulasse os acontecimentos vividos com as histórias contadas e as caladas e que, portanto, constituísse uma experiência. Isso, contudo, integrando as marcas que estão aquém da palavra e, ao mesmo tempo, dela fazem parte, para não ficar "à mercê das emoções", como ele nos ensina em outra passagem: "Não raro ele ficara à mercê das mais perigosas e para ele totalmente incompreensíveis correntes de emoção nas estações parisienses, que ele, como dizia, considerava lugares a um só tempo de felicidade e infelicidade" (Sebald, 2008, pp. 37-38).

Assim, a experiência está atrelada a uma língua que, como propõe Agamben (2008), possibilita dar testemunho da incapacidade de falar, ou seja, faz contato com o que não encontra lugar no dito. Podemos estabelecer um paralelo entre essa proposta ética e a escuta do analista. O que resta é o que derruba a plenitude discursiva e, simultaneamente, o que possibilita escutar um sujeito para além ou aquém de seu discurso.

Ainda em *O que resta de Auschwitz: o arquivo e a testemunha*, acompanhamos a argumentação em favor de uma não coincidência tanto entre fatos e verdade quanto entre constatação e compreensão. É preciso manter uma tensão constante entre "o ter explicação para tudo" e "a recusa de entender" (Agamben, 2008, p. 20). Assim também escuta o analista, concebendo a lacuna como parte essencial do testemunho. Como testemunha, então, o psicanalista busca escutar e interrogar a lacuna para que "algumas palavras passem a ser esquecidas e outras compreendidas de maneira diferente" (Agamben, 2008, p. 21).

O Narrador/analista faz um trabalho como testemunha de um depoimento calcado naquilo que Gagnebin ressalta a partir de Agamben (2008):

> *O que Auschwitz nos legou também é a exigência, profundamente nova para o pensamento filosófico e, em particular, para a ética, de não nos esquecer nem da infância nem da vida nua: em vez de recalcar essa existência sem fala e sem forma, sem comunicação e sociabilidade, saber acolher essa indigência primeva que habita nossas construções discursivas e políticas, que só podem permanecer incompletas. (p. 17)*

Acrescentaria aqui, na ética da escuta ou também na ética do cuidar, esse acolhimento e a renúncia a dizer tudo, renúncia a encontrar sentido para tudo o que está, por princípio, na contramão de um processo analítico, e muito próximo daquilo que Figueiredo (2009) conceitua como "presença reservada".

Sebald também propõe que o desvelar não é suficiente para uma transformação, para o reposicionamento do sujeito em face do vivido. Na página 224, nos comunica que há um "algo a mais", outra tarefa a ser realizada que muito interessa à psicanálise. Austerlitz descreve-nos o quanto continua sentindo intensamente no corpo algo de que já tinha algum conhecimento, mas que não conseguia tornar menos angustiante:

De pouco me adiantava, claro, que eu tivesse descoberto as fontes do meu desassossego, que eu fosse capaz, após todos aqueles anos, de me ver com perfeita clareza como a criança afastada de um dia para o outro da vida que lhe era familiar: a razão nada podia com a sensação de rejeição e aniquilamento que eu sempre reprimira e que agora prorrompia de dentro de mim. Essa angústia tremenda me assaltava no meio das ações mais simples, ao amarrar os cordões do sapato, ao lavar a louça do chá ou ao aguardar que a água fervesse na chaleira. De repente me secavam a língua e o céu da boca, como se eu estivesse havia dias no deserto, eu tinha de buscar fôlego cada vez mais rápido, meu coração começava a pular e a palpitar até na garganta, suor frio me brotava em todo o corpo, até no dorso da minha mão trêmula, e tudo aquilo no qual eu punha os olhos estava velado por uma hachura negra. Eu sentia vontade de gritar, mas nenhum som me vinha aos lábios, eu queria sair à rua, mas não me mexia do lugar; certa vez, após uma longa e dolorosa contração, eu me vi de fato dilacerado por dentro e partes do meu corpo espalhadas por uma região sombria e distante. (Sebald, 2008, p. 224)

O encontro brutal com sua origem leva Austerlitz ao coma que, segundo ele, paralisa suas funções mentais e emoções, um coma ligado a um excesso, o traumático apresentando-se ao vivo e em cores. Ao coma segue-se uma internação de um ano, período em que só não podia pensar sobre ele mesmo, sua história e sua condição.

Eis que surge para nós, como analistas, uma crucial questão acerca do trabalho com as origens e com as histórias recobridoras: como tornar suportável e acessível o intolerável do traumático para defender o sujeito de algo sentido como extremamente ameaçador?

É só no encontro com o Narrador – quando Austerlitz retoma suas vivências, articula fragmentos esparsos e sem sentido que se transformam em uma narrativa via testemunho – que elementos intoleráveis e ameaçadores podem ir construindo uma parede de contenção ali onde primeiro havia um buraco de encostas, incapazes de evitar a avalanche. Trata-se de uma narrativa pelo testemunho, que aponta em direção a algo muito distinto da produção de uma história recobridora, pois esta, ao tentar tamponar o encontro com a origem, produziu algo rígido, sem mobilidade elaborativa.

Há um trabalho de escuta para além ou aquém do discurso que também se faz "pelas bordas", ou seja, que reúne elementos desligados com base no que estou denominando indícios, marcas ou rastros; trata-se daquilo que aproxima corpo e palavra. É nessa complexa articulação que está o sensível. Considerando esse aspecto, sigamos um pouco mais com Austerlitz em sua trilha.

Convém observar como Austerlitz se sentia na casa de Elias, seu "pai adotivo", que era pastor: ". . . nunca fez para mim, nem antes nem depois, nenhum comentário sobre a sua vida pessoal" (Sebald, 2008, p. 55). Nas pregações dominicais, Austerlitz vivia algo de um estranho familiar ao deparar- se com passagens do Antigo Testamento:

> *Basta que eu folheie algumas páginas desse livro, disse Austerlitz, e me torna à lembrança como na época me angustiava ler a passagem que conta como a filha de Levi fez um cesto de junco, calafetou-o com lodo e*

138 AUSTERLITZ: DA HISTÓRIA RECOBRIDORA

> *breu, deitou a criança no cesto e o depositou entre os*
> *caniços na beira da água – yn yr hesg ar fin yr afon,*
> *era assim, acho, que dizia. (Sebald, 2008, pp. 58-59)*

Nesse trecho existem indícios de uma ligação entre alguns elementos; contudo, esta somente se torna algo a serviço da elaboração bem mais adiante na narrativa; no fragmento transcrito, há o "nu e cru" da vivência, em que só irrompe a angústia, uma angústia atrelada ao traumático de ter sido colocado no trem/cesta e ter partido para a Inglaterra via trilhos/água.

> *Mais adiante na história de Moisés, disse Austerlitz,*
> *eu tinha especial predileção pelo episódio em que se*
> *narra como os filhos de Israel atravessam um deserto*
> *terrível, equivalente em extensão e largura a muitos*
> *dias de viagem, no qual o olho não enxerga outra coi-*
> *sa a não ser céu e areia até onde alcança a vista. Eu*
> *tentava imaginar a coluna de nuvem que, como dizia*
> *a Bíblia, "indicava o caminho" ao povo errante, e me*
> *abismava, esquecendo tudo ao meu redor, em uma*
> *ilustração de página inteira na qual o deserto do*
> *Sinai aparecia tal e qual a região onde cresci, com as*
> *suas cumeadas calvas em breve seqüência e o pano de*
> *fundo em hachura cinza, que às vezes eu tomava pelo*
> *mar, às vezes pelo céu. De fato, disse Austerlitz em*
> *ocasião posterior ao mostrar-me a Bíblia infan-*
> *til galesa, eu sabia que o meu lugar era entre as*
> *figuras minúsculas que povoavam o acampamento.*
> *Examinei cada centímetro quadrado da ilustração,*
> *que me parecia inquietante pelo fato mesmo de ser fa-*
> *miliar. (Sebald, 2008, p. 59)*

É possível acompanhar nessa passagem três tempos: um primeiro de mal-estar e "predileção", referente àquilo que é da ordem apenas de um indício de conexão; um segundo tempo, via destamponamento e possibilidade de ampliar a mobilidade e a representação, em pleno processo de construção de uma narrativa elaborativa, de convocação de algo familiar via imagem; finalmente, um terceiro, em que há uma articulação entre a imagem e o reconhecimento. Austerlitz consegue ligar elementos dispersos que se articulam em torno de uma experiência, como se pode observar na citação a seguir:

> *O que quer que se passasse então dentro de mim, o acampamento dos hebreus naquele deserto montanhoso me era mais próximo do que a vida em Bala, que se tornava para mim cada dia mais incompreensível, ou pelo menos, disse Austerlitz, é assim que me parece hoje. (Sebald, 2008, p. 59)*

É interessante considerar nesse momento as duas funções da memória destacadas por Ana Costa (2001). Segundo a autora, uma faz a ligação entre o sujeito e seu eu, dando consistência ao sujeito. Para ela, trata-se do registro, ou seja, de uma inscrição no corpo por meio da intervenção do Outro, o que permite uma continuidade diante da imagem especular. É justamente aqui que algo se passa com Austerlitz, que chamamos da ordem do traumático, algo que em seu excesso pulsional vem a abalar as relações entre o inscrito no corpo e "aquele que se faz reconhecer no registro de sua experiência" (Costa, 2001, p. 9).

A outra função da memória, de rememoração e transmissão da experiência, como lembra Kehl (2001), apelando a Benjamin, no prefácio do livro de Costa, não se constitui no momento do vivido, mas no da transmissão. Nesse sentido, a experiência

140 AUSTERLITZ: DA HISTÓRIA RECOBRIDORA

constitui-se com base no vivido, que, ao ser comunicado, se articula com o corpo e com o inconsciente. Kehl indaga acerca da possibilidade de transmissão da experiência e do saber a ela articulado; questiona se isso se dá via corpo e inconsciente, ou seja, via algo "pessoal e intransferível". A resposta que propõe para isso é a seguinte:

> *Ora, o que passa pelo corpo, na relação entre duas pessoas, é a constituição dos objetos pulsionais onde o corpo faz borda, abertura para o contato com o outro; é onde o corpo se abre que a pulsão circula, não no circuito fechado dos limites do eu/imagem mas no circuito que se estabelece entre o sujeito e o Outro – primordialmente – e entre o sujeito e os outros. Se a pulsão circula onde há furo, do mesmo modo o saber se transmite onde há falha. (Kehl, 2001, p. 14)*

Assim, no momento em que encontra o Narrador, Austerlitz começa a estabelecer ligações entre vivências até então díspares, recuperando-lhes o registro. A possibilidade de falar a uma testemunha é a aposta da psicanálise como via de restituição das condições para que a experiência ocorra, para que haja uma autorização da experiência, como propõe Costa. Mas, se na história recobridora o furo está recoberto, podemos perguntar acerca da circulação da pulsão e da abertura para o contato com o outro.

Em relação a esse aspecto, Austerlitz menciona uma solidão avassaladora que o aflige desde os tempos de Bala, condição entrecortada por alguns encontros de extrema importância que teve nos anos de escola, mas principalmente pelo vínculo que estabelece com o Narrador. Começamos a acompanhar, por um lado, algo de outra temporalidade que vem a contrapor-se a um sofrimento sem fim; por outro, a delicadeza no manejo da proximidade nem invasiva nem abandônica do Narrador em relação a Jacques. À luz do primeiro aspecto, o do sofrimento sem fim, acompanhemos Austerlitz:

> *Os mortos estão fora do tempo, os moribundos e todos os doentes nos leitos de sua casa ou dos hospitais, e não são só eles, pois um tanto de infelicidade pessoal já basta para nos cortar de todo o passado e de todo o futuro. De fato, disse Austerlitz, eu nunca tive nenhum tipo de relógio, nem um relógio de pêndulo, nem um despertador, nem um relógio de bolso, muito menos um relógio de pulso. Um relógio sempre me pareceu algo ridículo, algo absolutamente mendaz, talvez porque sempre resisti ao poder do tempo em virtude de um impulso interno que eu mesmo nunca entendi, excluindo-me dos chamados acontecimentos atuais, na esperança, como penso hoje, disse Austerlitz, de que o tempo não passasse, não tivesse passado, de que eu pudesse me virar e correr atrás dele, de que lá tudo fosse como antes, ou melhor, de que todos os momentos do tempo existissem simultaneamente uns ao lado dos outros, ou seja, de que nada do que nos conta a história seja verdade, o acontecido ainda não aconteceu, mas só acontece no momento em que pensamos nele, o que por outro lado, é claro, abre a perspectiva desoladora de uma tristeza eterna e um sofrimento sem fim. (Sebald, 2008, pp. 103-104)*

O Narrador percebe a singular relação de Austerlitz com o tempo e a articulação deste personagem com o outro. Em diversas passagens notamos os questionamentos do Narrador a respeito da distância suportável entre ele e Austerlitz, especialmente para este, que passa importantes períodos sem dar notícias, em suas andanças. À medida que os encontros entre eles vão permitindo a construção de uma narrativa, por meio de uma experiência compartilhada (Costa, 2001), o Narrador/testemunha começa a localizar e manejar a dimensão transferencial no que se refere à temporalidade:

> *Passaram-se quase três meses até que eu voltasse a Londres e visitasse Austerlitz em sua casa na Alderney Street. . . . Com o passar das semanas, eu duvidava cada vez mais de que algum dia fosse ter novamente notícias dele, temendo várias vezes ter feito um comentário indelicado ou tê-lo ofendido de algum modo. . . . Na época, se tivesse percebido que para Austerlitz havia momentos sem começo nem fim e que, por outro lado, toda sua vida lhe parecia às vezes um ponto cego sem duração, eu teria provavelmente aguardado com mais paciência. (Sebald, 2008, p. 119)*

Ao retornar da França (onde vivera seu pai) para Londres, após uma temporada de estudos, Austerlitz foi tomado por grandes dificuldades para escrever, que "logo se revelavam a canhestra falsidade das minhas construções e a inadequação de todas as palavras que eu empregara. . . . então na manhã seguinte, assim que eu batia os olhos na página, eles sempre se cravavam nos erros mais crassos, em incongruências e lapsos" (Sebald, 2008, p. 124).

São justamente as incongruências e os lapsos que trazem uma ligação possível para uma palavra "falsa e vazia", como dizia Austerlitz, e desencarnada, como posso eu acrescentar. A escrita, aparentemente simbólica, não mais tinha efeito, a irrupção do inconsciente como rastro perturbara muito Jacques, que ficou tomado por um pânico diante da constatação de que a estrutura inteira da língua estava envolta "em uma névoa impenetrável" (Sebald, 2008, p. 126):

> *Não havia locução na frase que não se revelasse uma lamentável muleta, não havia palavra que não soasse falsa e vazia. E nesse estado de espírito abjeto eu passava horas e dias a fio sentado com o rosto contra a parede, mortificando a minha alma e aprendendo aos poucos o horror de descobrir que até mesmo a menor tarefa ou os menores afazeres, como arrumar diversos objetos em uma gaveta, podem estar acima das nossas forças. Era como se uma doença que tivesse permanecido latente em mim por um bom tempo agora ameaçasse irromper, como se algo de bronco e de obstinado tivesse se apoderado de mim e aos poucos fosse paralisar todo o sistema. Eu já sentia na testa o torpor infame que prenuncia o declínio da personalidade, suspeitava que, na verdade, eu não possuía nem memória nem raciocínio, nem propriamente uma existência, que durante a minha vida inteira eu não fizera outra coisa a não ser me obliterar e voltar as costas ao mundo e a mim mesmo. . . .*

> *Eu tinha pavor de escutar alguém, disse Austerlitz, e mais ainda de ter eu próprio de falar e, enquanto isso durou, percebi aos poucos como eu estava e sempre estivera isolado, entre os galeses tanto quanto entre os*

ingleses e os franceses. Jamais me ocorrera pensar em minha verdadeira origem...

Mal eu conhecia alguém, já pensava ter me aproximado demais, mal alguém se voltava para mim, eu começava a me afastar. No final das contas, o que me unia às pessoas eram apenas certas formas de cortesia que eu levava a extremos e que, como hoje sei, disse Austerlitz, não tinham tanto em vista o meu interlocutor do momento, mas antes me permitiam ignorar o fato de que eu sempre, até onde me lembro, fui presa de um imperioso desespero. (Sebald, 2008, pp. 124-127)

O analista como testemunha recoloca a questão da pertinência de uma experiência singular a um campo de representação compartilhado. Em relação a esse aspecto, convém notar que Felman (citado por Kehl, 2001) define o testemunhar como forma de "tentar produzir significação para uma catástrofe" (p. 19) diante de uma verdade que escapa àquele que fala. A possibilidade de ligação ocorre quando um alguém comunica algo a outro, pois "são necessários dois para testemunhar o inconsciente" (p. 20).

Se desde Freud sabemos, logo após seu otimismo inaugural, que há sempre algo inacessível, qual é o trabalho de uma análise que permite ao sujeito outra equação subjetiva, menos sofrida ou impossibilitante?

No que se refere a essa questão, é interessante observar novamente que Zygouris (2002) retoma Freud para defender a ideia de que o pensar estaria a serviço da pulsão de vida ao articular os princípios de prazer e realidade. O pensar seria, então, outro prazer, uma vez que leva em conta o princípio de realidade e, simultaneamente, prolonga o princípio de prazer.

Dessa forma, a autora propõe que o prazer da análise repousa sobre o nascer de um pensamento, tratando-se de

> . . . *uma experiência* in vivo, *uma experiência que necessita da plena participação do analista. Isto porque o prazer pulsional, do Isso, se expressa na criação. E na análise a criatividade ocorre quando damos lugar ao "Isso pensa". Pensar, em análise, é antes de mais nada viver uma experiência que consiste em se "sentir" pensando. (Zygouris, 2002, pp. 58-59, grifo do original)*

Ao restituir ao pensamento seu contato com o sentir, em suas marcas mais primevas, é que uma análise pode ter efeitos terapêuticos. A história recobridora impede a ocorrência disso, pois, ao tamponar um buraco cujas bordas podem desmoronar a qualquer instante, não permite um contato com o sentir, com as marcas, com os indícios, sendo tais elementos, simultaneamente, motores de vida. É do ir e vir constante entre o que pulsa e o que pode ser representado que se constitui a vida.

É preciso destamponar, ou seja, desobstruir a passagem para que novas ligações possam advir. É necessário restituir um vazio quando este não é mais vivido como aniquilamento, pois tal vazio torna-se imprescindível a criações e recriações e, portanto, indispensável à vida.

O atravessamento que consiste em abrir mão de histórias que mantêm o traumático, uma vez que tamponam e simulam ligações, é uma aposta no sentido da constituição de um campo representacional que pode vir a converter-se em elementos da história do sujeito. Dessa forma, instala-se a via do esquecimento, que libera o sujeito para seguir adiante entre lembranças e histórias encobridoras, o que mantém o jogo de aproximação/distanciamento fundamental a toda elaboração psíquica.

Nesse sentido, o trabalho do analista com as histórias recobridoras é o daquele que acompanha como testemunha e, assim, possibilita a criação de ligações, mas para tanto precisa aventurar-se com o analisando na delicada e imprescindível tarefa de retirada do tampão. E isso não se faz sem confiança.

Segundo Zygouris (2002), trata-se de uma confiança que sustenta o encontro com a palavra, que considero palavra encarnada:

> *Ter um parceiro de confiança que possa esperar que o raio encontre a palavra, e a palavra é uma necessidade vital assim como um luxo magnífico. Esperar que isso irrompa e poder dizê-lo, se apoderar do tempo para não ficar louco, mais louco que antes, em posse de um saber custoso de ser suportado quando não partilhado, tomado por uma genialidade que só o verdadeiro gênio suporta e, mesmo assim, pagando o preço. A análise inscreve o homem em sua duração mortal e inevitável mediocridade da linguagem partilhada. Aquele que sobrevive ao fulgor. A linguagem, nosso amortecedor. (pp. 62-63)*

É com a linguagem amortece-a-dor que começamos a fazer contato a partir da segunda metade do livro. Depois de um período bastante turbulento da vida de Austerlitz, durante o qual passava as noites e as madrugadas perambulando pelos arredores de Londres, tentando dar conta de uma insônia que o "atormentava em grau cada vez maior" (Sebald, 2008, p. 127), algo de novo irrompe. Considero que esse "novo" esteja atrelado a suas caminhadas por "áreas remotas"; em tais circunstâncias, rostos estranhos são reconhecidos como familiares:

> *Era em momentos de particular fraqueza, quando eu acreditava não poder mais seguir em frente, que me vinham tais alucinações. Às vezes me parecia que o rumor da cidade morria ao meu redor, que o tráfego fluía em silêncio pela rua ou que alguém me puxava pela manga. Eu ouvia também gente que falava de mim às minhas costas em uma língua estrangeira, lituano, húngaro ou algo bem exótico, pensava comigo, disse Austerlitz. Tive muitas experiências na Liverpool Street Station, para a qual eu era irresistivelmente atraído nas minhas caminhadas. . . .*

> *Estive lá várias vezes nessa época, disse Austerlitz, em parte por causa do meu interesse em história da arquitetura, em parte por outras razões que não me eram claras, e tirei fotografias dos restos mortais, e me lembro de que um dos arqueólogos com quem tive oportunidade de conversar me disse que, em média, esqueletos de oito pessoas foram encontrados em cada metro cúbico de terra removida da fossa. . . .*

> *Mas para mim, disse Austerlitz, era como se naquela época os mortos voltassem do seu exílio e enchessem a penumbra ao meu redor com o seu vaivém peculiarmente lento e incessante. (Sebald, 2008, pp. 129-133)*

É interessante notar que, enquanto a história recobridora foi eficiente, Austerlitz não pôde sequer produzir uma alucinação que reunisse importantes elementos, como a relatada acima. Nessa

148 AUSTERLITZ: DA HISTÓRIA RECOBRIDORA

tentativa alucinatória de figurar, surgem pessoas que o puxam pela manga e falam uma língua estrangeira. Logo a seguir, toma conhecimento dos restos mortais desenterrados (destamponados), que tanto lhe despertam o interesse. O personagem usa sua máquina fotográfica para registrar os acontecimentos. Os mortos começam a voltar do exílio, começam a surgir de onde antes só havia a penumbra.

Nessa mesma época, em uma manhã de domingo, observa um funcionário da estação varrendo o chão; o homem, várias vezes, vai para trás de um tapume e dali volta, num movimento de entra e sai. Austerlitz sente-se tomado por "um impulso interior obscuro" (p. 135) e segue o senhor. Vai parar do outro lado do tapume, mais precisamente, na *Ladies' Waiting Room*, cuja existência o exímio professor de história da arquitetura até então desconhecia. Nesse momento é tocado por algo que o deixa entre "confinamento e libertação" (p. 136). Convém observar que o personagem se encontra nas ruínas da antiga estação de Liverpool Street, na qual desembarcara tantos anos antes, em sua primeira chegada a Londres.

Começa aí a fazer contato com o que chama de "fiapos de memória" (p. 137), que o levam a épocas muito antigas. Trata-se agora de lembranças, mesmo que em fiapos, e isso é bem diferente do estatuto dos indícios descritos anteriormente. Austerlitz destaca que essas lembranças estão sempre imbricadas entre si, tais como "abóbadas labirínticas" (p. 137) que se seguem infinitamente.

A fim de ilustrar esse momento de "virada", transcrevo um longo trecho da narrativa, a partir do qual Austerlitz passa a ir atrás de sua origem:

> *De fato, eu tinha a sensação, disse Austerlitz, de que a sala de espera em cujo centro eu me achava como que*

deslumbrado continha todas as horas do meu passado, todos os meus medos e desejos sempre reprimidos e sufocados, como se os losangos em preto-e-branco das lajotas de pedra sob os meus pés fossem o tabuleiro para a partida final da minha vida, como se ele se estendesse pela superfície inteira do tempo. Talvez por isso eu visse também na penumbra da sala duas pessoas de meia-idade vestidas à moda dos anos 30, uma mulher com um casaco leve de gabardine e um chapéu assentado de viés sobre o penteado e ao seu lado um senhor magro com um terno escuro e um colarinho de pastor. E não vi somente o pastor e a mulher, disse Austerlitz, mas também o garoto que eles tinham vindo pegar. Estava sentado sozinho em um banco, à parte. As suas pernas, metidas em meias três-quartos brancas, ainda não alcançavam o chão e, não fosse pela mochilinha que ele segurava abraçad[a] no colo, imagino que não o teria reconhecido, disse Austerlitz. Mas assim o reconheci, por causa da mochilinha, e pela primeira vez até onde remonta a memória, lembrei-me de mim mesmo no instante em que me dei conta de que deve ter sido nessa mesma sala de espera que eu havia chegado à Inglaterra mais de cinqüenta anos antes. Como tantas outras coisas, não sei descrever exatamente o estado em que fiquei depois dessa descoberta, senti alguma coisa rasgar-se dentro de mim, senti vergonha e aflição, ou algo totalmente diverso, sobre o qual não se pode falar porque faltam palavras, tal como palavras me faltaram então quando dois estranhos vieram ter comigo, cuja língua eu não entendia. Só me lembro que, quando vi o garoto sentado no banco, tomei consciência, através do meu surdo atordoamento, da devastação que o abandono produzira em mim no curso de todos aqueles anos passados, e um terrível cansaço tomou conta de mim ao pensar que eu nunca estivera realmente vivo, ou que só agora eu viera ao mundo, de certa maneira na véspera da minha morte. Posso apenas conjecturar as razões que moveram o pregador Elias e a sua pálida mulher a me levar para a casa deles no verão de 1939, disse Austerlitz. Como não tinham filhos, talvez esperassem reverter a petrificação das suas emoções, que com certeza se tornava cada dia mais insuportável, dedicando-se juntos à educação do garoto então com quatro anos e meio, ou se achavam obrigados por uma instância superior a uma obra que ultrapassasse a medida da caridade comum e implicasse devoção pessoal e sacrifício. (Sebald, 2008, pp. 137-138)

Nesse tocante relato, Austerlitz fala de sua passagem de um estado de anestesiamento para um estado de sentir-se vivo, quando do pode lembrar-se dos efeitos que o abandono lhe provocara. Na verdade, tratava-se de um duplo "abandono", ou seja, o de ter deixado para trás mãe, pai, babá, língua, terra natal, e, em seguida, o de ter sido abandonado em presença pelo casal que o recebe, incapaz de acolhê-lo em virtude da dor da perda que marido e mulher vivenciam. "Faltam palavras, tal como palavras me faltaram", diz-nos Austerlitz, palavras que, como propõe Zygouris (2002), funcionem como amortecedor.

O casal que o recebe também não tem palavras para dar forma à sua dor, a da perda de um filho; o pastor e a esposa tentam recobrir essa dor com a chegada de outra criança. Tampona-se o buraco, mas não a dor. Os pais adotivos de Austerlitz recusam um luto (sabem, mas mesmo assim...); desse modo, recusam também a origem, a história, a alteridade daquela criança que acabam de receber. Não se consideram os efeitos que tamanha violência poderia ter. Não há lugar para o sofrimento nessa família e, sem a possibilidade de sofrerem, só lhes resta a dor, dor que mata a mãe, enlouquece o pai e anestesia Austerlitz, depois de atordoá-lo.

Estamos diante do enquistamento ou do enterro de situações vividas como traumáticas; trata-se daquilo que foi conceituado por Abraham e Torok (1995) como cripta. Torok (1968/1995) destaca especialmente o incremento libidinal, logo após a perda do objeto, como o núcleo constitutivo da cripta. Essa figura metapsicológica, a cripta, seria fruto da vergonha que engendra um segredo e torna impossível a comunicação. A autora ressalta, ainda, que a construção da cripta ocorre em dois tempos: no primeiro, há uma fixação sobre o objeto de amor que foi despertada e interditada; no segundo, há uma irrupção libidinal provocada pela morte do objeto.

Convém destacar o que nos diz Antunes (2003) acerca desse aspecto:

> *Do ponto de vista de Maria Torok, para encontrar a natureza do luto, importa conhecer a relação afetiva anterior à morte do objeto. Nos casos de luto normal, a natureza deste trabalho será função do papel que desempenhava o objeto no momento da perda. Se os desejos que lhe concerniam foram elaborados, nenhum desabamento, doença do luto ou melancolia devem ser temidos. A libido que tinha investido o objeto acaba por ser recuperada pelo ego e – de acordo com a*

descrição freudiana – estará novamente disponível para se fixar em outros objetos necessários à economia libidinal. O mesmo não ocorre quando, graças à ambivalência com relação aos seus próprios desejos, o objeto, durante sua vida, não foi capaz de acolher os desejos nascentes do sujeito sobrevivente. Na doença de luto, tal como é descrita pela autora, não é o enlutado que sofre de um conflito de ambivalência com relação ao morto; é o falecido que havia manifestado outrora um conflito de ambivalência de ordem libidinal com relação ao enlutado. (pp. 61-62)

Considero o conceito de cripta um instrumento clínico valioso e importante para pensar a história recobridora no caso Austerlitz. Contudo, gostaria de destacar três elementos a serem acrescidos a esta discussão e que não são o foco da conceitualização de Torok: o momento na vida de Jacques no qual ocorreu a separação/morte entre ele e a mãe, o pai, a babá; o desmentido e a questão da vergonha de ter sobrevivido.

Em crianças de pouca idade, como Jacques no momento em que foi separado dos pais, geralmente ainda se está em meio à elaboração dos desejos em jogo. Afinal, não é próprio da passagem pelo Édipo um reposicionamento da criança e dos pais? Assim, pergunto-me sobre o quanto a ambivalência faz parte do processo de desenvolvimento de toda criança. Será que tal processo, se interrompido prematuramente por um acontecimento traumático, deixa o sujeito em suspenso, numa "fixação imaginal" da ambivalência do objeto, como propõe Torok? Ocorre-me uma relação entre a fixação imaginal e a fixação imaginária da criança quando esta se encontra em uma "posição especial" que dificulta sua entrada no simbólico.

A morte real do objeto dificulta o processamento de sua morte simbólica, necessária para a reafirmação do recalcamento e para a inscrição de uma lei simbólica que retira o sujeito de sua condição especial/incestuosa/fora da lei. É verdade que a posição subjetiva do objeto pode dificultar muito esse atravessamento, mas não podemos deixar de reiterar os efeitos nefastos que a morte real impõe para um processo tão complexo e delicado como a travessia edípica.

No caso de Austerlitz, não é também de qualquer morte que se trata, mas daquela que se dá em função do borramento da Lei, da morte que é fruto da instalação da barbárie. Em suma, fala-se aqui da onipotência do Mal.

Não resta dúvida de que essas condições dificultam muito o trabalho de luto que resulta na introjeção do objeto, ou seja, a tarefa de identificação via traços pautados pelos ideais de eu. Quando o luto se torna patológico e, no caso de Austerlitz, impedido pelo desmentido, assiste-se a uma incorporação: enterra-se o objeto em uma parte do eu, para, junto com ele, enterrar toda a complexa trama de desejo que sucumbe em face da irrupção da violência.

Fica-se, desse modo, diante de um recalcamento malsucedido, de um enterro precário, via incorporação, que, em virtude das circunstâncias em que ocorre, ameaça irromper a qualquer momento. Com base em um referencial ferencziano, Abraham e Torok (1995) diferenciam a introjeção da incorporação. Naquela, são as representações do objeto que povoam a esfera psíquica; nesta, é o objeto em si que está em jogo. É possível afirmar que são destacadamente as dimensões do real e do imaginário que se sobrepõem. Para corroborar minha argumentação, recorro a um fragmento dos referidos autores, do texto "Luto ou melancolia" (Abraham & Torok, 1972/1995), em que destacam as "experiências de boca vazia" como imprescindíveis para a introjeção: "aprender a preencher com

154 AUSTERLITZ: DA HISTÓRIA RECOBRIDORA

palavras o vazio da boca é um primeiro paradigma de introjeção" (p. 246). Em relação ao posicionamento mencionado, Antunes (2003) afirma:

> *Na concepção dos autores, a introjeção de um desejo equivale a fazê-lo passar pela linguagem, de modo que a transformação do vazio oral original em relação de linguagem com a comunidade falante só pode ser operada mediante a ajuda de um objeto possuidor da linguagem. Tal operação ocorre na medida em que a linguagem passa a suprir a ausência do objeto, figurando sua presença. (pp. 66-67)*

A incorporação, malogro da introjeção, surge quando há o desaparecimento do objeto de interesse, ou quando esse objeto fracassa em sua função de mediador. No caso de Austerlitz, podemos pensar nas duas circunstâncias como verdadeiras: o desaparecimento de fato e a não mediação (em virtude tanto da relação de Austerlitz com seus pais e Vera – vizinha de seus pais e governanta deles, assim como babá do pequeno Jacques – quanto daquela estabelecida com os pais adotivos). Nada se disse a Jacques e, retomando aqui a segunda situação referida, como se isso não bastasse, a percepção dele foi desmentida, desautorizada, pela forma como os adultos se portaram diante de suas próprias perdas. Eles sabiam do ocorrido, mas, mesmo assim...

A mãe de Austerlitz, Agáta, tomada por um estado melancólico diante do desmoronamento de seu mundo, repleto de situações de excesso, de violência, de uma pulsionalidade destrutiva atuada e compartilhada socialmente, embota-se, sem conseguir servir a seu filhinho como mediadora. A mãe adotiva de Austerlitz, esposa do pastor, também tomada por uma melancolia pela perda de um filho, não reconhece a alteridade do recém-chegado, gritantemente estrangeiro. O pastor, por sua vez, finge que nada acontece para além das pregações e que tudo transcorre em seu curso normal, entre um culto e outro, na pacata cidadezinha do País de Gales.

Em relação a esse aspecto, aponta Figueiredo (2008a) que o sujeito é impedido de tirar consequências do percebido, o que resulta em uma posição subjetiva que segue sem alteração. Ao ser desautorizada a motivar outras percepções e alavancar processos psíquicos, a percepção perde sua significância e transforma-se em uma "quase coisa". Nesse estado, perde a dialética ligação-desligamento, imprescindível para o vital movimento psíquico de criar e sustentar redes associativas. Nas palavras do autor:

> *A desautorização[4] obstrui o caráter processual e transitivo da percepção – sua remissão a outras, sua significância – sem destruir necessariamente a primeira síntese – seu significado – e podendo dar-lhe, inclusive, uma força maior. Na verdade, a percepção desautorizada retém, como se verá mais tarde, um potencial traumático imenso, ao mesmo tempo em que tem sua eficácia transitiva abolida. (Figueiredo, 2008a, p. 63)*

O que é o processo de elaboração a não ser a possibilidade de abertura para novos sentidos? Quando há a fixação do significado primeiro e a abolição da eficácia transitiva, surgem as condições para o aprisionamento na compulsão, no excesso pulsional da ordem do traumático, o que emerge como uma recusa ao "trânsito e à metaforização" (Figueiredo, 2008a, p. 66). Sem a metáfora, o deslizamento metonímico não encontra ponto de parada e volta

---

4 O termo é aqui tomado como sinônimo de recusa; contudo, deve-se respeitar a nomeação preferida pelo autor.

sempre ao mesmo. É aqui que entram as histórias recobridoras, aquelas que estão nos "lugares vacantes, abertos por essas falhas autoproduzidas, [nos quais] criam-se os excessos imagéticos, as pseudopercepções, as lembranças recorrentes, os relatos imutáveis em que um certo saber se erige como obstáculo quase intransponível aos processos de transformação" (p. 70).

Ao pequeno Jacques, resta saber: como integrar o vivido? Como iniciar um processo de luto diante de tantas perdas? Como fazer do vivido uma experiência, quando os adultos à sua volta não suportam as perdas? Seguir por esse caminho seria bater de frente com a questão da perda vinculada excessivamente à morte, questão esta interditada: disso não se fala, sobre isso não se pensa...

Em face dos estados de melancolização dos adultos, a defesa de Austerlitz por meio da figura da cripta, da fantasia de incorporação, diz respeito a um luto inconfessável. A cripta o defendia de ter que se ver diante do sentimento que acomete tantos sobreviventes de situações de violência: a vergonha de ter sobrevivido. Trata-se de uma sobrevivência vivida à custa dos que morreram. Convém observar que Agáta terminara seus dias num campo, mas não sem antes ter colocado seu pequeno Jacques rumo a Londres.

Tomo de empréstimo da obra *Palavras para Hurbinek*, de Gagnebin (2000), uma síntese da fala de duas filhas de sobreviventes do genocídio armênio, que muito bem poderia ter sido proferida por Austerlitz quando do reconhecimento de sua condição de sobrevivente:

> ... *[elas] apontaram para a ruptura que a morte não reconhecida dos pais, sua denegação pelos outros e a impossibilidade pessoal do luto, instauram na vida dos filhos. Despojados de história – como se seus*

ancestrais próximos e longínquos nunca tivessem exis-
tido – e de língua –¡pois a maioria dos descendentes
não sabe nem escrever, nem ler, nem falar o armênio,
os filhos desses pais não enterrados devem, necessaria-
mente, se alojar numa língua e numa história alheias,
concretamente na língua e na história dos países onde
se refugiaram para poder sobreviver e, em particular,
comunicar-se com os outros e consigo mesmos. O risco
sendo, naturalmente, o de que percam, definitivamen-
te, a memória dos seus antepassados, portanto, sua
própria relação com o passado, e realizem, assim, ple-
namente o desígnio de aniquilamento que perseguiam
seus algozes. (p. 109)

No caso de Jacques Austerlitz, esse aniquilamento traduzia-se em uma condição apenas de sobrevivente. Ele fora privado do estabelecimento de ligações, vivia sua errância à procura de algo, paradoxalmente, fugindo de sua história e de sua origem: uma história recobridora tamponava qualquer possibilidade de apropriação do vivido.

Sem fazer contato com os mortos, nem se sabe direito que se está vivo! Era assim que Austerlitz seguia adiante. Recorrendo a uma fantasia incorporativa, encontrava uma solução mágica para escamotear o trabalho de luto (dele e dos outros):

A "cura" mágica por incorporação dispensa do traba-
lho doloroso da recomposição. Absorver o que vem a
faltar sob forma de alimento, imaginário ou real, no
momento em que o psiquismo está enlutado, é recusar
o luto e suas consequências, é recusar introduzir em si
a parte de si mesmo depositada no que está perdido, é

> recusar saber o verdadeiro sentido da perda, aquele
> que faria com que, sabendo, fôssemos outro, em sínte-
> se, é recusar sua introjeção. (Abraham & Torok,
> 1972/1995, p. 245)

Ainda no mesmo texto, esses autores articulam melancolia e cripta, diferenciando-as. Para eles, enquanto as paredes da cripta resistem, salvam o ego de tornar-se ele todo uma cripta, ou seja, protegem o ego de ficar à sombra do objeto, que é a melancolia.

Hassoun (2002) fala da melancolia como aquilo que remete o vivente a uma relação específica com o luto, com a perda e com a morte; é em tal relação que se dá uma desintricação entre as pulsões parciais e a pulsão de morte. Diante da perda de alguém próximo ou da queda de uma série de ideais, em suma, de situações que ultrapassam o sujeito, confrontando-o com uma impossibilidade de reagir ao acontecimento (como propõe Karl Abraham), surge o espanto, no qual esse sujeito se aliena.

Embora o autor esteja trabalhando com o conceito de melancolia, ele descreve, com base no atendimento de um analisando, situações e mecanismos que me parecem muito próprios da cripta. Podemos entendê-la como uma defesa do sujeito ao confrontar-se com a melancolia dos cuidadores muito precocemente. Segundo Hassoun (2002), "o acontecimento não foi nem recalcado nem recusado, ele é marcadamente presente. Sua presença indiscreta funda uma causa que o sujeito vai sustentar até a morte, a menos que chegue a elucidá-la" (p. 25).

Para seguirmos acompanhando Austerlitz, é preciso considerar que o acontecimento de extrema violência que toma Agáta, deixando-a entregue ao traumático, não pode ser nem recalcado, nem recusado e muito menos elaborado por ela. Convém recorrer mais uma vez a Hassoun (2002) para compreender esse aspecto de modo mais preciso:

> *A introdução da pulsão de morte – a facilitação teórica mais metapsicológica de Freud e que tem o maior alcance para a civilização – nos permitiu entender o prazer melancólico dos que pagam ao Mal um tributo exorbitante, fazendo de si mesmos homens – vassalos ou executores das baixas obras dos Führers, guias supremos ou gênios teóricos dos tempos passados, presentes ou a vir. (p. 20)*

Diante de tamanho desmoronar da civilização entregue à barbárie, o que Agáta recusa é a perda do filho Jacques, ainda que entregá-lo ao comboio significasse salvá-lo da morte. Nada pode ser digerido desse indigesto acontecimento. Agáta sucumbe. Jacques, na Inglaterra, encontra-se então com pretensos pais, que recusam a perda de um filho e tentam colocar outro em seu lugar. Para tanto, apagam as diferenças mais gritantes entre as duas crianças e, com isso, inviabilizam qualquer possibilidade de reconhecimento da alteridade. Ao menino resta a construção da cripta, que, paradoxalmente, lhe permite viver, embora apartado da vida: "este enclave, ao qual ele permaneceu apaixonadamente ligado, como um prisioneiro pode sê-lo à sua cela, é o lugar de uma reclusão que o exclui da vida" (Hassoun, 2002, p. 25).

É da ausência enigmática que a cripta faz presença; em outras palavras, pode-se dizer que a inscrição da perda é substituída pela cripta: há uma cripta no lugar de uma lápide. Trata-se de uma perda que não se faz, de um morto que não morre, de uma interrupção no jogo presença-ausência, imprescindível para o psiquismo. "O sujeito não sabe o que perdeu e nem quem perdeu" (Hassoun,

160 AUSTERLITZ: DA HISTÓRIA RECOBRIDORA

2002, p. 27); em vez de confrontar-se com essas questões, instala no ego algo que impede a perda.

Hassoun (2002), ao retomar Freud e Lacan, defende que o assassinato da Coisa, ao ser suficientemente consumado, faz com que o vivente entre no princípio prazer/desprazer e, assim, busque afastar o que nos mundos interior e exterior aumenta demasiadamente a tensão. É em torno do buraco, da ausência deixada pelo primeiro objeto perdido para sempre e, por essa mesma razão, insistentemente buscado, que se organiza o desejo. Os objetos da satisfação são substituídos, mas não a Coisa em si.

A Coisa representa a mãe primordial, aquela visada pelo incesto; é a proibição do incesto que abre para a instalação do desejo. É preciso perder, assassinar a Coisa, estabelecer o gozo incestuoso como impossível para abrir a condição desejante.

Em relação à melancolia, Hassoun (2002) postula:

> . . . *a ausência, a expectativa, o deslumbramento inaugural, mas não fundador, formam o conjunto mortífero onde se interpenetram os termos vindos em vez e lugar do não-advento do objeto, do não-advento daquela parte do objeto que falta à sua qualidade de objeto perdido. (p. 30)*

Para o autor, o melancólico tenta lidar com uma mãe que tem dificuldades em acompanhar o filho no desmame. O desmame deve ser entendido aqui como um luto compartilhado entre a mãe e a criança. À mãe cabe conceber o seio como parte separada dela e oferecida à criança; assim, ao perder essa parte de si, ela permite à criança enlaçar as pulsões parciais de morte. Quando o primeiro Outro não se oferece como modelo de constituição do objeto perdido, o melancólico tenta, por meio da degradação ou do suplício do próprio corpo, estabelecer um corte (uma perda) que não ocorreu. Segundo Hassoun (2002):

> *O corpo-abismo em que todo orifício parece ter sido (in)erotizado, a tal ponto que o sujeito só parece confrontar-se com um Real orgíaco, confirma que não é do objeto primeiro que se trata aqui, mas daquela parte da Coisa* (das Ding*) que escapou ao assassinato, quer dizer, do processo de simbolização que permite dar ao objeto seu status de objeto perdido. (p. 59, grifo do original)*

No caso de Austerlitz, não é propriamente de sua melancolia que se trata, mas da defesa contra a melancolia parental como forma de evitar a perda quando o excesso pulsional toma o laço social. Assim, coloca-se em ato a violência, uma vez que a Lei não mais se sustenta, havendo, portanto, uma confrontação com o Mal.

Se considerarmos os laços primeiros estabelecidos por Austerlitz com o Outro ainda na primeira infância, arriscaria dizer que o acaso do horror da Segunda Guerra Mundial mudou radicalmente os rumos de sua vida. Contudo, a qualidade desses mesmos laços possibilitou a ele defender-se da melancolia e não sucumbir a ela. Convém destacar que a cripta como defesa é uma tentativa fracassada de lidar com a necessária inscrição da perda. Quando essa inscrição não é realizada naquela geração, aparece nas gerações seguintes como fantasma a assombrar o sujeito.

Para Austerlitz, os rumos de sua vida começam a mudar a partir do momento em que revisita a antiga estação, quando duas contraposições desse homem-menino são balançadas: sensação *versus* anestesiamento e atordoamento *versus* escuta. Diante do

162 AUSTERLITZ: DA HISTÓRIA RECOBRIDORA

traumático, do excesso, um encontro virá a possibilitar outra(s) saída(s) que não a insistência em não perder algo já perdido. Austerlitz se depara, via remontagem da cena de sua chegada, com o que o afetou (e não pôde ser contido e transformado pelo trabalho psíquico), com aquilo que ficou perambulando sem poder ser pensado, com aquilo que o acompanhou em suas andanças pela Europa, por Londres: ele se encontra com a falta de palavras, na falta de encontro com o casal parental. Foi só agora que "viera ao mundo"; somente agora pode fazer contato com a falta, até então recoberta pelo tapume.

Após esse seu nascimento, Jacques começa a fazer contato com rastros até então indecifráveis por ele. Ele assim o faz por meio de associações: atribui às roupas que veste o incômodo que sente (vale ressaltar o quanto as roupas se ligam a aspectos culturais e familiares); rememora a perda de sua mochilinha, com seus únicos pertences, na chegada a Londres, relacionando-a com o início de sua viagem, com sua origem e história:

> O que me lembro é das roupas, que me deixavam muito infeliz, e também do sumiço inexplicável da mochilinha verde, e recentemente imaginei até ser capaz de recordar algo do processo de perda da minha língua materna, dos seus rumores que mês após mês se tornavam cada vez mais débeis e que, imagino, sobreviveram dentro de mim ao menos durante uns tempos, como uma espécie de rascar ou bater de alguma coisa presa, que, de medo, sempre fica quieta e se cala quando alguém tenta escutá-la. E com certeza as palavras que esqueci completamente em breve espaço de tempo teriam permanecido sepultadas no abismo da minha memória, junto com tudo o que lhes dizia respeito, se

em razão de uma série de coincidências eu não tivesse entrado na antiga sala de espera da Liverpool Street Station naquela manhã de domingo, no máximo algumas semanas antes de ela desaparecer para sempre em decorrência das obras de restauração. (Sebald, 2008, p. 139)

Observa-se a impossibilidade de Jacques de se encontrar com o outro, com alguém que o acolha e o recolha por meio de seus pertences, sua língua, seu impacto diante daquilo que vivencia. Convém notar ainda o próprio pertencimento de Jacques a outro lugar, outro país, outra língua, outra cultura; trata-se, enfim, de uma alteridade perdida para a qual não se fazia escuta e que passa a se calar "quando alguém tenta escutá-la".

No entanto, depois de tempos em companhia do Narrador, com quem estabelece um vínculo inédito, diria Zygouris (2002), e do encontro com sua história recusada/desautorizada, Austerlitz não deixa de falar dos rastros, que, apesar de ocultos e desconexos, continuavam nele presentes. Essa mudez, por um lado, foi decorrente do medo; por outro, da tentativa de escapar. Os rastros sobreviviam, contudo sua revelação era temível: o pequeno Jacques sabia da ausência de conexão entre estes e o discurso dos adultos cuidadores.

Essa importantíssima experiência é seguida de um sonho, que, como produção do inconsciente, permite ao leitor conhecer os efeitos de isolamento e aprisionamento vividos por ele. Vale ressaltar o início das mudanças na vida de Austerlitz: aos longos períodos insones contrapõe-se um sonho. A psicanálise bem sabe dos efeitos reparadores, em termos de saúde psíquica, da possibilidade de sonhar. Neste sonho, convém atentar para a figuração dos afetos de Austerlitz e de seu interesse arquitetônico: a masmorra, sua masmorra e o trenzinho, em suma, fiapos que começam a tecer uma trama...

> *Nesse sono, no qual meu corpo jazia feito morto enquanto pensamentos febris giravam na minha cabeça, eu me vi no coração de uma fortaleza em forma de estrela, em uma masmorra totalmente isolada do mundo, da qual eu tentava sair para o ar livre através de passagens longas e baixas que me conduziam por todos os edifícios que até então eu visitara e descrevera. Foi um sonho ruim, que não acabava mais, cujo enredo principal era interrompido várias vezes por outros episódios nos quais eu via, de uma perspectiva aérea, uma paisagem sem luz pela qual se precipitava um trenzinho muito pequeno, doze vagões cor de terra em miniatura e uma locomotiva preta como carvão sob uma pluma de fumaça curvada para trás, cuja extremidade, como a pena de um grande avestruz, era soprada constantemente de lá para cá com a velocidade da carreira. (Sebald, 2008, pp. 139-140)*

Outros sonhos se seguem a esse primeiro, e Austerlitz começa a discorrer acerca de seu esquecimento como forma de banir sua origem e sua história pregressa. É, sem dúvida, de seu mecanismo de defesa que ele fala, em sua dimensão avassaladora de desligamento. Então seria esse esquecimento da ordem do recalque? Já recorremos antes, com a ajuda de Figueiredo (2008a), à *Verleugnung* e seus poderosos efeitos de desligamento e falta de eficácia transitiva. Para o autor, além das memórias vivas e do "arquivo de símbolos em que permanece o recalcado" (p. 62), arquivo este resistente, mas vulnerável às interpretações, há um compartimento de "quase coisas", que, resultantes de desautorização, permanecem indigeríveis e dissociadas. É do estatuto do inconsciente a resistência à entrada de elementos no campo do sentido, bem como a integração destes nas redes simbólicas, devido à desautorização de sua eficácia transitiva. Paradoxalmente, ocorre um desligamento, fruto do excesso de ligação.

> *No meio desses sonhos, disse Austerlitz, ele sentira atrás dos olhos que essas imagens, imponentes em sua nitidez, literalmente se desprendiam dele, mas ao acordar não foi capaz de fixar quase nenhuma delas, nem sequer em seus contornos. Percebi então como eu tinha pouca prática em usar a memória e como, em vez disso, sempre devo ter me esforçado para lembrar o menos possível e evitar tudo aquilo que de um modo ou de outro se relacionasse à minha origem desconhecida. . . .Para mim, o mundo terminara com o fim do século XIX. Não me atrevia a ir além disso, embora na verdade toda a história da arquitetura e da civilização da era burguesa, tema da minha pesquisa, apontasse na direção da catástrofe que então já se delineava. Eu não lia jornais porque, como sei hoje, temia revelações desagradáveis, ligava o rádio só em determinadas horas, refinava cada vez mais os meus mecanismos de defesa criando uma espécie de cordão sanitário ou sistema de quarentena capazes de me imunizar contra tudo o que tivesse alguma ligação, por mais remota que fosse, com a história pregressa da minha pessoa, que se mantinha em um espaço cada vez mais restrito. Além disso, eu estava constantemente ocupado com o acúmulo de conhecimento que vinha de décadas e que*

> *me servia de memória substituta ou compensatória, e se mesmo assim, como era inevitável, acontecesse de uma notícia perigosa chegar aos meus ouvidos apesar de todas as precauções, eu era perfeitamente capaz de me fazer de cego e de surdo, e de esquecer o assunto imediatamente como outro aborrecimento qualquer. (Sebald, 2008, pp. 140-141)*

Acompanhamos em Austerlitz os efeitos da recusa de seus pais adotivos. A descrição efetuada pelo personagem aponta uma força de desligamento que chega a ponto de negar toda uma história do século XX, para assim ele não "correr o risco" de fazer contato com qualquer coisa que o remeta à sua própria história. Convém notar que tamanho buraco é preenchido com o acúmulo de conhecimento acerca da história da arquitetura, que funciona como memória substituta: no lugar de uma, há outra. Contudo, o termo "memória compensatória" me faz pensar em algo aquém do encobrimento, uma vez que se pode encobrir alguma coisa que permanece lá, com a qual se faz contato. Não é disso que Jacques fala, mas da evitação em sua força de desligamento, o que o leva a cegar-se ou ensurdecer-se diante de qualquer possibilidade de ligação. Trata-se da recusa, do desmentido, não do recalcado. Um "cordão sanitário de isolamento" e um "sistema de quarentena" estão a serviço de colocar o morto na cripta, mas, ao mesmo tempo, ambos devem disfarçar a cripta e impedir o trabalho de luto.

Será que agora já não poderíamos falar da recusa como mecanismo do próprio Austerlitz, recusa esta que perpetua a recusa de seus pais adotivos? Admitindo essa possibilidade, fundamento-me na ideia de Penot (2005) de que há uma dificuldade de pensar no traumático quando este tem seus efeitos radicalizados de uma geração a outra: "Esse impossível se deixa apreender através de mensagens enigmáticas parentais como destinado a cobrir um dano narcísico que com frequência se origina em um luto não cumprido" (p. 71). No caso de Austerlitz, há a sobreposição de dois lutos não cumpridos: o dos pais adotivos pela morte de um filho e o do próprio Jacques pela morte de seus pais; trata-se de uma confluência traumática. Além disso, há a morte da língua materna e a perda da mochilinha como separação radical de tudo o que fazia ligação com seu passado, provocando uma violenta extirpação de todas as referências.

Convém destacar que, de acordo com esse autor, a recusa jamais é um ato do sujeito. Antes de seguir adiante, considero cabível e necessária aqui uma pequena digressão para alguns esclarecimentos. Nessa afirmação de Penot, o que está em jogo é a função sujeito. Trata-se de conceito que, a partir de Lacan, diferencia-se do eu. Embora a função sujeito seja sempre precária, ela se sustenta pela "captura de um agente pulsional numa relação significante" (Penot, 2005, p. 19). Em outras palavras, é uma função que difere da defesa narcísica e vai em direção ao sujeito da enunciação. Tal ideia muito me interessa para discutir a questão da história recobridora, uma vez que nesta a dimensão pulsional e a significância entram em "curto-circuito", o que leva ao caráter de ineficácia transitiva, como discutido anteriormente, com base em Figueiredo (2008a). A história recobridora, conforme se observou, é cheia de palavras que não operam ligação psíquica, que não fazem experiência. Recorro aqui às palavras do próprio Penot (2005, p. 17, grifo do original) ao indicar então o trabalho perlaborativo de uma análise:

> *Ali onde creio me apreender em minha imagem narcísica, estou bem longe do sujeito de meus atos e promotor dos meus sonhos. E é justamente essa distância entre o eu consciente, imagem narcísica familiar de si, e o sujeito que nasce do exercício pulsional que exige o*

*interminável esforço de ligação psíquica (Bindung), a
ser retomado sem cessar: a sempre laboriosa bricola-
gem de uma articulação funcional entre termos refra-
tários à assimilação. Vemos claramente, numa tal
perspectiva, por que o trabalho perlaborativo que o
tratamento psicanalítico se prende a promover jamais
poderia ser considerado como terminado – pela boa
razão de que seus termos permanecerão estruturalmente estranhos um ao outro, não falando a mesma
linguagem.*

Penot (2005) trabalha muito com a psicose, especialmente em
sua eclosão na adolescência, considerando a função de colagem
delirante quando há o rompimento do apoio narcísico. Diante da
queda de um "narcisismo de fachada", que mantinha imaginaria-
mente a unicidade, o delírio tenta preencher essa "brecha catastró-
fica" na relação do sujeito com a realidade. O surgimento de um
sujeito do discurso não pode prescindir de um enganchamento
pulsional, que, partindo da ação, obtena uma resposta do outro
"suficientemente significativa", o que permite a simbolização.
Aponto aqui uma fala verdadeira, afetada, que, para além da fala
como pura descarga, pode produzir novas ligações, oriundas de
percepções traumáticas. Este seria um trabalho de conexão significante, diria Penot, que estaria entrelaçado à interação pulsional,
condição para o surgimento da função sujeito.

Faço aqui um paralelo entre o delírio e a história recobridora
em sua função de remendo ou tapa-buraco. Na história recobridora, justamente essa função mantém, ainda que de forma precária,
arrimos para que a falha apontada por Freud em "Neurose e psicose" (1924[1923]/1996g), e da qual lembra Penot (2005), possa ser
remendada. A diferença entre ambos reside no fato de que, no

delírio, se constrói uma neorrealidade e, na história recobridora, se evita tirar consequências do que foi percebido da realidade, numa recusa persistente. Embora não seja delirante, a história recobridora é mutilante, na medida em que provoca uma ruptura com a realidade psíquica; portanto, assim como o delírio, que rompe com a realidade, é muito diferente das produções fantasísticas subjetivadas.

Trata-se de duas situações nas quais a capacidade de pensar foi excedida diante de um traumático de caráter intransponível, como o qualifica Penot (2005) ao abordar a psicose, e o ser, "mantido fora de alcance por uma recusa persistente que forma uma fachada narcísica defensiva, . . . invalida a simbolização" (p. 79). A capacidade simbólica está comprometida em ambos os casos de maneira contundente. Na história recobridora não há uma ruptura com a realidade, contudo a capacidade de subjetivá-la encontra-se muito prejudicada.

O encontro, em 1984, com o elemento de ligação – a estação de trem na qual chegara a Londres – permite a Austerlitz iniciar um contato com aquilo que ficara banido até então. A partir desse momento, a própria narrativa do livro muda significativamente, deixando de perturbar o leitor com tantas e tantas passagens enigmáticas. Jacques inicia sua viagem com destino à elaboração de um mito tanto familiar quanto individual, mas sua viagem deixa de ser aquela da perambulação, um viajar para não encontrar, e passa a ser uma viagem em direção a si mesmo, o que lhe possibilita, paulatinamente, encontrar-se de forma encarnada com o Outro. Contudo, esse encontro não ocorre "de pronto", nem imediatamente após a descoberta da velha estação. Devagar, Austerlitz vai abrindo a possibilidade de encontrar-se, mas isso lhe custa, é preciso muito trabalho psíquico para essa empreitada.

Nesse percurso, Austerlitz sofre um colapso nervoso, decorrente de um processo assim descrito por ele:

> *Essa autocensura do meu pensamento, a constante recusa de toda e qualquer memória que aflorasse em mim, continuou Austerlitz, exigia no entanto esforços cada vez maiores e, por fim, conduziu inevitavelmente à paralisia quase completa das minhas faculdades verbais, à destruição de todos os meus apontamentos e das minhas notas, às infindáveis caminhadas por Londres e às alucinações que me visitavam com freqüência cada vez maior, culminando com o meu colapso nervoso no verão de 1992. (Sebald, 2008, p. 141)*

É durante a primavera seguinte que ele escuta pelo rádio, numa loja de livros usados, duas senhoras conversando acerca de um comboio especial de envio de crianças à Inglaterra:

> *Mencionavam uma série de cidades – Viena, Munique, Danzig, Bratislava, Berlim –, mas só quando uma delas falou que o seu comboio, depois de uma viagem de dois dias através do Reich alemão e da Holanda, onde ela pôde ver do trem as grandes velas dos moinhos, finalmente zarpara de Hoek na barca Prague e cruzara o mar do Norte para chegar a Harwich, só então eu soube com absoluta certeza que esses fragmentos de memória também eram parte da minha própria vida. . . . e concluí que, embora eu não soubesse se tinha chegado à Inglaterra no Prague ou em outro navio, a simples menção do nome dessa cidade no presente contexto bastava para me convencer de que eu tinha*

agora de voltar para lá. . . . Obtive na embaixada tcheca os endereços das autoridades competentes em um caso como o meu e então, logo que cheguei ao aeroporto Ruzyně em um dia claro demais, diria até iluminado em excesso, um dia em que as pessoas, disse Austerlitz, pareciam tão doentes e acinzentadas como se fossem todas fumantes inveteradas, já próximas do fim, tomei um táxi até a Karmelitská no Bairro Pequeno, onde um prédio bastante peculiar que remonta a tempos antigos, se é que não se acha fora do tempo, como tanta coisa nessa cidade, abriga o arquivo do Estado. (Sebald, 2008, pp. 142-144)

No período compreendido entre o encontro com a estação e a chegada a Praga, o que ocorrera com Austerlitz? Por que o encontro com a *Ladies' Waiting Room* permitiu que ele ficasse permeável à conversa das duas mulheres pelo rádio e chegasse a Praga?

Entendo que algo do registro do real pode integrar-se no acontecimento do encontro com a sala da estação, um acontecimento que abre para um vir-a-ser de experiência, no contexto de vínculo proporcionado pela escuta do Narrador. Aquelas marcas, aqueles indícios ligados ao corporal dos primeiros registros, tão importantes para sustentar a função sujeito ao longo de toda a vida, que estavam desligados e perambulantes em razão da defesa de Austerlitz, voltam a entrar em um circuito articulado nos três registros: real, simbólico e imaginário. Ao ultrapassar a "recusa persistente que forma uma fachada narcísica defensiva que invalida a simbolização", o sujeito estabelece uma matriz discursiva, como uma matriz de experiência, que porta significações imprescindíveis para as trocas vitais e a comunicação, diferenciando-se da história recobridora. Há uma articulação dos três registros decorrente do recalque, ou seja, da possibilidade de que algo possa ser perdido.

Penot (2005) retoma de Lacan a ideia de que o significante sempre introduz uma descontinuidade, e é justamente essa descontinuidade que caracteriza o registro simbólico:

> *A ideia de significante pode, então, assim ser formulada: algo que não estava dado antes se produz num certo momento. É esse momento que Lacan designa precisamente como da escansão. Nesse momento do tempo de parada, produz-se uma diferença fundamental no seio da própria função do determinismo síncrono: o espaço de diferença em que uma subjetivação vai poder se efetuar. (p. 161)*

Ao chegar a Praga, consultando os arquivos, Austerlitz começa a fazer contato com outra memória:

> *. . . eu mal pusera os pés em Praga e já encontrara o local da minha primeira infância, do qual, até onde podia lembrar, se apagara toda a memória. Já ao caminhar por aquele labirinto de ruas, casas e pátios entre Vlašská e a Nerudova, e sobretudo quando senti o calçamento irregular da Šporkova sob os pés à medida que subia a montanha passo a passo, foi como se eu já tivesse andado por aquele caminho, como se a memória se revelasse a mim, não através do esforço da reflexão, mas através dos meus sentidos, há tanto tempo entorpecidos e agora novamente despertos. (Sebald, 2008, p. 150)*

Assim como Pietra,[5] Austerlitz fala de uma memória sensorial, ou seja, de sentidos entorpecidos que, ao serem tocados, revelam sua potencialidade de lembrança. Mas esse caminho depende do encontro com um Outro encarnado no outro que reconheça e não recuse essas percepções. Repetir o rechaço das consequências da percepção seria criar uma situação retraumatizante. Daí a importância do trabalho analítico no sentido da intervenção que busque recuperar a articulação do pulsional com o significante. Na passagem a seguir, Austerlitz narra o encontro com Věra, vizinha, governanta de sua mãe e alguém que dele cuidara. Convém destacar que a fala de Vera, em francês, aciona todo um caminho mnêmico que coloca Jacques diante da própria história:

> *Estou procurando uma senhora Agáta Austerlitzova, que provavelmente morava aqui em 1938. Em um gesto de assombro, Věra cobriu o rosto com as mãos que, assim me ocorreu, me eram infinitamente familiares, fitou-me sobre a ponta esticada dos dedos e, bem baixo, mas com uma clareza para mim francamente maravilhosa, disse-me apenas estas palavras em francês: Jacquot, foi o que ela disse, est-ce que c'est vraiment toi? Nós nos abraçamos, seguramos as mãos um do outro, tornamos a nos abraçar, não sei quantas vezes, até que Věra me conduziu pelo vestíbulo escuro até o quarto no qual tudo permanecera tal como fora quase sessenta anos antes. (Sebald, 2008, p. 153)*

Austerlitz e Věra começam então uma conversa que leva dias e que ajuda a construir uma história que se conecta com os indícios surgidos até então. Austerlitz fica sabendo que seu pai,

---

5 Que discutirei no próximo capítulo.

Maximilian Aychenwald, era um alto funcionário do partido social-democrata tcheco; toma conhecimento também de que Agáta, sua mãe, era quinze anos mais jovem que o pai e, quando estes se conheceram, trabalhava como atriz. Os dois compartilhavam de um especial apreço por tudo o que fosse francês; inclusive, o prenome dado ao filho marca essa inclinação. Quando ocorre o já mencionado reencontro de Jacques e Věra, ambos decidem utilizar o francês nas caminhadas e o idioma tcheco em situações em que estivessem em casa entre "coisas por assim dizer mais domésticas e infantis" (Sebald, 2008, p. 155). Por meio do contato afetivo com Věra, ele recupera a possibilidade de expressar-se em sua língua materna.

> . . . estas e outras imagens, disse Austerlitz, agora se enfileiravam uma ao lado da outra, e tão profundamente sepultas e trancafiadas estiveram dentro de mim, tão luminosas me tornavam agora à memória enquanto eu olhava pela janela, e também depois, quando Věra, sem dizer uma palavra, abriu a porta do quarto onde o pequeno canapé, no qual eu sempre dormia quando os meus pais estavam fora, ainda se achava no lugar, ao lado da cama de baldaquino com as colunas torcidas e o travesseiro alto, herdada da sua tia-avó. (Sebald, 2008, pp. 156-157)

Austerlitz inicia um esforço para lembrar-se de sua mãe, recorda-se de seus retornos do teatro, inclusive do cheiro que ficava impregnado nela quando voltava das apresentações. Mas essa longa narrativa de parte de sua história interrompe-se naquela noite de 1997, quando ele e o Narrador são cercados "de um silêncio que me parecia insondável" (Sebald, 2008, p. 163) na casa de Austerlitz na Alderney Street.

Naquela mesma noite, quando a conversa finda, barrada pelo insondável do momento, o Narrador recolhe-se em um quarto apontado por Jacques. Lá se depara com as mariposas que haviam morrido naquela casa e que tinham sido então guardadas cuidadosamente por Austerlitz. Ao acompanharmos o Narrador em sua reflexão, encontramos um fragmento capaz de resumir as dificuldades de Austerlitz diante do luto, que era algo tão determinante na história deste personagem: "Nítidos, pelo contrário, eram os olhos pretos fixos, que saltavam um pouco da cabeça e que eu estudei longamente, antes de baixar outra vez a seu sepulcro aquele espírito noturno, morto provavelmente havia anos, mas intocado por sinais de decomposição" (Sebald, 2008, p. 164).

O que é um morto intocado pelos sinais de decomposição a não ser um morto que efetivamente não morreu? Mais uma vez, Austerlitz nos descreve a cripta e seus efeitos que impossibilitam o processo de luto. Mariposas mortas ou mortas-vivas? Um luto patológico incapaz de deixar os mortos morrerem de fato, um luto patológico que não deixa os mortos irem embora. Há uma falha de nomeação e designação da falta, um luto impossível de ser cumprido e ao qual o sujeito está submetido, o que coloca no ego uma cripta.

Em seguida, ao ligar o rádio, o Narrador sintoniza estações de lugares para ele exóticos, em meio ao cheiro de éter e de uma voz feminina que fala em um idioma desconhecido. Parece-me interessante pensar nessa passagem como similar a inúmeras situações nas quais, como analistas, estamos aproximando-nos de algo que, embora em "língua estrangeira", desconhecida para nós, lança-nos a fazer contato com o real e exige um trabalho de aproximação tão refinado quanto cuidadoso. Ali estavam Narrador e Austerlitz, na construção de uma narrativa que, para ser elaborada, precisava suportar o atravessamento de zonas de silêncio e

176 AUSTERLITZ: DA HISTÓRIA RECOBRIDORA

perturbação, para além do encarar o não saber; tal empreitada exigia, ainda, o trabalho de ligação, o que contava, inclusive, com sensações corporais.

Em relação a esse aspecto, convém mencionar Fontes (2002), para quem a memória corporal é o registro constituído com base em "fragmentos de impressões sensoriais da tenra infância" e despertados na transferência via regressão alucinatória. Trata-se da volta de um material inconsciente, não recalcado, de um material da ordem do sensorial. A memória corporal seria, então, um retorno ocorrido na transferência das impressões marcadas no corpo de forma traumática, não resolvida, que permanecem à espera de uma ligação, via linguagem, para que possam ser pensadas.

> Como afirmou S. Ferenczi: "Nos momentos em que o psiquismo falha, o organismo começa a pensar" (Ferenczi, 1932:49 [edição francesa]).
>
> Em realidade, ouso ir além. O corpo não começa a pensar. Ele já estava lá, onde a história do indivíduo se fazia. Como testemunha, presente em todas as circunstâncias vividas pelo indivíduo. O corpo não esquece suas sensações, e as mantém na memória do acontecimento. Ele é o suporte carnal de uma lembrança, avalista de nossa continuidade histórica. (Fontes, 2002, p. 15)

Pautados em sensações corporais, fazendo delas material de trabalho, Narrador e Austerlitz mergulham em uma aventura. Nesta é preciso ultrapassar a "descarga como pensamento particular" do corpo para promover ligações que possibilitem passar de uma história que esteja inscrita no corpo para uma história que conecte as sensações à linguagem.

Fontes (2002) defende a tese de que as manifestações corporais presentes, ou melhor, atualizadas na transferência como regressão alucinatória, são memória do infantil aquém da palavra. Trabalhar com elas, assim como se trabalha com o jogo nas análises com crianças, é aproximar-se de um material que não emerge por associação livre, mas que pode ser "seguido" por meio de indícios das impressões inscritas no corpo à espera de simbolização.

As inscrições corporais não mentem, pois o corpo guarda a história do vivido. É o desmentido que torna o trauma patogênico, uma vez que ele impede que o vivido se torne experiência: trata-se de um conflito que não é da ordem do recalque, mas da ordem de uma dissociação, de um choque entre o registro corporal do vivido e sua validação via testemunho de um terceiro. É à "escuta" da memória corporal que o analista deve se ater e desta dar testemunho.

No livro de Sebald (2008), o vínculo inédito Narrador/ Austerlitz começa a se estabelecer por meio de um mal-estar do Narrador: ". . . fui tomado por uma sensação de mal-estar que não me abandonou mais durante todo o tempo daquela visita à Bélgica" (p. 7). Aqui o registro sensorial, anterior à possibilidade de representação, se apresenta e é utilizado ao longo de todo o processo como balizador e até como repetição das cenas mais precoces.

Para haver alguma chance de transformação, faz-se necessária uma oferta de escuta numa perspectiva que Figueiredo (2008b) postula como contratransferência primordial. Eis aquilo que constitui a primeira condição para o psicanalisar:

> . . . *um deixar-se colocar diante do sofrimento antes mesmo de se saber do que e de quem se trata. Essa contratransferência primordial corresponde justamente à disponibilidade humana para funcionar como suporte*

de transferências e de outras modalidades de demandas afetivas e comportamentais profundas e primitivas, vindo a ser um deixar-se afetar e interpelar pelo sofrimento alheio naquilo que ele tem de desmesurado e mesmo de incomensurável, não só desconhecido como incompreensível. (p. 128)

O Narrador/analista anuncia, desde a primeira página do livro, seu enlace com Austerlitz, partindo da inclusão do sensível. O leitor leva um bom tempo até conseguir atribuir algum sentido ao mal-estar, fato que nos faz viver na experiência da leitura a condição de escuta do analista.

É com essa disponibilidade de acolhimento do incomensurável, desmesurado, desconhecido e incompreensível, que o Narrador, na antecipação da oferta, cria uma demanda em Austerlitz. E o que vemos é a instalação de um processo analítico no qual "a revivescência do trauma no tratamento é a possibilidade de integração do paciente em sua história" (Fontes, 2002, p. 39).

É preciso lembrar sempre que a experiência se constrói com base na articulação entre as figurações (o imaginário), a dimensão simbólica e aquilo que foi vivido corporalmente. E isso não se dá sem a relação com o semelhante.

Podemos recorrer aqui à articulação dos três registros, como propõe Lacan: a experiência depende do enodamento entre o real, o simbólico e o imaginário. Convém ainda acrescentar o conceito lacaniano de saber, que, diferentemente de conhecimento e informação, necessita do aspecto corporal. É importante ressaltar que as histórias recobridoras não se constituem como saber, pois não podem articular o vivido corporalmente com o narrado, uma vez que, na ânsia de tamponar, de silenciar uma evidência, um conflito ou uma ambiguidade, em suma, qualquer figura da incompletude humana, instalam um "monte de entulho" ali onde era preciso testemunhar uma perda.

No que diz respeito ao romance de Sebald, observa-se na passagem anteriormente transcrita mais um momento em que Austerlitz se aproxima do luto, recusado desde a chegada do personagem a Londres. A mãe, as mariposas mortas, a voz feminina expressando-se em língua estrangeira e, felizmente, um Narrador/testemunha (atento aos fiapos que incluem a dimensão corporal daquilo que se passa inclusive com ele – Narrador – e entre eles no aqui e agora dos encontros) são elementos que propiciam uma articulação inédita por meio de um vínculo inédito. Os contatos de Austerlitz com sua terra natal, com personagens significativos de sua infância e com o Narrador permitem que, aos poucos, outra história seja construída.

Convém transcrever uma passagem de Costa (2001) na qual há mais um argumento a favor da ideia de que o analista é uma testemunha diante do luto do analisando. É possível considerar a relação entre Austerlitz e o Narrador, no romance de Sebald, um exemplo disso.

> *Um luto nunca se faz solitariamente. Isto porque a transposição da perda necessita de um suporte transicional como substituto do corpo perdido. Raramente percebemos o quanto é despedaçante um processo de luto, na medida em que a ausência do outro nos despoja de suportes corporais. A presença do outro é também o nosso olhar e a nossa voz – só para citar alguns elementos corporais. . . . Quando perdemos o outro, a voz que lhe dirigimos vai junto. Também por essa razão é difícil reconhecer uma perda e que demandamos que as substituições recomponham e confirmem uma*

180 AUSTERLITZ: DA HISTÓRIA RECOBRIDORA

identidade desfeita. É nesse processo de confirmação e recusa que a experiência da perda se estabelece na transferência e é ali que o lugar do analista é suporte de um testemunho. (p. 35)

A voz perdida de Austerlitz dirigida aos que tinham sido perdidos – sua mãe, seu pai, Věra, seu país, sua língua – não encontrara testemunho até o momento em que se depara com o Narrador. Em face da recusa das perdas, só restara a Austerlitz o luto patológico, que o impossibilitava inclusive de estabelecer outros vínculos, pois "a mudez e a cegueira do Outro, sua indiferença ao que lhe é endereçado, provocam no sujeito uma sideração que o instala aquém do luto" (Hassoun, 2002, p. 66). Mas a nova história, que passa a integrar em si elementos da velha história, começa a ser construída por meio da escuta e do olhar que o acompanha na figura do Narrador e, por intermédio deste, de Věra. Agora, como diz Austerlitz, "mas voltando à minha história...".

Foi depois do passeio pelos jardins de Schönborn, quando estávamos novamente sentados juntos no apartamento de Věra, que ela me contou pela primeira vez com mais detalhes sobre os meus pais, sobre até onde ela sabia das origens deles, sobre as suas trajetórias de vida e sobre a aniquilação das suas existências no espaço de poucos anos. A sua mãe Agáta, ela começou, acredito, disse Austerlitz, foi uma mulher extremamente confiante, às vezes até inclinada a uma certa imprudência, apesar da sua aparência sombria e algo melancólica. Nisso ela era igual ao velho Austerlitz, o pai dela, que possuía uma fábrica de fez e pantufas em Sternberg, fundada por ele próprio ainda na época dos austríacos, e que tinha o dom de não se importar com nenhum contratempo. . . . Mesmo Agáta acreditava então, entusiasmada que estava com o reconhecimento que havia conquistado muito antes do que ousara esperar na sua carreira de cantora de ópera e opereta, que cedo ou tarde tudo acabaria bem, ao passo que **Maximilian, a despeito do temperamento bem-humorado que partilhava com Věra, estava convencido desde que o conheci, disse Věra, disse Austerlitz, de que os** parvenus *que haviam subido ao poder na Alemanha e as corporações e multidões que proliferavam sem fim sob o seu regime, um espetáculo que literalmente lhe dava arrepios, como ele costumava dizer, tinham se abandonado desde o início a uma cega sede de conquista e destruição, cujo foco era a palavra mágica* mil, *que o chanceler do Reich, como todos podiam ouvir no rádio, repetia sem parar nos seus discursos. (Sebald, 2008, pp. 165-166, grifos do original)*

É interessante observar que Austerlitz só tem acesso à história do século XX e, portanto, aos fatos relativos às duas grandes guerras ocorridas nesse período, quando tem acesso à sua própria origem e à sua própria história. O crescimento do nacional-socialismo na Alemanha e nos arredores desse país era, segundo o pai de Austerlitz, decorrente do fato de o povo alemão estar marcado pela humilhação da derrota, da qual não conseguira se recuperar. A elaboração de uma imagem de si como povo eleito para redimir o mundo ganhava força entre a população. Maximilian permaneceu em Praga até a véspera da entrada das tropas nazistas ali; ele resistia a sair e desistir da ideia de que o direito protegia o homem. Agáta, que se recusara a partir para a França antes do pai de seu filho, passou pelas agruras de ser judia em uma Praga ocupada pelos nazistas. As restrições que iam do pisar no teatro até o andar na calçada ao lado dos parques, ou mesmo de falar em telefone público, levaram Agáta ao desespero. Ela tentou de todas as maneiras obter uma licença de emigração, mas não conseguiu; ainda assim, encontrou um modo de salvar o filho:

> *... e assim no verão, quando já corriam rumores sobre a guerra iminente e sobre as restrições que sem dúvida se agravariam com a sua eclosão, ela decidiu finalmente, como me disse Věra, disse Austerlitz, que me enviaria para a Inglaterra, tendo conseguido por intermédio de um amigo do teatro que meu nome fosse incluído em um dos poucos comboios que partiriam de Praga rumo a Londres naqueles meses. Věra lembrava, disse Austerlitz, que a alegre excitação de Agáta com esse primeiro sucesso dos seus esforços foi turvada pelo receio e pela aflição ao imaginar como eu, um menino de nem cinco anos de idade que sempre fora tão protegido, me sentiria na longa viagem de trem e depois entre estrangeiros em um país estranho. Por outro lado, disse Věra, Agáta falava que, dado agora o primeiro passo, com certeza logo se abriria também para ela uma saída, e que então vocês todos poderiam viver em Paris. Ela estava, assim, dilacerada entre o sonho e o medo de cometer algo irresponsável e imperdoável, e quem sabe, disse Věra, ela teria mantido você ao lado dela se nos restassem mais alguns dias até você partir de Praga. Não me ficou mais que uma imagem indistinta e um tanto borrada da hora da despedida na estação Wilson, disse Věra, acrescentando depois de um instante de*

reflexão que eu levava minhas coisas em uma maleta de couro e algumas provisões em uma mochila – un petit sac à dos avec quelques viatiques, *disse Austerlitz, estas foram as palavras de Věra, que resumiam, como pensava agora, toda a sua vida posterior. (Sebald, 2008, pp. 171-172)*

A partir desse momento, Agáta tentou em vão comprar sua liberdade. Passava seu tempo em casa, imóvel, com as janelas fechadas, à espera do que viria e de uma carta de Paris ou Londres. Ainda se martirizou por ter enviado suas correspondências para algum endereço equivocado de Maximilian, em Paris, já que dele tinha vários. Foi sendo tomada por uma melancolia diante dos horrores invisíveis, mas extremamente presentes, em Praga. Teve seus bens confiscados, foi enviada para limpar neve no aeroporto, por conta de algum erro ao cumprir ordens, e orientada por enviados da comunidade israelita a preparar-se para seguir no comboio. Contudo, Agáta não conseguiu seguir as instruções:

. . . foi incapaz de se ater a essas diretrizes redigidas em uma linguagem francamente nauseante, como eu própria podia ver, disse Věra; em vez disso, ela limitou-se a jogar ao acaso algumas coisas sem nenhuma serventia em uma mala, como alguém de saída para uma viagem de fim de semana, de modo que, no final das contas, por mais que me repugnasse e eu me sentisse cúmplice ao fazê-lo, fui eu quem se encarregou das malas, enquanto ela, de costas, não fazia nada mais que se apoiar na janela, observando a rua vazia. . . . Ao nos despedirmos, ela me abraçou e disse, lá em cima é o parque Stromovka. Você passearia lá por

*mim de vez em quando? Eu gostava tanto daquele lu-
gar, tão belo. Se você olhar a água escura dos lagos,
talvez veja o meu rosto em um dia bonito. (Sebald,
2008, pp. 175-176)*

Věra continua a narrativa dizendo que, anos mais tarde, soube
que, depois de horas em um galpão de madeira sem aquecimento,
as pessoas foram separadas entre os guetizados e os evacuados. É
desse modo que Austerlitz se confronta com um relato encarnado,
no qual finalmente o sofrimento acha lugar, embora a compreensão do que de fato ocorrera não encontre explicação. A racionalidade é incapaz de dar conta de tamanha desmesura, mas as
palavras humanizadas e humanizadoras de Věra colocam-no em
"com-tato"; Austerlitz é colocado diante daquilo que, para ele, fora
difícil desde sua chegada a Londres, em 1939.

*Quando Věra chegou ao fim da sua história, prosse-
guiu Austerlitz naquela manhã na Alderney Street,
ela me entregou, depois de uma longa pausa na qual o
silêncio no apartamento da Šporkova parecia aumen-
tar a cada respiração nossa, duas fotografias de formato pequeno, medindo talvez oito centímetros por
dez, que estavam na mesinha ao lado da sua poltrona,
fotografias que na noite anterior ela encontrara por
acaso em um dos cinqüenta e cinco volumes carmesins
de Balzac que lhe fora parar nas mãos, ela não sabia
como. (Sebald, 2008, p. 178)*

Fragmentos trazidos por Věra começam a ser colocados à disposição de Jacques para que ele possa construir seu próprio mito
de origem e, assim, consiga substituir sua história recobridora, até
então indispensável à subjetivação, mas, paradoxalmente, tão

impossibilitante desta. Austerlitz foi arrancado de sua continuidade aos cincos anos; dessa forma, o que viveu a partir desse momento ficou aquém de fragmentos, como indícios, marcas, que, sem a confirmação do outro, ganharam um estatuto fantasmagórico. É tocante a passagem na qual Austerlitz se depara com a fotografia tirada quando tinha quase aquela idade:

> . . . até que tornei a ouvir Věra falando da natureza insondável que era própria de tais fotografias emersas do esquecimento. A impressão que se tem, ela disse, é de que alguma coisa se agita dentro delas, como se ouvíssemos pequenos gemidos de desespero, gémissements de désespoir, foi o que ela disse, disse Austerlitz, como se as fotos tivessem memória própria e se lembrassem de nós, de como nós, os sobreviventes, e aqueles que já não estão entre nós, éramos então. Sim, e este aqui na outra foto, disse Věra depois de um instante, este é você, Jacquot, em fevereiro de 1939, cerca de seis meses antes da sua partida de Praga. (Sebald, 2008, p. 180)

É interessante observar a reação de Austerlitz diante da fotografia: ele não consegue se reconhecer ali, sequer é capaz de tocar a foto. Acrescenta que não se lembra dele próprio naquele papel e que, mesmo olhando com lente de aumento, não encontra de si "o menor indício". Passa a examinar a foto com muito cuidado, em cada detalhe:

> E ao fazê-lo eu sempre sentia o olhar perscrutador do pajem, que viera reclamar o seu quinhão e que agora, à luz da alvorada, aguardava no campo vazio que eu levantasse a luva e afastasse a infelicidade que o

186 AUSTERLITZ: DA HISTÓRIA RECOBRIDORA

> *futuro lhe reservava. Naquela noite na Šporkova, quando Věra me mostrou a foto do cavaleiro mirim, não fiquei comovido ou abalado, como seria de esperar, disse Austerlitz, mas apenas sem fala e sem noção, incapaz de qualquer raciocínio. Mesmo quando mais tarde eu pensava no pajem de cinco anos, invadia-me somente um pânico cego. Sonhei uma vez que eu retornava ao apartamento de Praga depois de uma longa ausência. Todos os móveis estão no lugar certo. Sei que os meus pais logo vão voltar de viagem e que tenho de dar algo importante a eles. Ignoro que estão mortos há tempos. Imagino apenas que estão muito velhos, com cerca de noventa ou cem anos, idade que de fato teriam se ainda vivessem. (Sebald, 2008, p. 181)*

Ao confrontar-se com sua própria imagem, aquela que nenhum outro pode manter e retornar-lhe depois de sua partida de Praga, Jacques é invadido por um pânico cego. Em um primeiro momento, não consegue sentir nem pensar. Ele fala de sua incompreensão diante das "leis que governam o retorno do passado"; tem a sensação de que o tempo não existe em absoluto, como se os vivos fossem seres irreais em face dos mortos. É comovente a passagem em que descreve os efeitos de um luto não cumprido: "Até onde posso me lembrar, disse Austerlitz, eu sempre me senti como se não tivesse lugar na realidade, como se eu não estivesse presente, e nunca essa sensação foi tão forte como naquela noite na Šporkova, quando o olhar do pajem da Rainha das Rosas me penetrou" (Sebald, 2008, p. 182).

Contudo, o encontro de Austerlitz com ele mesmo, num tempo congelado, provocado pela imagem fotográfica, não se dá sem a mediação de Věra, num primeiro momento, e do Narrador, num segundo. E aqui há uma diferença que instala no personagem outro circuito, que não desemboca, como vem ocorrendo em seus quase sessenta anos de vida, numa errância sem fim em busca de algo que viesse a interceptar o infindável do traumático. Nós, os leitores, podemos acompanhar os efeitos de elaboração produzidos por essas narrativas, fruto dos encontros de Austerlitz com Vera e com o Narrador. Considerando esse aspecto, convém recorrer às palavras de Hassoun, que, ao definir a função do analista, propõe a este "substituir a dor nua e enigmática pelo trabalho de luto de um objeto ou de uma abstração colocada em seu lugar" (p. 40).

Entendo o "sonhar um dia", conforme nos diz Austerlitz, como explicitar a realização de um desejo; seria esse sonho indicador de um funcionamento psíquico menos tomado pela cisão e pelos efeitos devastadores da compulsão à repetição.

Sigamos com Austerlitz, que vai para Terezín. Para lá, em meados de dezembro de 1942, levaram Agáta. Junto com 60 mil pessoas, ela ficou reclusa em um gueto de aproximadamente um quilômetro quadrado. Diante da vitrine do Antikos Bazar, que era mantida intocada, Jacques relata que as perguntas o agitavam tremendamente, embora ele não fosse capaz de formulá-las. Percebemos, como leitores, que o que ele não podia formular eram questões acerca do sentido; talvez indagações que pudessem ser apenas margeadas, mas nunca totalmente respondidas, diante de situações de horror. Ele então se detém nos objetos no interior da vitrine, objetos que ele nomeia como intemporais e que se identificam com sua própria sensação de intemporalidade:

> *E depois, em uma vitrine do tamanho de uma caixa de sapatos, lá estava aquele esquilo empalhado, já meio comido pelas traças, empoleirado em um pedaço*

188 AUSTERLITZ: DA HISTÓRIA RECOBRIDORA

de galho com o seu olho de botão de vidro fixado implacavelmente em mim e cujo nome tcheco – veverka – eu relembrava agora como o de um amigo há muito caído no esquecimento. Que significado teria, perguntei comigo, disse Austerlitz, o rio que não nasce de nenhuma fonte, que não deságua em nenhuma foz, que reflui constantemente sobre si próprio, que significado teria veverka, o esquilo congelado para sempre na mesma pose, ou o grupo de porcelana cor de marfim representando um herói a cavalo que se vira para trás no exato momento em que a sua montaria empina, a fim de recolher com o braço esquerdo uma inocente criatura feminina privada da última esperança e salvá-la de um destino sem dúvida cruel, ainda que não revelado ao observador? Eles todos eram intemporais quanto esse instante de resgate, eternizado e que ocorre sempre agora, aqueles ornamentos, utensílios e suveníres encalhados no bazar de Terezín, objetos que em razão de circunstâncias inescrutáveis sobreviveram aos seus antigos proprietários e ao processo de destruição, de modo que agora eu podia ver, de forma vaga e mal perceptível, o meu próprio reflexo entre eles. (Sebald, 2008, pp. 192-193)

Austerlitz caminha pelas ruas de Terezín até encontrar o Museu do Gueto. Ao entrar, troca algumas palavras com a senhora da recepção. Fica sabendo que o museu é relativamente novo, o que o faz ser ainda desconhecido das pessoas de fora e, ao mesmo tempo, pouco visitado pela população local. Em determinados momentos de sua visita, passa os olhos com pressa pelas legendas; em outros, faz uma leitura vagarosa delas. O afrouxamento de suas defesas e o desfazimento da história recobridora permitem a ele, paulatinamente, deixar-se tocar pelos vários elementos e fragmentos de sua vida, para dar-lhes algum destino por meio de um trabalho de elaboração; ele começa a fazer-se herdeiro daquilo que recebera e de que fora privado até então, como se pode notar nesta fala sua: "Tudo isso compreendi então e também não compreendi, pois cada detalhe que se revelava para mim no meu caminho pelo museu, de uma sala a outra e de novo para trás, ultrapassava em muito a minha capacidade de compreensão" (Sebald, 2008, p. 195). Diferentemente da compreensão racionalizada dos tempos em que redigia sua tese, manifesta-se agora em Austerlitz uma compreensão para além da cognição, uma compreensão encarnada, uma compreensão que passa pelo pulsional.

Austerlitz decide então refazer sua viagem de trem de Praga a Londres através da Alemanha. Comunica sua decisão a Věra, com quem fala sobre a viagem que fizera a Terezín. Recupera outro elemento que o ajuda a construir um sentido para algo que o tomou quando estava diante da vitrine do Antikos Bazar: as conversas infantis com Věra acerca de *veverka*. Ao retomar essas conversas, Jacques recupera significantes em sua língua materna e, com eles, estabelece ou reestabelece conexões que lhe permitem outra possibilidade de pensamento.

Vera revela que, seis anos após ter visto Agáta pela última vez, soube de seu envio para o leste, em setembro de 1944. Em tal circunstância, não conseguia "pensar em mais nada", pois fora tomada por uma espécie de anestesiamento. O fragmento seguinte evidencia a situação de alguém que sobrevive apenas:

> *Só nos livros do século passado e retrasado ela às vezes julgava encontrar um palpite daquilo que pudesse significar estar viva. Tais comentários de Věra*

190 AUSTERLITZ: DA HISTÓRIA RECOBRIDORA

> *costumavam ser seguidos por um longo silêncio, como
> se ambos não soubéssemos o que dizer, disse Austerlitz,
> e as horas transcorriam de forma quase imperceptível
> no apartamento escurecido na Šporkova. (Sebald,
> 2008, p. 201)*

E aí subitamente mais um indício sem sentido pode entrar na rede de significantes. Věra conta de uma viagem deles a Marienbad, onde passaram três semanas maravilhosas! É importante mencionar que nesse mesmo local, em agosto de 1972, Jacques fora incapaz de aproximar-se de Marie de Verneuil, que lhe convidara para estar com ela em uma viagem de estudos cuidadosamente planejada, buscando um estreitamento de laços entre eles:

> *Ao nos aproximarmos de Marienbad por uma estrada
> que seguia sempre ladeira abaixo entre colinas cobertas
> de bosques, a noite já caíra, e me lembro, disse Austerlitz,
> que uma ligeira inquietação me aflorou quando emer-
> gimos dos pinheiros que crescem no caminho até junto
> às casas e entramos sem fazer barulho no vilarejo,
> francamente iluminado por alguns lampiões. (Sebald,
> 2008, p. 203)*

> *A rara sensação de felicidade que senti enquanto escu-
> tava a minha narradora, disse Austerlitz, paradoxal-
> mente me deu a idéia de que eu próprio, como os
> hóspedes que haviam freqüentado Marienbad cem anos
> antes, fora acometido de uma doença insidiosa, uma
> idéia que estava ligada à esperança de que agora eu me
> achava no início da cura. De fato, nunca na minha vida
> eu adormeci tão bem quanto nessa primeira noite que
> passei com Marie. . . . Mas na verdade tudo foi bem*

diferente. Acordei ainda antes de amanhecer com uma sensação de mal-estar tão abismal que, sem mesmo conseguir olhar para Marie, fui obrigado a erguer o tronco e me sentar na beirada da cama. (Sebald, 2008, pp. 206-207)

Naquela ocasião, Austerlitz não consegue relacionar elementos do sonho da noite anterior nem a sensação de estranho familiar – pela qual fora tomado na manhã seguinte – à sua origem e história. Diante da impossibilidade de juntar elementos e construir uma narrativa, fica tomado por um mal-estar. Austerlitz esteve lidando com indícios de algo estranho, que, ao mesmo tempo, faziam-no pensar naquele local como se lhe fosse familiar; assim, foi incapaz de tirar qualquer conclusão a respeito daquelas circunstâncias.

Jacques havia sonhado que um funcionário do hotel trouxera uma bebida verde-tóxico junto com um jornal francês no qual dois elementos apareciam: uma reforma das caldas e a sina dos empregados do hotel [". . . *qui portent*, assim dizia o jornal do sonho, disse Austerlitz, *ces longues blouses grises comme en portant les quincailliers*" (Sebald, 2008, p. 207)], assim como um espaço enorme dedicado a anúncios fúnebres em vários idiomas (francês, alemão, polonês e holandês):

Em algum ponto do passado, pensei, eu devo ter cometido um erro e agora vivo uma vida que não é a minha. Mais tarde, em uma caminhada pelo vilarejo deserto até a colunata da fonte, tive a contínua sensação de que alguém mais caminhava ao meu lado ou de que algo havia roçado em mim. Cada vista nova que se abria quando dobrávamos uma esquina, cada

192 AUSTERLITZ: DA HISTÓRIA RECOBRIDORA

*fachada, cada escada me parecia ao mesmo tempo co-
nhecida e absolutamente estranha. . . . Marie me per-
guntou no que eu pensava, por que eu estava tão
distraído, tão ensimesmado; como é que o desânimo
fora capaz de dissipar tão de repente a felicidade que
ainda ontem ela sentira em mim? E a minha resposta
foi apenas que não sabia. Acho, disse Austerlitz, que
tentei explicar que algo desconhecido ali em Marienbad
me apertava o coração, algo bem óbvio como um nome
comum ou um termo que não conseguimos lembrar
por nada nesse mundo. . . . A cor dos olhos de Marie
mudava à medida que a luz diminuía. E outra vez tentei explicar, a ela e a mim mesmo, que tipo de senti-
mentos incompreensíveis tinham me oprimido
naqueles últimos dias; como eu não parava de pensar,
feito um louco, que havia segredos e sinais por toda
parte à minha volta; como me parecia até mesmo que
as fachadas mudas das casas sabiam algo de sinistro a
meu respeito . . . (Sebald, 2008, pp. 208-211)*

Simultaneamente, a história recobridora funcionava como
tamponamento e reforço de uma resistência a qualquer tentativa
de atribuição de sentido capaz de estabelecer pontes entre o mal-
-estar, a sensação de estranho familiar e o passado. Austerlitz
menciona tanto sua inacessibilidade diante de Marie quanto a manifestação dela a respeito disso; segundo ela, ele estava no limiar
de algo, sem se atrever a ultrapassá-lo. Embora concordasse com o
que Marie expressava, sabia que, quando alguém chegava perto
demais, ele virava as costas, mantendo-se assim a salvo de suas
próprias lembranças. E foi dessa forma que ele perdeu Marie
definitivamente.

E assim Jacques parte para sua "nova velha" viagem a Londres com a esperança de fazer emergir Věra, Agáta e ele próprio do passado, o que obviamente não ocorre. O contato de Austerlitz com os fragmentos de sua história, por meio dos relatos de Věra e do refazimento de sua viagem original, vai adquirindo *status* de realidade especialmente no testemunho do Narrador:

> *Às vezes parecia que o véu se abriria; eu imaginava, pela fração de um segundo, sentir o ombro de Agáta ou ver o desenho de capa da revistinha do Chaplin que Věra me havia comprado para a viagem, mas assim que eu fazia menção de agarrar um desses fragmentos ou, se assim posso dizer, tentava focalizá-lo melhor, ele desaparecia no vazio que revolvia acima de mim. (Sebald, 2008, p. 214)*

Depois de cruzar a Tchecoslováquia, o trem ganha o território alemão, tido por Austerlitz como absolutamente estranho; convém notar que, até então, evitara, com todas as suas forças, qualquer contato com esse país. Desembarca na estação de Nuremberg, cidade na qual seu pai participara de um congresso nacional-socialista em 1936; descreve como se mantém pouco disposto a fazer contato com aquela localidade e, mais ainda, o quanto foi tomado por um pânico até sua partida para Colônia. Entre Würzburg e Frankfurt reconhece uma paisagem cheia de carvalhos e faias, sendo, desse modo, transportado para seu passado remoto em Bala. Aquilo, em suas palavras, "era o original das imagens que me perseguiram por tantos anos" (Sebald, 2008, p. 220). Experimenta esse reconhecimento de lugares de sua fantasia ou de seu terror como pontos de sua viagem que haviam ficado indistintos. Há uma sensação de mistura de tempos durante sua passagem pelo Reno e ele faz referência então a pontos cegos, cujo acesso é impossível: "... tudo se embaralha na minha cabeça, aquilo que eu vivi e aquilo que eu li, as lembranças que emergem e tornam a afundar, as imagens recorrentes e os aflitivos pontos cegos nos quais não resta mais nada" (Sebald, 2008, p. 221).

Austerlitz e o Narrador deixam a casa, caminham um pouco pela cidade e seguem para o cemitério de Tower Hamlets, tido pelo protagonista como um dos cenários de sua história pregressa. É no retorno da Boêmia que passa a frequentar esse local, chegando a decorar as inscrições das lápides. Convém notar que a lápide é aquilo que presentifica uma ausência, que convoca os mortos a serem lembrados, porque já esquecidos. Austerlitz começa a levar para casa folhas, pedras e até um fragmento de túmulo. Inicia um processo de afastamento da história recobridora, passando a aproximar-se, pouco a pouco, das referências aos mortos e, portanto, da morte.

Jacques começa a experimentar um período em que se alternam calmaria e tormenta. A primeira ocorre durante o dia; a segunda, à noite. Aquela tentativa de finalmente poder enterrar seus mortos, naquele momento, não alcança o sucesso. O contato com todas as emoções firmemente evitadas toma Austerlitz de tal forma que ele acaba por adoecer. Entendo que lhe faltou companhia no reconhecimento de seu luto e que nessa condição não foi suficiente o fato de ter se lembrado de algo. Para nada lembrar ao esquecer (eis o bom esquecimento freudiano), muito trabalho psíquico é necessário:

> *De pouco me adiantava, claro, que eu tivesse descoberto as fontes do meu desassossego, que eu fosse capaz, após todos aqueles anos, de me ver com perfeita clareza como a criança afastada de um dia para o outro da vida que lhe era familiar: a razão nada podia*

com a sensação de rejeição e aniquilamento que eu sempre reprimira e que agora prorrompia de dentro de mim. Essa angústia tremenda me assaltava no meio das ações mais simples, ao amarrar os cordões do sapato, ao lavar a louça do chá ou ao aguardar que a água fervesse na chaleira. De repente me secavam a língua e o céu da boca, como se eu estivesse havia dias no deserto, eu tinha de buscar fôlego cada vez mais rápido, meu coração começava a pular e a palpitar até na garganta, suor frio me brotava em todo o corpo, até no dorso da minha mão trêmula, e tudo aquilo no qual eu punha os olhos estava velado por uma hachura negra. Eu sentia vontade de gritar, mas nenhum som me vinha aos lábios, eu queria sair à rua, mas não me mexia do lugar; certa vez, após uma longa e dolorosa contração, eu me vi de fato dilacerado por dentro e partes do meu corpo espalhadas por uma região sombria e distante. Hoje eu não saberia mais dizer, disse Austerlitz, quantos desses ataques eu tive naquele tempo, mas um dia, quando caí a caminho do quiosque no final da Alderney Street, batendo a cabeça no meio-fio, dei entrada no Hospital St. Clement's ao cabo de uma série de diversos ambulatórios e prontos-socorros, e ali me encontrava em uma das alas masculinas quando voltei a mim, após finalmente sair de um coma que, como me explicaram mais tarde, durou quase três semanas e paralisou, não as funções corporais, mas todos os processos mentais e todas as emoções. (Sebald, 2008, pp. 224-225)

196   AUSTERLITZ: DA HISTÓRIA RECOBRIDORA

O personagem fala que se encontra distante de seu espírito, o que ocorre em virtude dos medicamentos. É interessante observar que ele não consegue parar: "andava de lá para cá" nos corredores do hospital num misto de desolação e indiferença. Olhava também durante horas para o cemitério, que agora visitava com o Narrador. Assim descreve o período de internação: "não sentia nada na minha cabeça, a não ser as quatro paredes carbonizadas" (Sebald, 2008, p. 225). Há uma carbonização no lugar do pensamento, da articulação, da disponibilização de recursos mínimos de elaboração.

Austerlitz passa a refletir acerca do enlouquecimento de Elias, o pregador de Bala, seu "pai adotivo". Não é sobre qualquer coisa que não consegue pensar, afinal, trata-se de um intelectual, um professor de história da arquitetura. De fato, só a respeito de algumas coisas lhe é impossível pensar: sua própria história e sua condição atual, que muito se relaciona à anterior.

Acompanhamos o colapso de Austerlitz, que dura um ano, ocorrendo logo após seu retorno de Praga. Sem dúvida o contato com Věra, com a Tchecoslováquia e até com a Alemanha foi importante para que ele tivesse ferramentas mínimas de elaboração, mas elas não foram suficientes em si mesmas. Sem a presença implicada de um cuidador que o acompanhasse nessa árdua tarefa, Austerlitz submergiu na tormenta outra vez e, como defesa, sofreu o anestesiamento do pensar e do sentir, como tão bem nos descreve.

Antes de deixar o hospital, sua médica lhe recomenda uma atividade física leve. Dessa forma, em sua convalescência, ocupa-se de um trabalho em um viveiro de plantas administrado pela comuna; depois de algum tempo, questiona-se acerca dos motivos de sua melhora:

> *Eu não saberia dizer, disse Austerlitz, por qual motivo recobrei em certa medida a saúde lá em Romford no curso dos meses, se foram as pessoas em cuja companhia eu me achava, marcadas, sim, pelos seus sofrimentos psíquicos, mas em parte também de espírito alegre, ou se foi o clima estável, sempre úmido e quente, o aroma suave de húmus e musgo que enchia a atmosfera, os desenhos retilíneos que se ofereciam ao olho ou o próprio teor do trabalho – picar a terra cuidadosamente, depositar a semente no pote, transplantá-las quando já mais crescidas, cuidar da estufa fria e aguar com regador de crivo fino, ação que eu talvez mais gostasse entre todas. (Sebald, 2008, pp. 226-227)*

A saúde de Austerlitz se restabelece graças às pessoas com as quais convive ou à atividade que passa a exercer? Como se elabora o vivido transformando-o em experiência? Como se apazigua uma tormenta?

À primeira pergunta, responderia que não é nem uma coisa nem outra, mas a ação conjunta das duas hipóteses aventadas. Além disso, há o fato de Jacques passar a uma realização muito diferente daquela de adorar seus mortos-vivos em segredo: semear e acompanhar o crescimento de algo, para o que ele jamais tivera companhia.

Na mesma época, Austerlitz passa a estudar a obra de H. G. Adler sobre o gueto de Theresienstadt. Descobre então uma nova maneira mediada de revisitar sua própria história. O texto é lido em alemão. É muito interessante notar que Austerlitz fala de um processo de decifração, comparando-o ao realizado para compreender o hieróglifo ou a escrita cuneiforme egípcia ou babilônica. Convém observar que ele fala da decifração de línguas antigas,

198 AUSTERLITZ: DA HISTÓRIA RECOBRIDORA

extintas, não propriamente de tradução. A língua alemã transporta-o a esse tipo de vivência. Contudo, Austerlitz não se refere apenas à decifração de uma língua, mas à decifração de um sentido, ao estabelecer contato com o horror, com o inimaginável vivido por sua mãe. Ele vai buscando essa compreensão com a ajuda das palavras de Adler:

> . . . *para minha surpresa, Austerlitz articulava essas palavras encadeadas sem a mínima hesitação e sem o menor sotaque –, quando descobria o seu significado, prosseguiu, então eu tinha de tentar com o mesmo empenho encaixar o presumível sentido por mim reconstruído na respectiva frase e no contexto mais amplo, que sempre ameaçava me escapar, primeiro porque eu ficava muitas vezes até a meia-noite para ler uma única página, e muito se perdia nesse processo arrastado, e segundo porque o sistema do gueto, em sua deformação quase futurista da vida social, tinha a meu ver um quê de irreal, embora Adler o descreva nos mínimos detalhes e com toda a objetividade. Por isso, hoje me parece imperdoável que eu tenha impedido por tantos anos a investigação do meu passado mais distante, não de forma premeditada, é claro, mas ainda assim por ato próprio, e que agora já seja tarde demais para procurar Adler, que viveu em Londres até a sua morte. . . (Sebald, 2008, pp. 228-229)*

As sete páginas seguintes do livro não têm sequer um ponto final. Há uma proliferação de palavras, ideias e descrições do que era o gueto e a vida de seus moradores. Contudo, esse meticuloso estudo não se transforma diretamente em elaboração:

> ... embora eu tivesse estado em Theresienstadt antes de deixar Praga e apesar do relato tão meticuloso de Adler, que eu estudara até a última nota de rodapé, não me era possível transportar-me ao gueto e imaginar a minha mãe Agáta vivendo então naquele lugar. (Sebald, 2008, p. 238)

Austerlitz fica muito interessado em assistir a um filme citado na obra de Adler, mas ao qual o próprio autor não tivera acesso. O filme registra, por causa da visita de uma comissão da Cruz Vermelha ao local, a transformação de Theresienstadt em um lugar "muito bom para se viver", o que chega a iludir até mesmo uma parcela da população que lá vivia:

> ... a tal comitiva composta de dois dinamarqueses e um suíço, tendo sido guiada, de acordo com um plano de trajeto e horários que a Kommandantur elaborou com exatidão, pelas ruas e calçadas limpas, esfregadas com sabão de manhã cedo, pôde ver com os próprios olhos como era feliz e amistosa essa gente que, poupada aos horrores da guerra, mirava ali pelas janelas, como todos eles se vestiam com apuro, como eram bem tratados os poucos doentes, como eram servidas refeições balanceadas em pratos de louça e a ração de pão distribuída com luvas de dril, como a cada esquina cartazes convidavam para eventos esportivos, cabarés, peças de teatro e concertos e como, após o horário de trabalho, os moradores da cidade se reuniam aos milhares nos baluartes e bastiões da fortaleza para lá tomarem a fresca ... (Sebald, 2008, pp. 237-238)

Essa cruel descrição, em que há um desmentido bem articulado, não pode deixar de nos fazer supor seus efeitos de dupla irrealidade e enlouquecimento. Observa-se a promoção de um desmentido para além das palavras, inclusive, a materialização de um desmentido em todo um gueto: uma imagem recobridora!

Austerlitz embarca nesse desmentido, pois diz ser incapaz de imaginar sua mãe vivendo naquele lugar. Conforme o pensamento do personagem, Agáta apareceria fantasiada no filme. Vê-la no filme é, para ele, naquele momento, a possibilidade de vê-la, de imaginá-la, embora sabendo que em condições irreais, mas talvez na realidade suportável ao seu psiquismo. Há um jogo entre a realidade, a irrealidade e o real. Quem sabe com um contorno imaginário, com certo grau de fantasia, a aproximação se faria possível?

> Eu não parava de pensar que, se ao menos o filme tornasse a aparecer, eu talvez pudesse ver ou vislumbrar como eram as coisas na realidade, e toda vez me afigurava que reconheceria Agáta sem a menor sombra de dúvida, uma mulher jovem em comparação comigo hoje, talvez entre os clientes diante do falso café, como vendedora em uma loja de fazendas e miudezas, acabando de tirar cuidadosamente um belo par de luvas de uma das gavetas, ou como a Olímpia dos Contos de Hoffmann, que, como Adler nos conta, foram encenados em Theresienstadt como parte da campanha de embelezamento. (Sebald, 2008, p. 238)

É interessante observar que há referência justamente a Hoffman, sendo dele o conto que Freud utiliza para teorizar sobre o sinistro do estranho familiar!

As fantasias de Austerlitz deixam-no em um estado de "grande agitação" quando o Imperial War Museum localiza em Berlim uma cópia do filme. Porém, é tomado pela irritação quando não encontra sua mãe nos catorze minutos de duração da película. Então lhe ocorre solicitar uma cópia em câmera lenta, transformando um quarto de hora em hora inteira:

> Mas o mais inquietante, disse Austerlitz, na versão em câm[e]ra lenta era a transformação dos sons. Em uma breve sequência logo no começo, que mostra o ferro candente sendo trabalhado em uma ferraria para servir de ferradura a um boi de tração, a alegre polca de algum compositor de opereta austríaco na trilha sonora da cópia de Berlim virou uma marcha fúnebre que se arrastava com uma indolência verdadeiramente grotesca ... (Sebald, 2008, pp. 242-243)

Eis que em marcha lenta a farsa se desfaz e o conteúdo do horror, da morte, do impensável pode ser retomado. Austerlitz recorta então uma cena com uma mulher ao fundo, o que é assim descrito por ele: "... exatamente como eu imaginava a atriz Agáta com base nas minhas vagas lembranças e nos outros poucos indícios..." (Sebald, 2008, p. 244). Viaja para Praga a fim de confirmar sua hipótese com Věra. Mostra-lhe, além do filme, uma fotografia garimpada durante dias no arquivo teatral de Praga. Agáta era a mulher da fotografia.

> Ao nos despedirmos diante da estação, Austerlitz me entregou um envelope contendo a fotografia do arquivo teatral de Praga, como lembrança, disse, pois ele estava prestes, assim me disse, a ir a Paris para pesquisar o paradeiro do pai e transportar-se ao tempo em

202 AUSTERLITZ: DA HISTÓRIA RECOBRIDORA

que ele próprio vivia ali, por um lado liberto da sua falsa vida inglesa, por outro oprimido pela vaga sensação de que não fazia parte daquela cidade que a princípio lhe fora estranha nem de nenhum outro lugar. (Sebald, 2008, p. 246)

Jacques deixa a fotografia com seu analista/testemunha para preservar a lembrança; este é um fiel depositário daquilo que era preciso guardar para que Jacques pudesse seguir adiante. Ele prossegue para realizar a última etapa da reconstrução de sua história, o que inclui tanto o conhecimento do paradeiro de seu pai e o de si mesmo quanto a ressignificação de sua permanência não pertinente em Londres e Paris.

Em setembro do mesmo ano, volta a fazer contato, via cartão-postal, com o Narrador. Este interpreta o ato como um convite de visita, ao qual responde afirmativamente. Diante das imagens de uma catástrofe na Indonésia, que passavam na televisão do local onde se encontram, Jacques, "sem nenhum preâmbulo, como sempre foi seu hábito" (Sebald, 2008, p. 247), reinicia sua narrativa, como ocorre em uma sessão de análise, na qual a lógica não obedece a regras sociais e o que importa é a livre associação.

Austerlitz reconstrói seu primeiro período vivido em Paris, na década de cinquenta, pela "coincidência" de ter ido morar, sem saber muito bem o porquê disso, no décimo terceiro distrito; esse local, em suas palavras, deve ter sido uma "área que meu pai, Maximilian Aychenwald, cujo endereço foi na rue Barrault, deve ter freqüentado ao menos por uns tempos, antes de desaparecer aparentemente sem deixar traços e de forma irrevocável" (Sebald, 2008, p. 248).

Embora empenhe muito esforço em sua pesquisa sobre o paradeiro do pai, não obtém sucesso, o que não o impede de manter uma esperança de que seu pai de repente surja e venha ao seu encontro. Ao fantasiar, inicia um encontro afetivo com esse pai, presentificando-o, conforme se observa no trecho a seguir:

> *Eu também passava horas e horas sentado aqui no meu lugar, tentando imaginar o meu pai com seu terno traspassado cor de ameixa, talvez agora já um pouco puído, debruçado sobre uma das mesinhas do café e escrevendo aquelas cartas que nunca chegaram às suas pessoas amadas em Praga. Eu não parava de me perguntar se ele havia sido internado nos alojamentos semiconstruídos em Drancy já depois da primeira batida policial em Paris, em agosto de 1941, ou somente em julho do ano seguinte, quando um exército de gendarmes franceses arrancou treze mil dos seus compatriotas judeus das suas casas, naquilo que foi chamada a* grande rafle, *durante a qual mais de uma centena de vítimas pulou das janelas em desespero ou cometeu suicídio de outro modo. Eu imaginava às vezes ver os carros de polícia sem janelas correndo em disparada por uma cidade paralisada de medo e a multidão de detidos que acampava ao ar livre no Vélodrome d'Hiver e os trens com que logo foram deportados de Drancy e Bobigny; vi imagens da sua viagem pelo Grande Reich Alemão, vi o meu pai, sempre com o seu belo terno e o chapéu de veludo na cabeça, aprumado e calmo entre toda essa gente amedrontada. (Sebald, 2008, pp. 248-250)*

Acompanhamos Austerlitz em sua empreitada de elaboração, que parte de uma história recobridora e chega a esse trabalho do imaginário, tão imprescindível para a aproximação com o real. Na linda passagem a seguir, Jacques finalmente se depara com o passado e o presente, conforme nos enuncia Hassoun (1994), rumo a "encontrar o passado para melhor esquecê-lo". Jacques agora pode fazer ligações, transitar no tempo, circular entre lugares, línguas, pessoas, o que é algo muito diferente de sua errância inicial, estado em que se encontrava ao conhecer o Narrador.

> *Quando, por exemplo, nos meus caminhos pela cidade, olho para aqueles silenciosos pátios internos onde nada mudou durante séculos, sinto quase fisicamente como a corrente do tempo se retarda no campo gravitacional das coisas esquecidas. Todos os momentos da nossa vida me parecem então reunidos em um único espaço, como se os acontecimentos futuros já existissem e aguardassem apenas que chegássemos finalmente até eles, tal como nós, tendo aceitado um convite, chegamos a uma determinada casa a uma determinada hora. E não será possível imaginar, continuou Austerlitz, que também temos compromissos para cumprir no passado, no que já se foi e em grande parte está extinto, e lá temos de procurar lugares e pessoas que, quase além do tempo, guardam uma relação conosco? (Sebald, 2008, p. 250)*

Austerlitz fala de seu re-conhecimento ao se colocar diante das famílias judias de Paris enterradas no Cimetière de Montparnasse; aliás, ele poderia estar ali caso os planos de fuga e encontro de seus pais tivessem alcançado êxito: ". . . senti como se eu, que por tanto tempo nada soube das minhas origens, tivesse sempre estado entre eles, ou como se eles ainda me acompanhassem" (Sebald, 2008, p. 252).

Austerlitz retoma também a lembrança da senhora judia em cujo apartamento vivera na década de 1950; só agora se pergunta sobre ela e sua história. Cinquenta anos depois daquela vivência, começa a se interessar pelo outro; isso ocorre à medida que pode tolerar encontrar-se consigo próprio. Até então focava exclusivamente seu objeto de estudo, como ele mesmo admite: ". . . tentei não desviar o olhar do objeto dos meus estudos" (Sebald, 2008, p. 253). Eis a maneira de defender-se de qualquer contato com seu passado:

> . . . *fugindo da descrição científica da realidade para buscar refúgio nos detalhes mais extravagantes, em uma espécie de constante regressão, expressa na forma das minhas próprias notas, que logo se tornaram absolutamente confusas com as suas ramificações e subdivisões cada vez maiores. (Sebald, 2008, p. 253)*

O estudo que fazia estava a serviço do recobrimento e, portanto, distante da sublimação. Ao falar do longo tempo que passa na Biblioteca Nacional na rue Richelieu, retoma seu primeiro encontro com Marie de Verneuil; na ocasião, ela, notando o acesso de melancolia de Austerlitz, escreve-lhe um bilhete, convidando-o para um café.

> *Nesse primeiro encontro, e também mais tarde, Marie me contou muito pouco sobre si mesma e a sua vida, provavelmente porque ela vinha de uma família muito ilustre, ao passo que eu, como ela deve ter percebido,*

206 AUSTERLITZ: DA HISTÓRIA RECOBRIDORA

vinha por assim dizer do nada. (Sebald, 2008, pp. 254-255)

Austerlitz conta agora ao Narrador, em detalhes, aquilo que antes era feito com muita angústia e aflição; trata-se de um relato que ganha contornos de história de amor. Nas ausências de Marie, em visita à casa dos pais ou parentes, Jacques era tomado por um estado ansioso e saía perambulando pelos distritos periféricos de Paris; nesses momentos, costumava tirar fotos das "vistas do *banlieu*". Contudo, somente na presença atual do Narrador pode reconhecer o sentido para aquela atuação: "como apenas mais tarde percebi, correspondiam exatamente ao meu humor órfão" (Sebald, 2008, p. 257).

Em um de seus acessos de epilepsia histérica (conforme fora diagnosticado por ele mesmo), nos quais perdia todo traço de memória, é por meio das fotografias reveladas por ele, mas com a ajuda indispensável das perguntas pacientes de Marie, que Jacques se sente capaz de, segundo suas palavras, "reconstruir as minhas experiências soterradas" (Sebald, 2008, p. 260). Mais uma vez, Austerlitz corrobora minha hipótese de que só no enlace com o outro, no fechamento do circuito pulsional é que se faz viável a construção de sentidos.

Encontro nas palavras de Penot (2005, p. 58), relativas ao tratamento de uma adolescente, uma referência valiosa para pensar o caráter obstaculizante da história recobridora: ". . . o advento de um sujeito do discurso necessita de que o enganchamento pulsional (agido) obtenha uma resposta suficientemente significativa do outro parental – já que a simbolização permaneceria defeituosa". No caso de Austerlitz, é por intermédio do testemunho de Marie que ele pode enunciar (pelo menos pode começar a fazê-lo, o que ocorrerá efetivamente mais tarde, no encontro com o Narrador) uma história não mais tapa-buraco, não mais a serviço do desmentido, mas agora uma história capaz de fazer contato com as memórias corporais, com o pulsional, e, assim, ganhar significância.

É o próprio Austerlitz que vai desvendando em quais momentos (e a que estes se relacionavam) foram desencadeadas crises e disparados mecanismos defensivos de extrema potência diante de qualquer ameaça de ligação:

> *E certa vez, eu me lembro, quando comecei a melhorar, disse Austerlitz, vi a mim mesmo em um desses estados de inconsciência, parado de pé, cheio de uma sensação dolorosa de que algo dentro de mim queria se desprender do esquecimento, diante de um cartaz publicitário pintado em pinceladas soltas que, afixado na parede do túnel, mostrava uma família feliz em férias de inverno em Chamonix. (Sebald, 2008, p. 261)*

Em outra parte da narrativa, aparece um cuidador, um enfermeiro, em Salpêtrière, que pode garimpar em um emaranhado sem sentido uma anotação do endereço de Marie.

> *. . . eu não era capaz de lembrar nada a meu respeito, nem a respeito do meu passado, nem de nada mais e, como me disseram mais tarde, falava coisas desconexas em diversas línguas . . . Depois que a mandaram buscar, ela passou horas e dias a fio sentada ao pé da minha cama, falando com toda a calma comigo, que a princípio não sabia nem mesmo quem ela era, embora ao mesmo tempo eu desejasse a sua presença, disse Austerlitz, sobretudo quando eu caía naquele cansaço*

208 AUSTERLITZ: DA HISTÓRIA RECOBRIDORA

> *que me pesava tanto e tentava, num último ímpeto de consciência, tirar a minha mão de debaixo dos cobertores para lhe fazer um sinal tanto de despedida quanto de esperança que ela voltasse. (Sebald, 2008, p. 262)*

Marie traz para Jacques um livro da biblioteca do avô dela; trata-se de uma obra que evoca odores e menciona uma forma de afugentar a melancolia por meio deles. Ainda que não se tenha uma explicação precisa para isto, observa-se que a oferta de Marie engendra uma esperança para Jacques. Atribuo tal fato à construção de um vínculo inédito: alguém, finalmente, depois de tantos anos e tantas perdas, é capaz de ser sensível à sua "melancolia".

Na relação com Marie, Jacques experimenta diversos momentos nos quais se deixa tocar, nos quais seu anestesiamento defensivo cede lugar à emoção. Na companhia de Marie, pode arriscar-se a sentir. É possível observar isso no episódio em que ambos assistem a um espetáculo de circo itinerante.

> *Ainda não compreendo, disse Austerlitz, o que se passava dentro de mim enquanto escutava aquela serenata absolutamente exótica evocada do nada, por assim dizer, pelos saltimbancos com os seus instrumentos algo desafinados, nem poderia dizer na época se o meu peito estava comprimido pela dor ou se se expandia de felicidade pela primeira vez na vida. Por que razão certos timbres, certas nuanças de tonalidade e certas síncopes podem comover alguém de tal forma, isso é algo que uma pessoa tão sem ouvido como eu, disse Austerlitz, jamais compreenderá . . . (Sebald, 2008, p. 265)*

No encontro seguinte com o Narrador, Austerlitz conta-lhe que a Nova Biblioteca Nacional fora construída no lugar onde ele e Marie haviam assistido ao "espetáculo de circo inesquecível". Jacques mostra-se visivelmente incomodado com as grandes mudanças impostas à biblioteca em razão do novo projeto de arquitetura e funcionamento. A descrição que faz do projeto assemelha-se à da constituição do sujeito: há marcas, significantes primordiais, traços que definem uma forma de lidar com a informação, com o que foi inscrito, ou seja, que dizem respeito à posição do sujeito. Contudo, sua decepção maior era não ter podido lá encontrar pista sequer do paradeiro de seu pai:

> . . . cheguei à conclusão de que, em todo projeto que traçamos e desenvolvemos, os fatores decisivos são o cálculo das dimensões e o grau da complexidade dos sistemas de informação e controle nele inscritos, e que assim a perfeição absoluta do conceito pode coincidir na prática, e em última instância tem efetivamente de coincidir, com uma disfunção crônica e uma instabilidade constitutiva. (Sebald, 2008, pp. 271-272)

Enquanto pensava em seu pai, Austerlitz fazia também contato com uma revista de arquitetura estadunidense, na qual havia a foto de uma sala onde os documentos dos presos de Terezín eram guardados:

> Lembrei, disse Austerlitz, que na minha primeira visita ao gueto boêmio não tive coragem de entrar na antemuralha situada no glacis ao sul da cidade em forma de estrela, e talvez por isso, à vista da sala de registros, impunha-se agora a mim a idéia fixa de que o meu verdadeiro local de trabalho deveria ter sido lá,

> *na pequena fortaleza de Terezín, em cujas casamatas*
> *frias e úmidas tantos haviam morrido, e que fora cul-*
> *pa minha não tê-lo feito. Enquanto eu me atormenta-*
> *va com semelhantes pensamentos e sentia claramente,*
> *continuou Austerlitz, como eles despertavam no meu*
> *rosto os sinais daquele transtorno que me assaltava*
> *com freqüência, fui abordado por um dos funcioná-*
> *rios da biblioteca, chamado Henri Lemoine . . .*
> *(Sebald, 2008, p. 273)*

Para esse funcionário, segundo o relato de Austerlitz, o projeto da biblioteca considerava o leitor um inimigo em potencial, pois
em termos tanto de traçado como de funcionamento havia uma
manifestação oficial de apagar tudo o que mantivesse relação com
o passado. Lemoine confirma a percepção de Austerlitz a respeito
do local; o funcionário faz um movimento na contramão da recusa, sendo possível supor que isso não seja algo sem efeito para
Jacques.

Em mais um encontro com o Narrador, um pouco antes de
deixar Paris, Austerlitz fala que no dia anterior havia recebido a
notícia de que seu pai fora internado no campo de Gurs, em 1942,
o que vem desfazer sua impressão de que seu pai, após a invasão de
Paris pelos alemães, conseguira escapar pela Gare d'Austerlitz:

> *Essa estação, disse Austerlitz, sempre me pareceu a*
> *mais misteriosa de todas as estações parisienses.*
> *Passei nela muitas horas na minha época de estudos e*
> *até mesmo escrevi uma espécie de memorial sobre seu*
> *desenho e sua história. Naquele tempo, me fascinava*
> *particularmente o modo como os trens de metrô vin-*
> *dos da Bastilha, após atravessarem o Sena,*

deslizavam sobre o viaduto de ferro e entravam pelo lado no andar de cima da estação, como se fossem engolidos pela fachada. (Sebald, 2008, p. 280)

Austerlitz consegue que se tornem explícitas para ele as ligações entre o interesse que tinha por sua origem, por sua história, pelo paradeiro de seu pai, pela arquitetura, especialmente por essa estação. Comunica ao Narrador que seguirá em busca de seu pai e de Marie. Entrega-lhe as chaves de sua casa na Alderney Street para que pernoite lá sempre que quiser; nessas ocasiões, poderá então "estudar as fotos em preto-e-branco que seriam as únicas que restariam da sua vida" (Sebald, 2008, p. 282).

Observa-se, no caso, um trabalho de ligação construído por meio da escuta analítica: um Narrador/analista fora chamado a

> *. . . escutar a parte de destruição na intricação das pulsões que é própria do sujeito, que só pode se desprender do passado fazendo um retorno a este último: simbolizando, portanto, subjetivando o presente. Isso coincide com a saída da estase (ou do êxtase) melancólica.* (Hassoun, 2002, p. 145)

Austerlitz faz ainda mais uma recomendação: que o Narrador não se esqueça de tocar a campainha no portão de um muro ao lado de sua casa, onde membros da comunidade asquenaze estavam enterrados, entre eles os rabinos Samuel Falk e David Tevele Schiff. Austerlitz descobrira esse cemitério pouco antes de deixar Londres e suspeitava de que as mariposas que voavam para dentro de sua casa e ali morriam (sendo cuidadosamente guardadas) vinham de lá.

Para finalizar este capítulo, recorro ao lindo ensaio de Todorov (2000) denominado *Os abusos da memória*. Nesse texto, o autor chama a atenção tanto para os perigos do elogio incondicional à memória quanto para os da condenação do esquecimento. Como argumento, aponta o equívoco de considerarmos a memória como algo em oposição ao esquecimento.

A memória é, na verdade, a interação entre esquecimento e conservação, ou seja, a responsável por fazer a seleção daquilo que será conservado e daquilo que será marginalizado e esquecido. Já que a conservação total do passado é impossível e impossibilitante da própria vida, são os critérios de seleção conscientes e inconscientes que orientam a utilização desse passado. Todorov (2000) nos lembra que a memória é o que nos salva do nada, mesmo quando a vida sucumbe à morte:

> *Sem dúvida, todos têm direito a recuperar seu passado, mas não há razão para erguer um culto a memória pela memória; sacralizar a memória é outro modo de fazê-la estéril. Uma vez reestabelecido o passado, a pergunta deve ser: para que pode servir e com que fim? (p. 33)*

Todorov recorre aos aportes da psicanálise para definir o bom uso da memória como aquele que, ao "recuperar" o recalcado, transporta-o de um lugar de centralidade para uma posição periférica; dessa maneira, o recalcado se torna inofensivo, pois seus efeitos são desativados. Se, por um lado, a recuperação do passado é indispensável para a subjetivação, não é ela que deve reger o presente. Ao mesmo tempo, vale destacar que o lembrar ilimitadamente seria cruel. E aqui faço referência à discussão anteriormente realizada acerca da melancolia.

Para fazer frente à crueldade melancólica, torna-se imprescindível o direito ao esquecimento, articulado com o direito à perda. O trabalho de luto é, assim, uma forma de render-se, de não mais agarrar-se à ilusão do reencontro com um objeto que foi, aliás, desde sempre, perdido. Perder a história recobridora para encontrar-se com o vazio é condição *sine qua non* para a construção de novos sentidos. Acredito que aqui entre a perlaboração necessária a um reposicionamento do sujeito, consistindo num processo que jamais será totalmente terminado em face do passado.

Mas a referência de Todorov aponta para um trabalho clássico com a neurose. No caso de Austerlitz, somente quando ocorre a conexão de elementos (antes impedida pela recusa) e a descoberta da origem dos mortos, uma nova perspectiva de vida se faz presente, estando sujeita aos efeitos do tempo e articulando-se com a ausência.

5. Quando as lembranças anestesiam: uma história de loucura que recobre uma mãe

Assim são os abismos da história. Neles se encontra tudo misturado, e o pavor e a vertigem nos tomam quando olhamos lá para baixo.
W. G. Sebald (2011), *Guerra aérea e literatura*

Neste capítulo, trabalharei com uma construção clínica baseada em um atendimento por mim realizado. Ela não se configura propriamente como uma ilustração da história recobridora; aliás, todo o percurso desse trabalho constitui um esforço para encontrar, *a posteriori*, elementos que poderiam explicitar aquilo a que Fédida (1992) se refere como "a teoria em gérmen" contida em um caso.

Em seu texto "(A vida entre parênteses) – o caso clínico como ficção", Sousa (1994) afirma que "o caso é uma construção". Entendo que o autor corrobora a ideia de construção clínica como um recorte. Convém observar que um recorte não deve ser confundido com a história factual do analisando nem compreendido como descrição exaustiva da rica e complexa experiência de um atendimento.

Uma construção clínica revela algo não só a respeito do sujeito que procura a análise e de seu sofrimento, mas também algo sobre aquele que o escuta. A produção de um recorte implica múltiplas transferências,[1] que nos levam a pensar acerca do atendimento, além de manter a natureza teórico-clínica da psicanálise, tarefa vital e complexa do analista. É nesse sentido que um atendimento, por vezes, requer um novo debruçar sobre a teoria: esta precisa ser compreendida, mas, sobretudo, questionada.

No movimento de ir e vir entre a teoria e a clínica, essa construção clínica visa discutir os efeitos da história recobridora na subjetividade de uma analisanda, que chamarei de Pietra. Mencionarei também aspectos relativos à transmissão psíquica entre as gerações, assim como pontuarei alguns elementos para a discussão do trabalho clínico com as histórias recobridoras, ressaltando que o encontro com uma mãe, para além ou para aquém de uma história de loucura, foi um ponto de virada na análise e na vida de Pietra.

Pietra, em um momento mais próximo da adolescência do que da infância, ouve o diagnóstico da doença materna: esquizofrenia. Se, por um lado, a nomeação vem, no *après-coup*, trazer-lhe algum alívio para uma vivência turbulenta e sem nome, por outro, a história da loucura da mãe recobre sua possibilidade de atribuir novos sentidos ao binômio mãe-louca.

Fala Pietra das marcas deixadas em si pela esquizofrenia materna e, simultaneamente, do próprio anestesiamento diante da vida. Tal anestesiamento, como forma de defesa, possibilita, por muito tempo, que a analisanda possa seguir adiante, mesmo em face de situações extremamente delicadas, dolorosas e excessivas.

---

1 Eis a enumeração de algumas: transferência do analisando, transferência do analista, transferência do analista com a psicanálise e com determinada(s) escola(s).

Contudo, esse anestesiamento era efeito da história recobridora, assim, capaz de transformar a existência de um ser em petrificação, em um não sair do lugar. Isso dava a Pietra a sensação de uma vida que estava, além de estagnada, prestes a ruir a qualquer momento.

A chegada

Pietra me foi encaminhada pela analista de sua filha. No atendimento da menina, aparecia uma faceta do transgeracional que não deixava de se fazer escutar, porém a análise da menina não tinha como dar conta disso isoladamente.

Encontro uma mulher tomada por um pavor de enlouquecimento. A loucura a ameaça; mais que isso, parece rondá-la, especialmente no âmbito da relação com sua filha. Naquela ocasião, a filha de Pietra tinha quase a idade da própria Pietra quando, segundo ela, sua mãe surtara pela primeira vez. O destino parecia inevitável e, quanto mais se aproximava a data de seu aniversário, mais sem saída e sob o efeito imperioso da repetição Pietra se sentia. Havia uma certeza: a do enlouquecimento. Em um instigante artigo denominado "O delírio como herança", Enriquez (2001a) discute os efeitos da psicose nos filhos colocados na condição de testemunhas, de aliados, de cúmplices ou até mesmo de destinatários da atividade delirante. De acordo com essa autora,

> *Embora seja verdade que nenhuma realidade histórica, por mais patógena que seja, é suficiente por si mesma para explicar tal ou qual psicopatologia e que não podemos inferir, das condições precoces da infância, o destino psíquico do adulto, também é verdade que uma situação tão traumatizante em si, como o encontro com*

a psicose parental, impõe à criança uma violência e um sofrimento que exigem um esforço de interpretação nem sempre fácil de manter. Pode ser, aliás, que a fase aguda em que o genitor perde francamente a razão comporte menos efeitos patogênicos que os contatos contínuos e os vínculos afetivos que se instalam secundariamente entre o genitor e o filho, vínculos e contatos através dos quais se tecem identificações, organizam-se tramas fantasísticas, instaura-se "uma confusão de línguas", proferem-se palavras que veiculam de modo latente os temas delirantes. (p. 99)

Petrificada diante do horror e do fascínio exercidos pela loucura materna, Pietra segue apostando em um espaço terapêutico como aquilo que poderia ajudá-la a compreender a violência à qual fora exposta e que também reproduz. Mas, simultaneamente, faz do enlouquecimento uma certeza para si mesma e para a filha.

Pietra já passara por outras terapias; descreve uma em que depositara mais confiança. Contudo, a morte do terapeuta fez ruir o que se delineava em Pietra como interrupção da repetição mortífera. Ela fala de seu medo, do quanto investira naquela terapia, que fora muito importante para ela, do quanto o trabalho de seu terapeuta alicerçara um terreno para que pudesse engravidar e ser mãe. Mas a morte do terapeuta ocorrera quando Pietra ainda estava grávida. Como confiar? Como acreditar em outra possibilidade de trabalho sem a garantia de sua continuidade?

Escuto a dor da perda com a atualidade e a intensidade de hoje. É impossível prometer a Pietra que o mesmo não ocorrerá novamente. Só posso oferecer minha presença implicada e reservada, minha escuta e a aposta de que algo novo pode acontecer.

Mas, quanto a mim, penso em silêncio que, de saída, trate de sobreviver...

Conta-me Pietra que sua filha não consegue dormir sozinha, solicita sua presença constante, tem medo... Ela não mais suporta ter que se haver com as dificuldades da menina, que a tiram do sério, que já esgotaram todas as suas possibilidades de lidar com a situação. Sente-se exausta, enfraquecida, à beira da insanidade, especialmente quando é tomada por ataques de fúria que instalam cenas de agressão e violência entre ambas. Pietra sente-se à beira da loucura diante de uma demanda de sua filha. A menina exige a presença constante da mãe, impedindo uma separação entre elas, o que, por sua vez, evoca a não separação entre ela (Pietra) e sua própria mãe.

Pietra está muito assustada porque, algumas vezes, extrapola o campo do verbal e chega à violência física. Logo em seguida, a culpa a inunda, paralisa, leva-a a fazer contato com algo que tenta esquecer, mas que insiste em vir à tona e perturbá-la: uma mãe enlouquecida tal e qual a mãe de Pietra, uma imagem de mãe que ela sente encarnar. É o não dizer não, o não colocar um ponto final nessa demanda enlouquecedora/enlouquecida que a impele a fazer loucuras com a própria filha; é isso que a remete diretamente às loucuras feitas por sua mãe, mas que ficavam apartadas por meio da história recobridora de loucura da mãe.

Por um lado, essa relação vivida por Pietra só comparecia ali por meio da cena de violência com sua filha; por outro, Pietra se defendia do "incômodo" por meio da história recobridora. Essa história, ao entrar pouco a pouco na dimensão do discurso, traz consigo notícias de algo relativo à transmissão entre gerações: havia um destino de violência e loucura imposto pela geração anterior, do qual Pietra tentava escapar.

A filha lhe dá a ver seu próprio traumatismo, e é nessa nova--velha cena que irrompe algo. Esse algo, contudo, vem carregado de um excesso, o que dificulta seu processamento, sua metabolização. Trata-se de uma cena que dá a ver no presente aquilo que não passou, embora a história recobridora tente, com algum sucesso, manter esse algo apartado. Nesses momentos, Pietra não se encontra anestesiada nem petrificada, mas atuando uma violência. Além disso, Pietra está colada a uma certeza que lhe confere filiação: as mães enlouquecem, suas filhas enlouquecem e, quando estas se tornam mães, enlouquecem suas filhas.

Morar a certa distância (em quilômetros) da família de origem "facilita" a situação de Pietra, que, assim, não fala com a filha[2] a respeito de seus pais (avós da menina), especialmente de sua mãe e de seus irmãos. Mas, curiosamente, há algo que aterroriza a menina, algo que se presentifica e suscita uma angústia indizível. Pietra e a filha estão aprisionadas numa cena, mas, ao mesmo tempo, vivem outra cena, a alheia, como se fosse delas.

Pietra relata um circuito no qual mães e filhas estão capturadas. Não consegue sustentar os limites entre ela e a filha (é tomada pelo medo vivido por esta) e entre ela e sua mãe (sente-se muito perto da loucura desta). É desse modo que se mantêm indiscriminadas, é desse modo que fazem laço. A mediação é difícil; ou Pietra está longe demais para sentir, ou perto demais; ou é torturada, quando invadida, ou torturadora, quando invade.

Para tratar dessa questão, convém recorrer, nesse momento, a Enriquez (2001a):

> *O genitor psicótico dá a ver e a escutar ao filho uma angústia e um sofrimento psíquico incomensuráveis,*

---

2 E com praticamente ninguém.

impossíveis de relacionar, mesmo que o sujeito tenha uma intuição confusa de suas causas, como uma perda, uma depressão, um luto. O sofrimento psicótico do genitor é enunciado, é compreendido como ligado a uma perseguição, uma vontade de fazer o mal. (p. 107)

Mais adiante, a autora conclui:

. . . portanto, a confusão radical sobre a interpretação causal do sofrimento, que despertará as identificações mais mortíferas com a vítima e com o agressor, e forçará a criança a estabelecer relações com o outro no modo perseguido-perseguidor, cujas afinidades eletivas com o ódio sob todas as suas formas de expressão possíveis conhecemos muito bem. (p. 108)

A citada autora ajuda-nos a compreender os motivos pelos quais, considerando os efeitos da transmissão psíquica geracional, a filha de Pietra já está enredada numa trama de sucessão que passa por sua avó materna e sua mãe. Se, como defende Enriquez, a genitora envia uma mensagem que confere a Pietra uma posição identificatória mortífera na sucessão das gerações, Pietra não escapa, até o momento, de re-endereçar essa mensagem a sua filha.

Em termos transferenciais, antevejo o que nos espera, o que será preciso surgir e ser acolhido para que os trabalhos de interpretação e de manejo venham a apostar no estabelecimento de um "vínculo inédito".[3]

A relação de Pietra com a filha atualiza algo da relação de Pietra com sua mãe, algo que ela gostaria de esquecer, mas sequer

---

3   Remeto o leitor ao texto de Radmila Zygouris.

consegue lembrar. Há uma história que recobre uma vivência, uma história rígida, que só reitera a doença materna e seus efeitos na descendência. Embora lute desesperadamente para modificar aquele destino renitente, Pietra, em sua percepção, considera-o com *status* de Verdade. Insistir na história da loucura da mãe é construir uma barreira de sentido que alivia, por transformar-se em uma proteção narcísica do contato com um horror indizível; em contrapartida, atormenta, ao apartar o vivido, ao impedi-lo de se tornar uma experiência. Enriquez (2001a, p. 124), ao refletir sobre o caso de uma analisanda, faz as seguintes considerações (válidas também para o caso de Pietra):

> *Não poder nem querer curar-se totalmente disso pode eventualmente contribuir para fazer cicatrizes mutilantes que essa experiência inscreveu no corpo e na psique, marcas identificatórias, que, por mais masoquistas e masoquisantes que sejam, declinam, no entanto, uma identidade, inscrevem numa genealogia.*

Entendo que esse trecho menciona um aspecto crucial presente no trabalho com a história recobridora de Pietra. Isso porque, ao mesmo tempo que a história recobridora transforma-se em um tapa-buraco mutilante, pelo fato de interceptar a ligação entre o vivido e a experiência, entre a pulsionalidade e a significância, guarda relação com um significante primordial do qual não é possível abrir mão.

No que diz respeito a essa questão, Zalcberg (2003) destaca:

> *O significante primordial (o desejo da mãe) domina a vida da criança, sem que esta possa realizá-lo. O fato de haver um significante primordial a cujo significado, no início, a criança não tem acesso determina uma*

divisão fundamental em seu ser: uma parte dela mes-
ma, a regida por seus significantes primordiais, per-
manecerá para sempre desconhecida para ela. Ao
propor essa formulação da divisão original do sujeito
através da lógica do significante, Lacan segue a linha
de pensamento de Freud, que falara sobre o recalque
original do objeto de desejo – recalque a formar um
núcleo inconsciente no sujeito, do qual este só terá
uma ideia através dos efeitos inconscientes produzi-
dos. Essa questão estrutural determina que o sujeito
torne-se, como diz Lacan, falta-a-ser. Ele será, para
sempre, regido pelo significante primordial que o de-
termina e ao qual não tem acesso. (p. 64)

Como se pode notar, trata-se de algo dado a ver, que não surge como lembrança, mas emerge de uma memória atuada no presente da relação mãe e filha. Atentando para o discurso de Pietra, nesse primeiro momento, observa-se que ela não fala da história da experiência com sua mãe, mas da história da loucura da mãe, como duas correntes paralelas e desarticuladas. Consigo escutar muito pouco acerca dela, preciso de um esforço de escuta para saber onde ela está quando, petrificada, descreve situações extremas. Sou tomada, invariavelmente, por uma petrificação na escuta. Algumas vezes, é por meio de meu corpo que sou sacudida – sacolejos que resultam em dor, mal-estar; outras, é por meio da dor e do desespero de Pietra, que se manifestam em seu choro, em seu suspiro, em seu quase grito.

Convém observar que à petrificação se contrapõe o choro, diria até que como fio tênue para manter a vida. O choro de Pietra é comovente, dolorido, parece inconsolável. Quando chora, percebo que algo está presente, não passou; estou diante da menininha assustada. Pergunto-me: como me portar ali para que o choro e os gritos ganhem no encontro um caráter para além da pura descarga? Como lidar com o que se apresenta via atuações, por exemplo, para que algum trabalho de representação seja realizado?

Penot (2005), ao tomar o sujeito como função, ou seja, não redutível ao narcisismo, deixa claro o quanto é preciso uma articulação entre as dimensões do pulsional e da significância. A primeira dimensão, com toda a sua carga energética, e a segunda, com a carga simbólica advinda das reações da mãe, quando articuladas, resultam na "captura de um agente pulsional numa relação significante" (p. 19).

O interesse desse autor recai, especialmente, sobre a clínica na qual esse imbricamento encontra-se fragilizado,[4] o que é traduzido por ele em termos de uma carência que tem relação direta com o meio constitutivo do sujeito. Seguindo os ensinamentos freudianos e lacanianos, Penot procurará discutir a função sujeito, com base em casos nos quais esta se encontra de alguma maneira deficiente. A clínica partiria então daquilo que ele define como uma função sujeito hipotecada por uma alienação invalidante, a fim de "dialetizar o que se pode designar como 'funções do eu' (integrativas-defensivas e fundamentalmente narcísicas) e o que constitui esse 'sujeito novo' (Freud, 1915/1996e), o agente pulsional promotor da fantasia [fantasme] inconsciente" (Penot, 2005, p. 16). Essa foi a direção adotada no atendimento de Pietra.

Se temos a função sujeito sempre em algum grau de precariedade, dependente das primeiras transações pulsionais do bebê com as respostas advindas da mãe, ao longo da vida, outras experiências de interação subjetivas podem reiterar ou não essa "condição do sujeito". Uma análise faz uma aposta no surgimento da

---

4 Por isso o interesse nessa discussão.

oportunidade, do novo, do inédito. Penot (2005), por sua vez, lembra-nos de que

> *[t]rabalhar como psicanalista para que um paciente instaure melhores ligações funcionais entre os registros de sua psique não implica que se deva ceder às ilusões unificadoras, globalizantes, simplificadoras, isoladoras; supõe que não se pare de considerar essa heterogeneidade (com a irremediável sexuação) que a metapsicologia freudiana precisamente se esforça por definir. Assim, a prova da alteridade é indispensável à afirmação de uma subjetividade – na direção do sexo que não se tem, da língua que não se tem, dos recursos que não se tem... Não é através da experiência da alteridade vivida que se adquire o máximo de chances de integrar as potencialidades subjetivas de soluções novas? (p. 20)*

Esse psicanalista, recorrendo a Freud e Lacan, reitera a ideia de pulsão em um circuito em forma de volta, ou seja, construído em três tempos. A importância de tal circuito, como possibilidade de satisfação, reside muito mais "no grau de acabamento desse périplo, na riqueza de seu contorno do que numa pretensão de se assegurar verdadeiramente do objeto em si" (p. 28). A pulsão é, desse modo, aquilo que não poderá ser jamais satisfeito com nenhum objeto da necessidade, uma vez que "se trata, sobretudo, de obter algo do outro primeiro" (p. 28).

Segundo Penot (2005), a "busca pulsional visa sempre *um outro perdido-faltante*" (p. 28), sendo sua primeira forma de satisfação, aquela que está na origem, uma experiência "deleitável aos olhos de sua mãe", sem correr o risco de ser destruída por ela.

Para esse autor, bloqueios subjetivos como os descritos por ele com base em sua clínica com anoréxicos e bulímicos só poderiam ser ultrapassados via experiência durante o tratamento. Tal experiência aposta na *reversibilidade*; no caso, o próprio analista se dispõe a aceitar "uma suficiente apassivação". Convém destacar que Penot toma o termo apassivação de Green para designar um tempo decisivo do jogo pulsional que está a serviço do processo de subjetivação. Ainda de acordo com Penot, a apassivação se caracteriza pela receptividade fecunda, em contraposição a um ausentar-se defensivamente, ou seja, consiste no posicionamento do analista de não "bater em retirada" diante das trocas, especialmente as de caráter agressivo.

Quando uma analista é convocada a comparecer

Pietra diz que não se lembra de quase nada, embora relate muitas cenas infantis. Há um mecanismo curioso: os elementos se encontram presentes, mas algum nível de desligamento não permite uma articulação entre eles. A história recobridora da loucura materna ocupa um lugar totalizante, no qual é a dor que se presentifica, sem que seja possível transformá-la em sofrimento. Estamos falando de uma dor que petrifica, imobiliza, mantém, apesar de todos os esforços em outras direções, um passado que não passa, um presente-passado que impede o futuro; esse é o tempo do traumático.

Entendo que a história recobridora construída por Pietra, depois do diagnóstico de esquizofrenia de sua mãe (diagnóstico recusado durante longo período pelos adultos), veio na tentativa de trazer algum sentido para o enigma da loucura. Loucura esta que, segundo Enriquez (2001a),

> *... adquire para um sujeito singular um aspecto eminentemente trágico quando está relacionado com um de seus mais próximos ascendentes ou descendentes. Quando se trata de uma criança, a confrontação, mesmo descontínua, com o universo psicótico em seu contexto familiar afetiva e mentalmente investido, de quem depende para a satisfação de suas necessidades e de seu desenvolvimento psíquico e em quem busca apoio para compreender, é violenta e impõe, para começo de conversa, um a-mais de interpretar. (p. 103)*

Contudo, ainda há um questionamento: por que essa tentativa de construção de um sentido para a loucura materna, via reconhecimento tardio de que a mãe era esquizofrênica, não trouxe uma possibilidade de simbolização para as vivências traumáticas, para o aparente sem sentido dos delírios, para tanta dor e desespero?

Aquilo que poderia ter sido a resposta para o enigma torna-se uma presença totalizante. Pietra, nesse esforço de dar conta do buraco resultante da recusa, fica destituída de parte também importante de suas vivências, e desse modo, incapaz de vislumbrar outras possibilidades identificatórias para além da loucura e da morte.[5]

O diagnóstico de esquizofrenia da mãe faz signo para Pietra, recobrindo toda a mãe, e, em razão disso, impossibilita que Pietra se encontre com uma mãe para além ou aquém daquela psicótica do diagnóstico. Mas será que não é preferível ficar com a mãe louca a lidar com os momentos abandônicos (não ter mãe), ou com uma mãe má (com traços de perversão), ou até mesmo com o fato de merecer ou impetrar maus-tratos (lógica do

---

5 Retomarei esse aspecto um pouco mais adiante.

228 QUANDO AS LEMBRANÇAS ANESTESIAM

perseguido-perseguidor)? A história recobridora da loucura da mãe a protegia – numa crença inabalável – e mantinha perguntas importantes e aterrorizantes apartadas.

Mexer ali era tão urgente quanto delicado. Seria preciso um trabalho de destamponamento para que novas ligações se fizessem, ou seja, para que houvesse aquilo que conhecemos como elaboração. Enriquez (2001b) escreve os efeitos do discurso delirante parental. Quando discorre sobre as representações relativas à origem e à violência introduzidas nos processos de pensamento da descendência, destaca uma "predeterminação" dos filhos a escolherem a loucura como objeto de investimento. Isso ocorre porque há uma herança difícil de ser administrada, que exige um "a mais" a ser tratado; há uma loucura que precisa ser compreendida, controlada, cuidada. Convém notar que a voz materna é fundamental para a constituição da criança; porém, caberá a ela um árduo trabalho com as confusões veiculadas por esse discurso, confusões de ligações causais absurdas, que borram as diferenças entre os sexos e entre as gerações.

O trabalho com Pietra inicia-se então pela via do reconhecimento da dor, sem qualquer tentativa imediata de apaziguá-la. Estamos falando de um conhecer de novo, mas agora contornado pelas palavras. As palavras começam a estabelecer algum limite ao contornarem o vivido. Como efeito, há um arrefecimento das atuações quase cotidianas. Convém salientar que reconhecer a dor era dar lugar a vivências que, anestesiadas, petrificavam Pietra.

Aquilo de que ela não se lembra tem relação com o que não pode esquecer porque, em algum nível, ela não pode fazer contato com esse passado tão atual. Diz que tem muito medo do que irá descobrir e constrói uma metáfora, à qual recorreremos muitas vezes durante sua análise: um quarto escuro e subterrâneo; ali só é possível entrar depois da descida de uma longa escada. Não quer entrar, tem muito medo, está escuro...

Digo a Pietra que a imagem me remete àquelas portas de armários de quartos de criança; tais armários, quanto mais fechados e escuros, mais amedrontadores são. Quando as portas emitem sons de alguém forçando sua abertura, produzem uma sensação apavorante. Percebo que ela está paralisada diante de uma porta barulhenta e me manifesto: "Teremos tempo para entrar nesse quarto e poder olhar e escutar o que ele guarda. Não precisamos fazer isso já e iluminar tudo de uma vez, pois, talvez, isto também seja demais, luz em excesso cega, não vamos repetir aqui o insuportável vivido por aquela menininha". Pietra esboça um leve sorriso.

Adentrando os porões da vida e da morte

Durante o primeiro ano de análise, Pietra começa a acessar a escuridão. O medo de todos os dias, o medo de enlouquecer, de passar ao ato, de ser violenta com sua filha, fala de algo prestes a ocorrer, mas que de fato já aconteceu. Quanto mais se aproxima a data marcada, mais a angústia torna-se insuportável. Diante dela, há um anestesiamento que a assusta. Se não pode sentir, não pode ter notícias da violência... Quando se dá conta, já é tarde demais, a dimensão pulsional já invadiu e apagou o sujeito. As bordas do trauma se transmitem pela via da pulsão.

Já estava presente desde então, muito mais sob forma de ruído que de formulação, mas só ganhando representação posteriormente, a dimensão do homicídio. A apresentação da violência materna, revivida na relação de Pietra com sua filha, perpetuava o risco iminente e permanente da irrupção da violência, da morte e da loucura. Dar-se conta do poder de destruição tinha sido imprescindível para a sobrevivência; reposicionar-se era chamar pela função sujeito.

Sustentar a alteridade e, simultaneamente, oferecer uma escuta testemunhal que funcionasse como convite para romper a simplificação, a unificação e o isolamento presentes na história recobridora: eis a escolha e a aposta terapêuticas.

Quando o efeito da anestesia diminui, o corpo sente

Um corpo que sente surge na sessão. Ao choro desesperado somam-se impressões corporais, o que inicia um segundo momento da análise. Pietra fala de um frio na coluna, de um tremor nas pernas, de um desconforto gastrointestinal; lembra-se de como passou mal na ocasião do parto de sua filha, após a anestesia. Começa a faltar às sessões; diz do insuportável de acessar essas lembranças. Nesses momentos, volto à metáfora do quarto escuro... de algo forçando a porta. As reminiscências forçam sua entrada na cena analítica.

O anestesiamento vai aos poucos cedendo, o que é difícil de ser integrado psiquicamente se mostra e é sentido no corpo. Temos então um trabalho de escutar o que diz esse corpo. Quando o efeito da anestesia começa a passar, a sensibilidade vai sendo retomada. Sofrer no corpo não é uma possibilidade de elaboração, mas pode ser uma via de acesso a ela. O sentir, mesmo que inicialmente no corpo, só poderia ser tomado como o ponto de ligação primitivo. Agora é necessário que este elo primordial ganhe outros contornos, a fim de permitir a caminhada rumo ao simbólico.

No caso de Pietra, os primeiros indícios da existência de outra história chegam via sensações corporais. A partir do momento em que a analista testemunha os primeiros testemunhos do corpo da analisanda, abre-se caminho para algo que estava apartado. Observa-se que houve um encontro; este, em sua função de reconhecimento e tradução, pode testemunhar.

Fontes (2010) defende a importância de o analista permanecer atento às marcas impressas no corpo do analisando. Estas não podem ser rememoradas pela linguagem. Estando num registro sensorial, tais marcas convocam o analista para seu trabalho de colocar em palavras o que se dá a ver.

A autora chama de memória sensorial esses fragmentos de impressões sensoriais registradas na primeira infância que tendem a ser despertados pela transferência. Além disso, a autora nos lembra de que, se o corpo estava ali onde a história era tecida, há um testemunho do corpo. Mas esse testemunho ocorre em um registro diferente daquele em que há o interjogo entre memória e esquecimento, tão caro ao psiquismo. A memória sensorial não esquece um acontecimento registrado no corpo.

Baseada na ideia de Ferenczi de que, quando o psiquismo falha, o corpo começa a pensar, e no proposto por Freud em "Lembranças encobridoras" (1899/1996a) e em "Moisés e o monoteísmo" (1939[1934-1938]/1996h), Fontes (2010) aponta a relação psicanalítica como elemento capaz de traduzir essa memória corporal. No primeiro texto mencionado, Freud enfatiza que as "poderosas e soberanas" impressões infantis que duram uma vida toda não deixam necessariamente imagens mnemônicas correspondentes. No segundo, reitera a noção de impressões precoces, ressaltando que elas são principalmente de ordem visual e auditiva. Segundo Fontes, para Freud, a impressão como "sequela direta

232 QUANDO AS LEMBRANÇAS ANESTESIAM

da experiência vivida"[6] (p. 17) é um processo mnêmico energético. De acordo com meu entendimento, porém, tal impressão não pode encontrar caminhos de ligação que venham a lhe atribuir sentido.

É a partir daí que a autora faz uma aposta na relação analítica como propiciadora de uma espécie de tradução dessa memória corporal (segundo minha compreensão, trata-se de uma memória rígida, já que não tem possibilidade de esquecer): "Na relação analítica, entre os fenômenos que fazem aparição, o analisando pode sentir experiências sensoriais já vividas, revelando assim que elas fizeram parte de sua história. A história do indivíduo ficou no corpo" (Fontes, 2010, p. 17).

No caso de Pietra, foi preciso que houvesse uma primeira passagem do testemunho pelo seu corpo, um "des-anestesiamento", que, na relação analítica, ocorreu por meio de "sequelas de impressões deixadas pelas experiências 'originárias' registradas em uma memória corporal . . ." (p. 18).

Mas só a apresentação não é suficiente para disparar um trabalho de elaboração; para tal, é preciso justamente que o analista desempenhe sua função. Ressaltar o sentir no corpo foi o primeiro passo. Para quem estava anestesiada, petrificada, presa em um quarto escuro, mobilizar recursos foi muito valioso. Com a irrupção das sensações corporais de que Pietra estava falando, saíamos de um campo exclusivamente de silêncio e terror para adentrarmos um campo ao qual o sensível comparecia, ainda que sob a forma da dor. Que dores eram essas? Onde e, principalmente, o que doía?

Considerar as sensações corporais sob o mesmo estatuto dos atos falhos é o que propõe Fontes. Colocar em palavras as

---

6   Trata-se daquilo que, na presente pesquisa, chamo de acontecimento.

"associações de sensações" vem a seguir. É pela e na repetição transferencial que se pode gestar o novo, o inédito; aqui é de uma repetição diferida na transferência que estou falando.

Primeiro ocorrem a constatação e o reconhecimento. Depois, a intervenção, em busca de encontrar uma ligação para o que o corpo apresenta e de integrar aquilo que a história recobridora mantém fora de circulação. Frio na coluna, tremor nas pernas, desconforto gastrointestinal, lembranças desagradáveis do pós--parto... De que se trata?

As sensações corporais de Pietra relacionam-se à questão do cuidado e do abandono. A primeira situação referida por ela é mais recente: o nascimento da filha e a ausência do pai da criança, em razão de uma viagem. Em um momento tão importante quanto complexo, Pietra se encontra sozinha, assim como se sentiu só muito precocemente, ainda na infância, quando os adultos estavam ocupados em suas próprias questões e foram incapazes de pensar nas consequências, inclusive para as crianças, daquilo que percebiam.[7]

É preciso olhar e escutar um corpo que dói e vir prestar-lhe socorro por meio de palavras que reconhecem, acolhem e podem vir a, na melhor das hipóteses, transformar a pura dor em história, para que a história não fique apenas registrada nesse corpo.

Recorro, mais uma vez, a uma citação de Fontes (2010), que nos ajuda a pensar sobre a natureza dessas palavras:

> *Certos pacientes, ao imporem dificuldades técnicas, exigem que o analista encontre palavras com mais capacidade sensorial. Elas devem recuperar sua relação com o corpo para se tornarem representativas. Tentar*

---

7 Aqui me refiro à recusa.

> *religar palavras às sensações que originalmente lhe fornecerem seu sentido é dar corpo à linguagem. Dessa forma as palavras nutrem-se das sensações, não são mais vazias. Nesse momento, então, faz-se a passagem da sensação à ideia. Há linguagens dessensorializadas, linguagens mortas. Há, por conseguinte, um grande trabalho a ser feito em análise para restituir a vitalidade da língua. Pacientes narcísicos costumam expressar-se por meio de palavras desvitalizadas e, no tratamento, ao fazer essa espécie de reaquecimento da fala, isso lhes permite investir o pensamento. (p. 20)*

Se começávamos a nos aventurar na derrubada do muro da história recobridora, o articular entre a pulsão e a significância não poderia ficar de lado. "Dar corpo às palavras", nessa análise, inclui "estar presente de corpo e alma", oferecer palavras às sensações corporais, mas também manter a oferta de escuta, tradução, interpretação, manejo, construção e cuidado ao longo do tempo, bem como ser "resistente" às faltas, aos atrasos, à angústia inominável, ao corpo que grita: essa escuta invoca um testemunho, assim, é uma escuta testemunhal. Sem dúvida, estou diante de uma empreitada: arrisco-me a acompanhar o percurso de Pietra sem abandoná-la no meio do caminho e, simultaneamente, sem enlouquecer. Certa continuidade ordena o caos...

A mãe, a loucura e a mãe louca

Pietra tem irmãos e todos se encontram em uma situação muito difícil, que reitera o vivido da infância: a loucura, a delinquência e a adicção são as figuras dessa eterna perpetuação. Ela luta bravamente para descolar-se disso. Desde muito criança procurou fora, no laço social, especialmente na escola, outros vínculos. Fala com muita emoção de outros significativos e da importância deles, tidos como verdadeiros oásis. Oásis também foram as histórias imaginadas; nessas, uma "família de verdade" era encenada todas as noites, com os cinco dedinhos de uma corajosa menina, que, escondida sob os lençóis, chorava em silêncio, mas continuava a inventar possibilidades.

Pietra fala da doença de sua mãe, a quem, aliás, sempre alude pelo nome: "não consigo dizer mãe". Há um discurso que aparece como anestesiado sobre o sofrimento. Há uma dificuldade para encontrar um lugar que possa reunir sua mãe e a psicose. Começo a perceber que a história da esquizofrenia corre por um lado, e um sofrimento atroz, mais em carne viva do que em palavras, corre por outro.

São várias as versões, como em toda análise, mas escuto aqui algo que me intriga, que me inquieta, embora eu não tenha acesso direto ao que seja. O pai, no início da análise, aparecia como uma figura idealizada, uma espécie de tábua de salvação. Levou tempo para que pudesse fazer outra aproximação a essa figura. Para que isto ocorresse, foi preciso alguma relativização da história da loucura materna, até então a única e completa responsável pelas desgraças que se abateram sobre todos. O pai e outros membros da família acreditavam que a mãe de Pietra era uma mulher excêntrica, na qual a preguiça era um traço ressaltado; tratava-se de alguém que, por opção, não podia se ocupar dos cuidados com ela própria e com os filhos.

Com o diagnóstico, alguma ressignificação foi possível, mas não o suficiente para que Pietra deixasse de ser atormentada pela ameaça da loucura ou para que retornasse do estado de anestesia que tanto parecia perturbar sua vida. Encontrar um nome para o turbilhão do qual quase nada se falava, enquanto todos viviam na pele os efeitos, tinha uma relevância. Contudo, a esquizofrenia transformou-se num tampão que soterrava a possibilidade de lidar com o vivido. Pietra havia se agarrado a um nome de maneira a torná-lo quase monossêmico: um signo.

Agora a história da loucura da mãe recobre uma mãe. Pietra tenta viver entre a imersão em uma proximidade indiscriminada, na qual a diferença entre ela e o outro frequentemente se apaga e tudo é inundado pela dor, e a anestesia aplicada pela distância inalcançável, da qual nenhum apelo pode ser ouvido.

O diagnóstico do problema da mãe confere outro sentido para a excentricidade e a preguiça, o da doença, talvez este menos perigoso do que os anteriores, que não abriam espaço para se falar das "malvadezas" da mãe, dos momentos de descuido com os filhos e com ela mesma, do caos doméstico instalado inúmeras vezes...

Entre o discurso sobre a doença e o sofrimento, introduzo a imagem de uma menininha e indago sobre a dificuldade dela de dar conta de cuidar de si e dos outros tão precocemente. O que será que ela sentiu?

Pietra acreditava que, só porque havia se anestesiado, poderia seguir em frente, sem sucumbir como seus irmãos e sua mãe. Contudo, esse anestesiamento a impedia de perceber o que se passava na sua relação com o outro, quais eram os limites, as diferenças, até onde podia ir sem se perder, sem ser tomada por um ataque de fúria contra o outro ou contra si mesma. Afinal, do que se trata?

Convém notar que a sobrevivência de Pietra estava intimamente atrelada ao sentimento de solidão. Em sua crença, para sobreviver, era preciso desconfiar, estar alerta sempre, bloquear qualquer possibilidade de ternura, afastar-se do outro, o que a impedia de encontrar testemunhas para suas vivências extremas.

Pietra demandava de mim uma proximidade que poderia colocar em risco a continuidade de sua análise. Eu, por minha vez, oferecia uma proximidade analítica, da qual ela desconfiava, por considerá-la "fria" e "profissional demais". Será que sua analista também era de pedra? Será que tamanha dor não a tocava? Que difícil manejo este, de trazer calor em uma medida que não nos queimasse, afinal, eu já sabia sobre o que ocorreria caso a distância entre nós se encurtasse demais... Contudo, não escapamos de eventuais "sapecadas".

Em uma das vezes nas quais consegue acusar-me explicitamente por meio de palavras (e considero isso um avanço!), falo da confusão que escuto entre o vínculo profissional e a frieza. Quem lhe dissera que, porque eu era sua analista, não me importava com ela? Contudo, se, ao me importar, confundisse limites pressupostos para minha função como analista, só iríamos repetir ali os abusos vividos e impetrados ao longo de sua vida e, nesse caso, essa clínica de muito pouco serviria.

Um silêncio de alívio segue-se a essa intervenção, o que aquece a sala e livra-nos daquela sensação gélida que tomara a sessão pouco antes. Se eu havia sobrevivido até ali, e ainda podia zelar pelos limites, então alguma confiança podia começar a se esboçar.

Eis que algumas cenas da infância começam a surgir na análise. Um dia, aos 11 anos, ao chegar da escola, Pietra se depara com a mãe, gritando, sem roupa, em frente à casa. A menina, feita espectadora da exibição do corpo nu, fica capturada. Primeiro vem a incredulidade, em seguida, a tentativa de ajudar a mãe a se cobrir. Simultaneamente, tenta disfarçar a vergonha, sentida por ela no lugar de sua mãe, vergonha alheia, diante dos vizinhos. Pietra estava sozinha, nenhum adulto veio em seu socorro; era ela que socorria os irmãos.

Em outra ocasião, viu sua mãe brindar o filho da vizinha com uma cobra embrulhada para presente. Petrificada diante da "maldade" materna e identificada com aquele que recebe o perigoso presente de aniversário, assistiu atônita e passivamente à cena. Foi outra vez espectadora dos abusos maternos guardados como preciosos segredos; contudo, agora ela me faz testemunha daquilo de que foi testemunha forçada.

Havia também as histórias – delírios – acerca do sobrenatural. Eram delírios religiosos, nos quais a onipotência divina transferia-se à mãe em suas vidências. Tratava-se de uma mãe onipotente, que falava diretamente com Deus, que podia fazer viver ou morrer. Pietra, espectadora da onipotência divina por meio da onipotência materna, anos mais tarde, tempos antes do início de sua análise comigo, procurou também no esoterismo uma tentativa de compreensão. Ficou muito próxima dos delírios maternos, por intermédio de uma espécie de mestre, da qual se fizera discípula, reproduzindo ali algo da relação que mantivera com sua mãe. Entendo, a partir do que pudemos ir trabalhando posteriormente, que essa busca pelo esoterismo fazia um paralelo com o aspecto religioso delirante de sua mãe e que, portanto, contribuiu de maneira ímpar para o temor da loucura em si, com o qual chegara ao consultório.

Mais lembranças vão aparecendo; surge outra cena infantil. Diante da travessura de algum dos irmãos, a mãe ordenava que todos fizessem uma fila indiana para apanhar: "E todos apanhavam, um depois do outro; cada um sabia que chegaria a sua vez. Por que ficávamos ali esperando? Por que eu ficava parada esperando?" Uma pergunta sobre a posição do sujeito; eis uma brecha para começarmos a nos embrenhar em um terreno para além do velho conhecido da repetição. Minha aposta era que, ao furar a história sobre a loucura da mãe, como recobrimento, eu poderia colocar Pietra em contato com aquilo que, apartado, só retornava como atuação.

A mãe delirante também acusava a filha de querer roubar-lhe o marido, acusação esta que, indo ao encontro das fantasias edípicas de Pietra, trouxe consequências. Tais palavras da mãe pareciam dar consistência às fantasias da menina, assim como a fala materna acerca da religião, dos poderes onipotentes, das vivências persecutórias. Mas o que marca a acusação engancha-se com o poder onipotente atribuído a essa mãe, o poder de vida e morte ao qual Pietra estaria completamente submetida.

Mas que efeitos os delírios maternos produziam na pequena Pietra?

Sabemos que as crianças procuram criar teorias que possam dar conta de explicar a diferença entre os sexos, o nascimento e a morte. Enriquez (2001a) enfatiza que,

> [p]ara dar respostas satisfatórias a essas perguntas, a criança, no melhor dos casos, encontrará apoio em ambos os pais, no seu amor, suas palavras, seus comportamentos, que darão testemunho de que é filha deles, que entre eles e ela existem vínculos afetivos e sociais que a inserem numa genealogia. Os pais lhe transmitirão mitos familiares, uma história sobre o passado deles, sobre o de seus ascendentes e também uma história sobre seu passado infantil esquecido, constituindo assim para ela uma memória que virá a se tornar sua memória e participar da elaboração de seu mito originário individual.

240 QUANDO AS LEMBRANÇAS ANESTESIAM

> *Mas o genitor delirante, ao comunicar ao filho seus pensamentos delirantes, obriga este último – que, evidentemente, não é capaz de julgá-los como tais – a estabelecer ligações causais abusivas, e lhe impõe representações aberrantes relativas sobretudo aos objetos e temas de investigação universais que são, para toda criança, o nascimento, a morte, a sexualidade, o poder, o tempo. (p. 104)*

Os delírios da mãe, ao fazerem de Pietra espectadora da "exuberante sexualidade materna", colocavam-na como objeto de uma onipotência (ligada à vida e à morte), da violência e do abuso (a relação incestuosa com o pai gera inúmeros filhos/irmãos). Isso leva Pietra a tal confusão que a deixa incapaz de perceber com nitidez a diferença entre os sexos e entre as gerações; a percepção dessa diferença, contudo, é imprescindível para a estruturação psíquica. Segundo Enriquez (2001a), para que compreendamos os motivos pelos quais o genitor psicótico faz de determinado filho, geralmente do mesmo sexo que ele, o alvo de seu delírio, forçando-o a ser testemunha de seu sofrimento e perseguindo-o com suas próprias vivências persecutórias, é preciso considerar dois níveis. Um primeiro seria o referente à posição de duplo narcísico adotada por esse genitor: ". . . ao mesmo tempo portador da morte e suporte de uma fantasia de imortalidade (pelo lado do *idêntico, do não-separado, do atemporal*)".[8] O filho ameaça profundamente o genitor ao se constituir como prova viva tanto da sucessão temporal das gerações quanto do diferente radical. Assim, nas palavras da autora:

---

8   Lembremos que Pietra chegou ao consultório com um pavor de viver a loucura em si, num momento em que sua filha não podia dormir sozinha.

Creio que há, em todos os psicóticos (e talvez não só neles), uma impossibilidade absoluta de assumir o risco de uma descendência que possa ser portadora do mesmo e do outro. Para um psicótico, toda descendência contém uma ameaça real, e não só fantasística, de destruição. Ela é (mesmo que não seja apenas isso) objeto de um desejo de assassinato, assassinato da alma ou assassinato real, pois reativa um desejo de morte que tivera por objeto os próprios pais.

A mensagem que o genitor envia ao filho vem decerto alterada, racionalizada, mas é sem dúvida nenhuma recebida inconscientemente pelo filho no nível correto. O ódio e o desejo de assassinato do genitor, imputado aos outros[9] e que ameaçam irromper novamente sobre o filho, é um ódio e um desejo de assassinato do filho e de seu poder de transmissão, da vida e de um nome. (Enriquez, 2001a, p. 110)

Poderíamos partir da hipótese de que Pietra teria despertado, com seu nascimento, questões importantes para sua mãe. Sabemos da significativa incidência de irrupção de delírios em quem acaba de ter um filho. Seguindo essa linha de raciocínio, e guardadas as devidas proporções, com o nascimento da filha iniciou-se para Pietra um período muito difícil, no qual as fantasias persecutórias ganharam força em sua vida cotidiana, afetando sobremaneira sua relação com o trabalho e com o marido.

Mas testemunho com minha escuta algo a mais... O significante farsa faz-se muito presente no processo analítico. Já sabíamos que, dentro de casa, Pietra ocupava um lugar de "mãe de

---

9   Vale aqui retomar o episódio da cobra como presente.

todos", sentindo-se responsável por zelar não só pelos irmãos/filhos, mas também pelos próprios pais/filhos. Fora de casa, temia ser colocada na posição de vítima, como ela dizia, e na de filha da louca; eu escutava. Pietra tentava não deixar que o que enfrentava pudesse ser percebido ou pudesse interferir na escola, no clube e, mais tarde, no ambiente de trabalho. Mas, quanto mais algo ficava apartado, mais a farsa se fazia presente. Ela era uma farsante: mulher do pai e filha de outra família.

Mas outro sentido para o significante farsa surge com a reaparição de algo já mencionado, *en passant*, nas entrevistas iniciais: seu nome é o mesmo da filha do casal parental que nascera antes dela, morrendo logo depois: a mãe segurava o bebê e teve uma queda, o que ocasionou a morte deste; a mãe, dessa forma, passou a crer que havia assassinado a criança. Há, então, uma "mãe assassina" e uma segunda Pietra que vem ocupar o lugar da Pietra morta. Uma farsante?

Há uma morte/um assassinato recoberta(o) pelo nascimento de Pietra? Há um trabalho de luto interceptado pelo nascimento de outra menina? Qual será o destino desta pequena: repetir a morte/o assassinato de sua irmãzinha ou sobreviver aos "impulsos assassinos" de sua mãe? Que efeitos desse luto ou de percalços em torno do trabalho de luto incidiram sobre Pietra?

A diferença (felizmente havia alguma) era que um segundo nome, escolhido pelo pai como promessa de chegar para o parto da filha, foi acrescentado ao primeiro. Contudo, a avó materna sugeriu outro segundo nome, o qual compôs efetivamente seu nome duplo.

A avó materna aparecera bem no início da análise como alguém com quem se podia contar. Era na casa dela que Pietra, muitas vezes, buscava refúgio. Havia sido uma mulher corajosa: maltratada pelo marido, conseguiu separar-se dele (não se tornara objeto de maus-tratos), ter outro filho, manter-se financeiramente. Mas, no percurso da análise, vai aparecendo, aos poucos, uma dimensão também excessiva dessa avó. Emergem lembranças da fala desta sobre a sexualidade adulta em um momento no qual Pietra era ainda menina. Pietra assusta-se, chora na sessão, numa temporalidade própria do *après-coup*. Começa a me contar dos detalhes exibicionistas revelados em histórias que ela gostava de ouvir. Sente-se culpada pelo prazer sentido, como plateia, na escuta atenta que a excitava.

Aponto para a repetição do abuso cometido por aqueles que dela deveriam cuidar. Nesse caso, o abuso se dera por meio do excesso de exposição de uma criança a uma sexualidade adulta. A avó faz de Pietra a "parceira confidente", provocando uma indistinção entre as gerações. Ocorre uma verdadeira "confusão de línguas entre adultos e crianças".

Conseguimos aqui abrir uma brecha para indagações. Pouco tempo depois, Pietra passa a questionar-se acerca da relação entre sua mãe/filha à luz da geração precedente. A avó materna, embora tivesse uma clara preferência por esta neta, também não conseguia poupá-la de um excesso.

A mãe de Pietra não era a única que se estruturara como psicótica. O tio de Pietra, um intelectual que construíra uma trajetória profissional, havia surtado também na idade adulta. Pietra começa a fazer contato com uma ampliação na trama, o que fora anteriormente impedido em virtude da "proteção" oferecida pela história recobridora.

Eis que surge outra forma de repetição na transferência

Convém notar que Penot (2005) (e devemos lembrar também de Ferenczi e Winnicott), depois de discorrer longamente acerca da pulsão, alerta-nos para o aspecto da desproporcionalidade:

> *O interesse dessas considerações me parece ser, antes de tudo, o de lembrar ao psicanalista que ele deve se manter pronto, em muitos tratamentos, a sustentar, na relação transferencial (certamente sem literalmente crer nisso!), uma assimetria e até, por vezes, uma verdadeira falta de medida – porque o paciente terá necessidade de reviver (em regressão) algo de suas trocas primeiras. (p. 34)*

O analista deve estar disposto a dar testemunho de um testemunho de si em ato, daquilo que se dá a ver na transferência, religando suas raízes às trocas primeiras; simultaneamente, deve apostar na criação de um vínculo inédito. No caso de Pietra, era preciso uma escuta testemunhal que viesse a romper com uma "comunhão de recusa",[10] pois esta impedia o pensamento acerca da loucura materna, que assim permanecia como "impressão perceptiva precoce na experiência da paciente, um real psíquico . . ." (Penot, 2005, p. 35).

Uma noite, quando termino, já tarde, o último atendimento, desço as escadas, pois escuto alguém na sala de espera. Surpreendo-me com Pietra sentada e, na poltrona ao lado, sua filha. Faltara à

---

10 Aqui Penot remete o termo a M. Fain (1982), *Le Désir de l'interprète*, Paris, Aubier Montaigne.

sua consulta matutina, às 9 horas, agendada extraordinariamente. Eram quase 22 horas.

Olha-me espantada. Percebemos o equívoco. Algo estava fora de tempo ou de lugar. Segundos de tensão e apreensão. Convido-a para subir para que possamos começar a falar do ocorrido. O desconforto é gritante. Fica no ar uma desconfiança acerca da confusão. Ela ficara do lado de fora, esperando por mais de uma hora, e eu lá dentro, ocupada com outra analisanda! É uma cena de abandono.

Por uma fração de segundo, sinto medo de ter confundido tudo! Será que estava louca e marquei duas pessoas para o mesmo horário? Felizmente, consigo retomar alguma distância, tão preciosa naquele momento, para pensar. Consigo me acalmar quando me dou conta de que não havia feito isso, pois o horário da pessoa que saíra era fixo já havia bastante tempo. É quando me vem à lembrança um fragmento da sessão anterior, na qual havíamos agendado a sessão extra para o dia seguinte. Esses segundos, com todo o turbilhão que causaram, trouxeram-me notícias, via transferência, dos efeitos de enlouquecimento que poderiam advir de um simples equívoco.

Retomo o que havíamos combinado, descrevendo a cena de que me lembro da sessão anterior, mas não é certamente algo da ordem do racional que está em jogo naquele momento. Ficar insistindo na impossibilidade de ter marcado a sessão para as 9 da noite, já que aquele era o horário fixo de outra pessoa, em nada seria terapêutico. Também me sentia muito desconfortável com a situação.

A confusão/loucura tinha se dado a ver maciçamente na transferência. Ou ela ou eu, uma de nós estaria louca. Talvez, até, nós duas estivéssemos tomadas por uma loucura contagiante e sem fim. Como interceptar esse circuito que atualizava a relação de Pietra com sua mãe e com sua filha?

Sua sessão seguinte era dali a algumas horas, no outro dia, cedo. Então esperei pelos efeitos do que tinha se dado a ver ali: um abandono "na cara dura", e mais, testemunhado por sua filha, que fora sua companhia em uma espera por uma escuta que não ocorrera. Eu temia pelos eventuais efeitos de ruptura, pois já escutara acerca de situações de trabalho, amizades e relações amorosas que implodiam quando vinha à tona na atualização do vínculo qualquer indício da relação com o outro primordial.

No dia seguinte, chega raivosa e, felizmente, fala do ódio que sentira de mim por tê-la feito passar por aquilo na frente da sua filha: "Fiquei como a louca, minha filha vendo tudo...". Pontuo a atualização de uma loucura que aparece sem que ela saiba ao certo a quem pertence. Será que não teria sido mesmo sua analista que a deixara esperando e agora tentava enlouquecê-la para não se responsabilizar? Interpreto a cena infantil na qual ela aparecia tanto como filha quanto como mãe.

Pietra emociona-se com a possibilidade de colocar em palavras o vivido, transformando a vivência, por meio do trabalho com a repetição, em experiência. Estive diante de um passado atualizado, colocado em ato, que, até então, quando contactado, mesmo que pela via de algum indício, tornava-se disruptivo. Houvera dessa vez um testemunho diferente daquele em que Pietra se colocava na posição de espectadora. Aliás, com o intuito de presentificar tal posição, havia designado a filha para o papel de espectadora: ver a confusão, a loucura, o ficar de fora quando solicitara uma sessão extra por estar angustiada... Em uma mesma cena se notam as duas facetas. Uma escuta testemunhal podia apontar a indiferenciação temporal do traumático: um testemunho da loucura ao fazer chamado para o falar, o pensar, o ligar, necessariamente precisa convocar um desligamento da crença no enlouquecimento. Ou seja, uma nova ligação surgira de um desligamento.

O trabalho analítico até então dera suporte para que o que fora dado a ver, o que fora apresentado, ganhasse possibilidade de ser representado. Um "vínculo inédito" foi estabelecido com o outro, que, em vez de só tentar se defender, reconhecia e testemunhava um testemunho de si em processo. Graças à atualização na transferência, foram possíveis o testemunho e a interpretação da analista. Desse modo, Pietra começa a encontrar palavras, juntar cacos e criar elos entre eles, ligar e desligar; o impacto, aos poucos, cede lugar à apropriação, o que engendra a passagem de uma vivência a uma experiência: existe agora a chance de elaborar e reelaborar. A experiência, como algo dito, vem encontrar-se com o vivido no atual da transferência, faz borda e permite uma representação que barra o transbordamento.

É um momento de virada na análise. Como efeito, começo a acompanhar uma mudança significativa na relação de Pietra com sua filha e com sua mãe.

No encontro com a mãe, a possibilidade de ser mãe

No retorno de uma das visitas à sua mãe, visitas que, aliás, lhe custavam muito,[11] Pietra refere uma cena tocante. Suas palavras sobre o encontro me emocionam, preciso conter as lágrimas que surgem em meus olhos, lágrimas que testemunham não o desespero, o horror, a morte e a loucura, mas um encontro, a vida em sua complexa simplicidade:

---

11 É interessante notar que falava de um custo psíquico, que se traduzia num gastar dinheiro além das suas possibilidades e, assim, endividar-se.

*Estava na padaria, olhei para ela comendo um san-
duíche e vi uma pessoa, não uma louca, mas minha
mãe. Sabe, ela gosta de misto-quente, ficamos ali comendo e conversando sobre coisas de nossas vidas.
Não sabia que a minha mãe gostava de misto-quente.
Falamos sobre nós, ela falou dela, do passado, coisas
que nunca tinha dito antes. Eu e minha mãe na padaria como pessoas comuns conversando. Ela tem o
que dizer, histórias para contar de como ela percebia.*

O testemunho de Pietra acerca desse encontro com sua mãe, diferentemente dos relatos anteriores sobre as inúmeras visitas à louca feitas por obrigação, fura a crença inabalável da história recobridora, por meio da abertura de uma fresta para a entrada de outros sentidos: um olhar inédito, uma fala inédita são elementos humanizadores de uma mãe recoberta por uma história de esquizofrenia. Um misto (reunião do que estava dissociado), desta vez quente (em contraposição ao anestesiamento que não lhe permitia sentir), leva Pietra a abandonar o círculo vicioso de gélidos e aterrorizantes encontros, nos quais ainda esperava pela irrupção do caótico, do sem sentido, do excessivo... Essa mãe também é capaz de encontros calorosos, à sua maneira, é verdade, mas encontros possíveis, nos quais se tem notícia de um prazer.

Falam sobre seus gostos, revisitam passagens da vida, olham o entorno da padaria, proferem palavras que afagam, que acalmam, que aproximam, que viabilizam uma conversa como qualquer outra conversa humana, inclusive sujeita a mal-entendidos; contudo, esse diálogo ultrapassa o caos instalado pelo discurso delirante. Estão mãe e filha inseridas em outra cena cotidiana, da qual Pietra fala com prazer.

A partir de então, surgem falas de Pietra sobre uma mãe não toda louca, uma mãe que gostava de ler, uma mãe que lhe transmitira, a seu modo, algo de sofisticado em relação à vida. Por meio dessa mãe, Pietra podia começar a reconhecer uma herança com algum valor e perceber que herdara mais do que a maldita e aprisionante encarnação da loucura. Os modos requintados, os gestos que também poderiam ser delicados, os gostos refinados (literatura, cinema, estética...) escondidos atrás da aparência descuidada e envelhecida daquela senhora, velha e nova conhecida, revelavam outras vias identificatórias que não apenas a loucura.

Pietra passa a falar do quanto podia dar-se conta da repetição geracional na relação com sua filha e interceptar a atuação. "Quando percebi que tinha extrapolado, chamei minha filha para conversar." As primeiras conversas haviam sido realizadas durante o tempo em que a menina estivera em análise, na presença da analista dela, o que promovia um alívio para mãe e filha. Agora Pietra já reconhecia por si esses momentos e ela mesma tratava de tentar cuidar disso.

Começo a apontar para a construção da possibilidade de parar antes, o que seria algo como "destampar a panela de pressão antes que ela exploda". Esse trabalho realiza-se durante um longo período, no qual as questões com a filha, mobilizadoras do próprio início da análise de Pietra, voltam às sessões de uma nova forma. A adolescente passa a poder falar também com a mãe acerca do quanto ficava assustada com a violência que irrompia em ambas nos momentos de conflito. Pietra percebe-se na filha, mas começa a perceber-se diferente de sua mãe, que não a percebia como diferente dela.

Antes da análise, Pietra buscava não conversar com a filha acerca de sua família e especialmente de sua mãe. Naquele momento, falar sobre isso seria deparar-se com suas feridas; não falar, a tentativa de evitar a angústia. Não por acaso, Pietra agora introduz nas conversas com a menina não só dados sobre a família de origem, mas elementos de sua história pregressa. Além dos medos, outro sintoma da filha de Pietra era a dificuldade de aprendizagem. Minha hipótese: isso provavelmente estaria associado à dimensão do querer saber, do permitir-se formular perguntas acerca da filiação e da sexualidade; perguntar-se acerca de sua história.

Enriquez (2001a) discute, com base na clínica, os efeitos da psicose delirante dos pais na atividade da pulsão de investigação dos filhos. Essa autora fala em falta ou excesso, extremos nos quais se situa o traumático, articulados ao "conhecimento" ou não que a criança tem da condição psíquica do genitor. Lembrei-me disso ao observar que, para Pietra e sua filha, os efeitos foram distintos: na primeira, houve um não poder parar de pensar, o que se dava por meio da história recobridora; na segunda, o inibir da pulsão epistemofílica, o que ocorria provavelmente em virtude dos sinais inconscientes de perigo advindos do conteúdo com o qual se encontraria. A cada prova escolar, a menina paralisava-se, entrava em um estado de angústia e tremia. Colocada à prova, era assim que Pietra se sentia diante da filha paralisada, tendo que provar sua sanidade ou sua loucura.

Na análise, Pietra começa a arriscar-se em um reposicionamento, graças a um "vínculo inédito" ali construído, no qual a "distância confortável" (assim eu a nomeava) podia ser conferida por ela: "nem perto demais, o que assusta, pois ameaça invadir, nem longe demais, o que impede o contato". O enquadre é tido como aquilo que protege contra os abusos. Para tanto, era preciso lidar, na condução dessa análise, com as faltas, os esquecimentos, os pedidos de sessão extra, as férias... Tais questões exigiam de mim, cada vez que surgiam, um esforço de tradução e interpretação: quando ligar, quando esperar, quando falar, quando calar...

Com minhas intervenções, procurava reconhecer e nomear a dificuldade das situações excessivas e, ao mesmo tempo, perguntar acerca de como barrá-las.

O apropriar-se da herança e o surgimento da culpa de sobrevivente

À medida que o trabalho analítico avança e as mudanças na vida afetiva e profissional de Pietra se consolidam, ela começa a se perguntar sobre o porquê de estar fazendo algo diferente, o porquê de não ter sucumbido como os outros. Não é sem culpa que fala de sua condição. Mesmo em face de todas as dificuldades, distingue--se notavelmente dos demais membros da família.

A culpa aparece associada a uma fantasia de onipotência, da qual é preciso fazer o luto. Trata-se de um segundo luto, pois o primeiro ocorrera por não ter nascido em outra família; o de agora se liga ao fato de ter que lidar com a tarefa impossível de salvar todos e conceder tanto a ela quanto a eles outra história. A Pietra II, aquela que contou com grande empenho parental para sobreviver, pensa que, depois de salva, precisa salvar todos.

Como será que sua mãe e seu pai lidaram com o luto da primeira Pietra? Que relação isso poderia ter com a insistência de sua pergunta culpabilizadora: por que ela? Ela poderia referir-se à primeira Pietra, já que esta morrera antes do nascimento da segunda?

Kaës (2000) afirma que os efeitos da morte de um irmão ou irmã para uma criança dependem do nível de organização psíquica dela no momento e da possibilidade de elaboração desse luto pelos pais. Pietra nem tinha nascido! Ao nascer, ela prontamente recebe como herança a questão do luto da irmã, impressa já na escolha de seu nome. A esse respeito, Kaës (2000) esclarece que "A imago do irmão morto aparece como o duplo mortal e mortífero da criança que sobrevive, como uma imagem de seu narcisismo destruidor. É também por meio desse esquema imaginário que o sujeito constitui e aparelha suas relações intersubjetivas" (pp. 47-48).

Esse autor ainda acrescenta que

> *A imago do irmão morto sustenta no sobrevivente o fantasma da vitória de sua onipotência perante o rival e, consequentemente, a culpa que sente em relação a este. Esta culpa é suscitada pela realização dos desejos de desaparecimento, ou seja, pela vitória da onipotência. (p. 57)*

Pietra oscilava entre longos períodos de afastamento e aproximação. Os primeiros permitiam que buscasse sustentar uma diferenciação; os segundos, que tentasse dar conta de questões para além dos seus limites. O endividamento era o sintoma. Na transferência se apresentavam os sumiços eventuais, os "mergulhos de cabeça" e o pagamento.

Escuto a culpa de Pietra como semelhante à dos sobreviventes. Há uma mistura entre a culpa e a vergonha por ter sobrevivido à catástrofe familiar e não ter impedido o "desabamento" psíquico de seus irmãos e, quiçá, a morte da sua irmãzinha. Pietra fala da experiência traumática que abatera todos e que ainda produz efeitos que podem ser dados a ver.

Surge também outro aspecto relevante: a dúvida; algo que sua mãe fizera teria ocasionado a morte do bebê? Convém notar que, se, por um lado, Pietra sustenta a fantasia onipotente em relação à irmã, por outro, reafirma essa fantasia em uma identificação com a loucura materna.

A história recobridora funcionara até então como um afasta-dor das lembranças do que fora vivido: os episódios violentos e dolorosos, apartados, mantinham o luto impedido e, portanto, interminável.

Pietra, ao falar de sua culpa por ter sobrevivido, entra em um novo momento na análise, no qual começa a reconhecer as evidências, ao mesmo tempo, atormentadoras e jubilosas da diferenciação. Se sobreviver tem, sem dúvida, um valor fálico, dar-se conta do entorno, tão pouco modificado ao longo de todos esses anos, é algo perturbador. Não por acaso, quanto mais se reconhece em uma nova posição, mais tem que se haver com a diferença de condições entre ela e os irmãos. Perguntas em um tom acusador se fazem presentes: "Por que eu? Será que sou uma farsa[12] se não fiquei como eles? Será que não os abandonei tentando me salvar? Se eu tivesse ficado lá, não poderiam as coisas ter sido diferentes?".

Digo-lhe que esse seu fazer uma história diferente, ainda que ela e os irmãos tivessem a mesma origem, foi algo construído com muito investimento da parte dela, além de isso não ter sido responsável pelos desfechos complexos e trágicos das vidas dos pais e dos irmãos. Ela havia feito o que estava ao seu alcance, mas nem tudo dependia apenas de seu esforço. Sua saída de casa não destruiu seus irmãos. Não foi também seu nascimento que matou sua irmã.

Leva tempo até que possa escutar o que eu lhe aponto acerca de uma tentativa maníaca de salvar todos que a coloca em situações extremamente delicadas. Como era difícil dizer "não", dizer a eles, mas também a si mesma, que não era possível corresponder à

---

12 Começo a me dar conta de que o significante "farsa" também se refere a uma Pietra que "toma o lugar" de outra: a farsante.

imagem onipotente a ela atribuída. Pietra era considerada pela família (e isso incluía membros da geração seguinte, como os sobrinhos) alguém que tinha "uma vida boa" e poderia dar a eles aquilo que lhes faltava, poderia suprir as necessidades de todos.

A imagem onipotente ainda a seduzia; por essa razão, quando percebia, ou melhor, tirava as consequências de sua percepção, já havia ultrapassado seus limites e se colocado em risco. Risco de não conseguir dar conta da sua vida e acabar como eles, risco que a deixava excessivamente perto da loucura. Dizer não às vorazes e insistentes demandas seria reconhecer que não tinha dinheiro, que não tinha o poder de transformar o outro (precisava reconhecer a alteridade), que não tinha uma energia inesgotável, enfim, reconhecer que tinha limitações, ao aceitar abrir mão de "o melhor" em troca de "o melhor possível". O estabelecimento dos limites põe termo a uma dor que parecia eterna, assim como, posteriormente, a um anestesiamento que se mostrava sem fim. Estabelecer limites libera o acesso a um vivido que fora silenciado e que, assim, permanecia excluído: a experiência não podia ser simbolizada enquanto estivesse tamponada pela história recobridora da loucura da mãe.

A análise de Pietra não se furta ao trabalho que permite a passagem da filha da louca para a construtora da própria história. Como pertencer a essa família e diferenciar-se simultaneamente? Como se apropriar do herdado?

O trabalho com a herança

Novos fragmentos são acrescentados àquela narrativa. Pietra se dá conta de que o primeiro surto da mãe não ocorrera quando ela, Pietra, estava com 11 anos. Algo muito mais antigo, inclusive anterior ao casamento com seu pai, já estava presente. Não fora então ela a responsável por tudo! O trabalho com a onipotência começava a revelar seus efeitos.

Inicia-se um período no qual os sentidos do endividamento começam a ser tocados na análise. Permanecer em débito era manter um pertencimento ao grupo familiar, a uma linhagem (especialmente a paterna), pois de tempos em tempos tinha que dar conta dos excessos cometidos, fazer a expiação da culpa.

De qualquer modo, aproximar-se dessa questão agora era diferente de aproximar-se excessivamente dela, mas isso implicaria adentrar um pouco mais os porões da vida, de forma a encontrar os elos transmitidos e decidir o que fazer com eles. Eis a direção da cura: da presença avassaladora da loucura da mãe ao encontro de uma mãe multifacetada, do endividamento à dívida simbólica.

O oferecimento de uma escuta testemunhal como forma de chamar à construção de um testemunho de si a ser testemunhado pelo analista é o caminho escolhido. Essa escuta procura abrir espaço, ao reconhecer, suportar e buscar elaborar os lutos, para um testemunho de si. Testemunho esse que não se faz sem que se abandone a história recobridora. Testemunho esse que, obviamente, não se faz sem risco, pois precisa encarar a complexidade presente na existência humana: a desmesura das situações traumáticas, nas quais, seja por excesso, seja por falta, não se escapa do contato com o real.

"Tatiana, trabalhar com a minha história, me dar conta do que foi, do que aconteceu, é muito duro, é muito difícil, é como ter espinhos enfiados na carne, dói." Mas agora Pietra me fala de um corpo que sente, livre do anestesiamento, e isso não diz respeito apenas à concretude da própria pele, mas à metáfora de uma dor psíquica em vias de perlaboração. Tempos depois, em outra sessão, acrescenta: "Eu estou em pé, agora posso bancar a minha história e quero urgentemente pagar as minhas dívidas!".

Assim Pietra nos faz relembrar Todorov (2000), numa passagem já referida nesse estudo:

> *Sem dúvida, todos têm direito a recuperar seu passado, mas não há razão para erguer um culto à memória pela memória; sacralizar a memória é outro modo de fazê-la estéril. Uma vez restabelecido o passado, a pergunta deve ser: para que pode servir e com que fim? (p. 33)*

Pietra nos fala da apropriação da herança como um trabalho que só se realiza por meio de uma apropriação do passado; esta impulsiona o desprendimento de vivê-lo como presente. Perder a história recobridora permite o encontro com o vazio necessário à construção de novos sentidos, como acontece com Austerlitz.

Pietra me comunica que bancar sua história passa por transformar sua dívida numa dívida simbólica, o que, nesse sentido, é muito diferente de adotar para si a posição de devedora.

Conclusão: tecendo o final

Quien escribe teje. Texto proviene del latín textum, que significa tejido. Com hilos de palavras vamos deciendo, com hilos de tempo vamos vivendo. Los textos son, como nosostros, tejidos que andan...
Eduardo Galeano (2001), *Tejidos*

Alguma hora é preciso chegar. Encontrar-se com as exigências para a conclusão de um trabalho coloca-nos a complexa questão acerca do testemunho de um caminho percorrido. Só depois de ter pisado e deixado as pegadas, (re)encontramos o desenho do trajeto e, a partir daí, abre-se uma nova possibilidade de (re)elaboração. Como já anunciei na epígrafe da introdução, caminho feito ao caminhar, caminho dantes desconhecido em suas exatas coordenadas, caminho mal esboçado nos primeiros passos e que, necessariamente, só pode ser apropriado quando reconhecido no *a posteriori*.

E agora, qual é o ponto de chegada?

Reconheço o ponto de chegada em seu caráter de provisoriedade, ou seja, em sua relação com a abertura de novos caminhos: novas relações estabelecem-se a partir das anteriores. O ponto de chegada é então também, paradoxalmente, o engendramento de novas questões.

Concordo com Galeano quando diz que os textos são tecidos que andam. Opto, então, por expor as rearticulações suscitadas em mim próximo ao momento de finalizar; a descoberta de novos caminhos em gérmen, realizada a partir do reconhecimento de um trajeto percorrido.

Como herdeira de Freud, autorizo-me a pensar no entrelaçamento indissociável entre a teoria e a clínica, de uma a outra, no vai e vem entre trama e urdidura. O leitor deste trabalho testemunha o testemunho da práxis de uma analista – que causa seu trabalho de escrita – que, por sua vez, testemunha a construção de um testemunho de si por parte de seus analisandos.

Um trabalho de tessitura convocado pela busca de explicitação do que pode vir-a-ser uma passagem terapêutica diante do traumático. Ou seja, uma aposta, como analista, guiada pela ética da psicanálise, na transformação da dor e do *pathos* em experiência.

Às portas da conclusão, deparei com boas e novas surpresas. Primeiro, a publicação no Brasil do livro *Guerra aérea e literatura*, de Winfried Georg Sebald (2011). Esse livro divide-se em três partes: as conferências proferidas no ano de 1997 na Universidade de Zurique, um texto produzido pelo autor a partir das reações do público provocadas pelas conferências e, finalmente, a relação entre a urgência dos literatos alemães pós-1945 de fazerem retoques na imagem de si mesmos – tomando como exemplo o caso de Alfred Andersch – e um desvio do povo alemão em relação ao seu passado não tão longínquo. Nas palavras do próprio Sebald (2011):

A produção dos autores alemães depois da guerra é, por essa razão, muitas vezes determinada por uma consciência falsa ou parcial, formada para a consolidação da posição extremamente precária dos escritores numa sociedade quase que na íntegra moralmente desacreditada. (p. 8)

O acesso a esse material fez-me refletir acerca da potencialidade terapêutica da produção cultural, tanto em termos de cada sujeito quanto da coletividade. Sebald (2011) sustenta a tese de que os efeitos nefastos para o povo alemão do pós-guerra estão diretamente associados ao fato de não terem sido acionados mecanismos coletivos – entre os quais a literatura seria um relevante elemento – para que se pudesse pensar, falar e tirar conclusões sobre os efeitos da Segunda Guerra como um todo e dos bombardeios aéreos em particular. Essa discussão está intimamente associada ao esforço de todos aqueles que têm se dedicado a trabalhar sobre a *Shoah*. Olhar para o outro lado de uma mesma questão parece-me uma forma de considerar a alta complexidade do assunto[1] na busca de tocar em pontos nevrálgicos e perpetuadores dele; é apostar no advento de novas tramas, na busca de um espaço de simbolização em favor da vida.

O segundo encontro foi com o texto "Narrar o trauma: a questão dos testemunhos de catástrofes históricas" de Márcio Seligmann-Silva (2008). Nele, o autor dialoga, entre outras áreas, também com a psicanálise, acerca das hesitações intrínsecas ao gesto testemunhal, uma vez que ele só existe "sob o signo de seu colapso e de sua impossibilidade" (Seligmann-Silva, 2008, p. 65). No que denomina de

---

1 Neste sentido, em minha dissertação de mestrado foi muito importante o trabalho com o livro de N. Lebert e S. Lebert (2004), *Tu carregas meu nome: a herança dos filhos de nazistas notórios*.

260　CONCLUSÃO: TECENDO O FINAL

uma *política da memória*, aponta a articulação entre memória individual e coletiva diante das "catástrofes históricas". Esse encontro ajudou-me a cerzir os fios de meu próprio *textum* ao reafirmar algumas ligações estabelecidas anteriormente e acrescentar-me novas referências.

A leitura de um texto de Dolf Oehler (2011) apresentado em um simpósio na Universidade Federal do Rio de Janeiro apontou-me a relação entre W. G. Sebald e W. Benjamin. Com a competência de um professor de literatura comparada, argumenta em favor da proximidade entre o romance de Sebald, *Austerlitz*, e a temática clássica de outros autores europeus, especialmente Benjamin. Foi uma grata surpresa dar-me conta dessa correspondência a partir de uma aprofundada análise literária, pois eu já a havia esboçado sob o viés da psicanálise. Para mim, o acréscimo das contribuições de Benjamin tinha se constituído como "necessidade" engendrada pela própria trama. A leitura desse artigo reiterou, no *après-coup*, o caminho que meu texto havia tomado.

A título de finalização, irei tecer algumas considerações articulando esses textos com o conceito de história recobridora tal como comparece na clínica psicanalítica, incluindo a temática da transmissão psíquica geracional.

O reencontro com W. G. Sebald, agora o ensaísta

W. G. Sebald foi meu parceiro de pesquisa. Meu encontro com *Austerlitz*[2] deu-se em um momento no qual estava mobilizada por inquietações advindas da clínica e intuitivamente esboçava hipóteses a respeito das histórias recobridoras. Acompanhando a narrativa do livro de Sebald, naquilo que pode ser denominado como

---

2　Registro aqui um agradecimento a meu orientador pela sugestão.

um tipo de literatura de testemunho,[3] deparei-me com pegadas – ideias acerca do psiquismo e dos efeitos do traumático que muito me interessavam. Ao acompanhar minuciosamente essas pegadas, construí a proposta das histórias recobridoras; estas seriam como que os pés que produziram os rastros deixados.

Em *Guerra aérea e literatura,* o autor abordou elementos que reconheço como fortemente presentes em seu romance *Austerlitz,* classificado por Oehler (2011) como o verdadeiro testamento espiritual de Sebald. Com a ajuda da leitura de Oehler sobre o livro ficcional de Sebald, pude reconhecer um paralelo com os efeitos de articulação produzidos em mim.

A partir de minha leitura[4] de "Alucinações e alegorias" recolho subsídios para repensar as pegadas aqui referidas. Oehler (2011) destaca alguns pontos de especial interesse para a psicanálise. Primeiro, ao colocar Sebald como herdeiro de outros autores[5] e do legado de uma Alemanha silenciada em sua vergonha e tristeza provenientes das consequências do regime nazista. Ora, como analistas, sabemos da importância do Outro na constituição do sujeito e, como humanos, deparamos com o desafio diante da herança.

O que Sebald faz com o legado é uma tentativa (vale dizer, muito bem-sucedida em termos de sublimação) de apropriação do herdado. Mas, para tanto, ele é obrigado a criar formas de expressão a partir de sua colisão com o inexprimível, o que só é possível

---

3 Márcio Seligmann-Silva propõe dois tipos de literatura de testemunho: a de ficção e a autobiográfica.

4 Acentuo leitura aqui como elaborações a partir do texto de Oehler que obviamente se produz a partir de uma "digestão" singular do alimento por ele oferecido.

5 O que o faz minuciosamente a partir do paralelo traçado entre elementos presentes em *Austerlitz* e em textos de outros autores, como Benjamin, Baudelaire, Blanqui etc.

262 CONCLUSÃO: TECENDO O FINAL

quando há uma aceitação do aspecto paradoxal inerente à condição humana.

Assim, sua narrativa resulta de um compromisso com a elaboração de vivências traumáticas, "de uma vontade de saber e de dizer, de penetrar nos recantos mais sombrios da história do século XX"[6] (Oehler, 2011, p. 151), um dos aspectos que constitui a força de atração produzida por seu texto. Para tanto, Oehler (2011) destaca que Sebald faz uso de reflexos infinitos (*mise en abyme*) da narrativa, efeito alcançado por meio da atribuição da palavra, ao longo da narração, a outros narradores e narradoras, até se confundir a voz do próprio autor. Em uma nota de rodapé, Oehler (2011) esclarece:

> *Como todos os livros de Sebald,* Austerlitz *está entre os antípodas do romance polifônico descrito por Bakhtin. Poderíamos falar de uma narração monocórdia em várias vozes. O fato de uma fotografia, que Austerlitz diz haver tirado em Terezín e reproduzido no texto (p. 186), ter sido na verdade tirada pelo autor e mostrar seu próprio reflexo é um indício revelador desta fusão das instâncias narrativas. Outro exemplo: o famoso "diz fulano diz sicrano diz beltrano" com que tanto brincamos. (p. 152, grifo do original)*

Impossível não relacionar com os efeitos elaborativos e, portanto, terapêuticos da escuta testemunhal, uma escuta *provocadora* por seu caráter de testemunho do que virá-a-ser um testemunho de si;

---

6 Oehler (2011) qualifica como masoquista essa vontade de Sebald, uma vez que seu pai foi um simpatizante de Hitler; eu, porém, preferiria chamar de elaborativa, uma vez que busca lidar criativamente com o que recebeu de herança.

uma escuta que, ao se "emprestar" como continente acolhedor de partes cindidas, se presta a funcionar como uma espécie de espelho em sua capacidade de produzir *mise en abyme,* o que, segundo Oehler (2011), é "bem apropriado a . . . busca do inexprimível" (p. 152). Na psicanálise, sabemos da importância do encobrimento do real pelo imaginário, aquilo que faz coro com a afirmação de Oehler.

Em *Guerra aérea e literatura* – no qual Sebald fala em primeira pessoa e discorre acerca de sua profunda pesquisa sobre a inexistência de registro, nos autores alemães do pós-guerra, da devastação sofrida pelas cidades alemãs durante os últimos anos da Segunda Guerra Mundial – há inúmeras passagens que me fizeram pensar na proporção da vivência, esta em oposição à possibilidade de transformação em experiência, como vimos no Capítulo 1, também por parte dos alemães; uma demonstração da barbárie na qual não há vencedores, mas apenas sobreviventes aos quais se impôs, em graus diversos, é verdade, a urgente e sempre incompleta tarefa de atribuição de sentido.

Oehler (2011) ressalta o "compromisso tão delicado quanto profundo com as vítimas da Shoah" (p. 151) por parte de Sebald. Vale acrescentar que se trata de um compromisso em favor de restituir a discussão acerca da humanidade fortemente atacada, acrescentando aí também os civis alemães das cidades também fortemente atacadas. A passagem seguinte nos dá a dimensão do que se abateu sobre o povo alemão e reforça a insistente pergunta acerca do foi feito com o que foi vivido:

> *É certo que consta nos* Strategic bombing surveys *dos Aliados, nos levantamentos do departamento Federal Alemão de Estatísticas e em outras fontes oficiais, que apenas a Royal Air Force lançou, em 400 mil voos, 1 milhão de toneladas de bombas sobre a zona inimiga;*

> *que, das 131 cidades atingidas – umas só uma vez, outras repetidas vezes –, algumas foram totalmente arrasadas; que a guerra aérea deixou em torno de 600 mil vítimas civis na Alemanha; que 3,5 milhões de residências foram destruídas; que, no final da guerra, havia 7,5 milhões de desabrigados; que, em Colônia, a cada habitante correspondiam 31,4 metros cúbicos de escombros e, em Dresden, 42,8 – mas, mesmo assim, não sabemos o que tudo isso significou de verdade. A ação de aniquilamento, até então sem par na história, ingressou nos anais da nação que se reconstituía apenas em forma de generalizações vagas e parece mal ter deixado um vestígio de dor na consciência coletiva, permanecendo amplamente excluída da experiência retrospectiva pessoal daqueles por ela afetados, sem desempenhar jamais um papel digno de menção nas discussões acerca da instituição interna de nosso país e nunca se tornando, como constatou mais tarde Alexander Kluge, uma cifra publicamente legível – fato absolutamente paradoxal, quando se pensa na quantidade de pessoas que estiveram expostas a essa campanha dia após dia, mês após mês, ano após ano e no longo período de tempo que ainda se estendeu pelo pós-guerra, em que elas foram confrontadas com as reais consequências, que (como seria de pensar) sufocavam qualquer sentimento positivo da vida. (Sebald, 2011, pp. 13-14, grifo nosso)*

Tanto Sebald (2011) quanto Oehler (2011) falam de um apagamento atribuído ao recalque, mas que eu prefiro relacionar ao mecanismo da recusa, tamanho o poder de eliminação. Encontro para tanto elementos em outra passagem mencionada por Sebald,[7] em que ele cita a descrição contida em uma anotação de Döblin ao final de 1945, que evidencia o não registro sensorial do odor fétido dos cadáveres em decomposição por parte das pessoas que circulavam entre eles. "Eu sei, mas mesmo assim..."

Um apagamento, segundo Sebald (2011), a serviço da declaração de um recomeço heroico que cinde a destruição total da "aberração coletiva" (p. 16), que propõe uma reconstrução maníaca ali onde cabia um trabalho de luto. Podemos levantar a questão de qual o preço pago por esse apagamento e de quanto a história de heroísmo nada mais é que uma história recobridora:[8]

> *Entrementes já lendária e, de certo ponto de vista, de fato admirável, a reconstrução alemã equivaleu, após as devastações causadas pelos inimigos de guerra, a uma segunda aniquilação, realizada em fases sucessivas, de sua própria história anterior. Assim, tanto pelo*

---

7 "Apesar da energia quase inacreditável com que, logo após o ataque, se procurava restabelecer um mínimo de ordem, mesmo depois de 1950, ainda se viam cruzes de madeira sobre os monturos em cidades como Pforzheim, que, em um único ataque, na noite de 23 de fevereiro de 1945, perdera quase um terço de seus 60 mil habitantes; e, certamente, logo depois da guerra, sopravam pelas cidades alemãs os bafos horrendos que, como escrevia Janet Flanner em março de 1947, eram exalados dos porões escancarados de Varsóvia ao primeiro calor da primavera. Pelo visto, porém, eles não penetravam no sensório dos sobreviventes que perseveraram no local da catástrofe. As pessoas se moviam 'pelas ruas entre ruínas medonhas como se, na verdade, nada houvesse acontecido e . . . esse sempre tivesse sido o aspecto da cidade', diz a anotação feita por Alfred Döblin no sudoeste da Alemanha, datada do final de 1945" (Sebald, 2011, p. 15).

8 Não é possível deixar de notar a força dos movimentos neonazistas na atualidade.

> *trabalho exigido como pela criação de uma nova rea-*
> *lidade despida de fisionomia própria, ela impediu de*
> *antemão qualquer recordação do passado, direcionando*
> *a população, sem exceção, para o futuro e obrigando-a*
> *ao silêncio sobre aquilo que enfrentara. (Sebald, 2011,*
> *pp. 16-17)*

A tese de Sebald é que a literatura sintomaticamente não se ocupou da temática por estar em total consonância com o conjunto da maioria da população alemã para a qual a guerra aérea, como desfecho dos horrores vivenciados pela Segunda Guerra, permaneceu como "segredo familiar vergonhoso, submetido a uma espécie de tabu, que não se podia confessá-lo, quiçá, nem a si próprio" (Sebald, 2011, p. 19). Poucos autores ousaram mexer no tabu imposto sobre a destruição.

Sebald (2011) chama nossa atenção para o que nomeia uma "espantosa capacidade de autoanestesia de uma coletividade" (p. 20), para ele sem um dano psíquico relevante e atribuída a um trabalho de recalcamento. Ele confere a essa capacidade o papel de catalisadora do milagre econômico alemão, embora ele possa ser fundamentado em inúmeras explicações identificáveis sob o ponto de vista da economia. É na dimensão psíquica, portanto, que está presente uma energia não exaurida até os dias atuais e que tem como fonte

> *o segredo guardado por todos sobre os cadáveres amu-*
> *ralhados nos alicerces de nossa entidade estatal, um*
> *segredo que uniu os alemães nos anos após a guerra e*
> *ainda hoje os une com força maior do que qualquer*
> *objetivo positivo, como, por exemplo, a realização da*
> *democracia. (p. 21)*

Um segredo construído sobre a culpa e a vergonha impostas pelo assassinato de milhões de seres humanos nos campos de extermínio. Sebald (2011) conta-nos que não foram poucos os que viam nos ataques aéreos e seus subsequentes incêndios devastadores um ato de retaliação, uma punição justa diante do que se vivenciara, mas da qual não se podiam extrair consequências; ou seja, era como se fosse uma suspensão do julgamento que, sabemos, visa impedir o encontro com o vazio. Raramente alguém, fora a imprensa nazista, protestou contra a campanha de destruição. "Há diversos relatos de que, diante da catástrofe que então ocorria, os alemães se puseram em um estado de muda fascinação" (p. 22).

Sebald (2011) descreve um anestesiamento, que relaciono como próprio dos efeitos da recusa, revelador de uma contraposição entre a necessidade de saber e o bloqueio dos sentidos. Entre eles, as "histórias verdadeiras" não podiam ser apreendidas. Chama minha atenção a referência à história verdadeira, o que corrobora minha concepção de história neste trabalho, qual seja, a de que o caráter de verdadeiro não está no factual em si, mas na transformação da vivência em experiência. Sebald colabora com essa argumentação ao realizar a leitura do que eu chamaria de história recobridora de toda uma nação.

Mas o que a escassez de observações e comentários a respeito da guerra aérea procurava esconder? O que a história recobridora da reconstrução alemã procurava recobrir?

Encontro respostas nas palavras do próprio Sebald (2011):

> . . . *explica-se pela imposição implícita de um tabu bastante compreensível quando se pensa que os alemães, que se propuseram à total limpeza e higienização da Europa, precisavam se defender contra o medo que*

268   CONCLUSÃO: TECENDO O FINAL

> *agora despontava entre eles de, na verdade, serem eles*
> *próprios o povo das ratazanas.* (p. 38)

A coincidência total entre o vazio e o nada, típica das situações traumáticas provocadoras dos efeitos de anestesiamento anteriormente mencionados, é apontada várias vezes ao longo do livro, como na forte passagem descrita a seguir:

> *Essa imagem da proliferação das espécies que costumam ser oprimidas de todas as maneiras é um raro documento da vida em uma cidade em escombros. Embora a maioria dos sobreviventes tenha sido poupada do confronto direto com as deformações mais horripilantes da fauna em ruínas, pelo menos as moscas os perseguiram por todos os cantos, para não falar do "odor ... de apodrecimento e de decomposição" que, como escreve Nossack, "pairava sobre a cidade". (Sebald, 2011, p. 39)*

O autor reitera a capacidade de esquecimento de um povo que não quis nada saber acerca daquilo que estava debaixo de seus olhos, quando "o puro pânico determinou a decisão de prosseguir como se nada houvesse acontecido" (p. 43). Entendo a força desse esquecimento em articulação com a insistência de lembranças que funcionam como tamponamento do luto impedido. Sebald (2011) aponta o quanto a literatura alemã não contribuiu para a transmissão da dimensão e das consequências da guerra de bombardeios para a Alemanha, fato para ele confirmado pelas dezenas de cartas recebidas após suas conferências em Zurique.

O autor também fala de quanto reconhece nele próprio os horrores provenientes de algo que, embora não tenha sido vivido "na pele", é muito presente e determinante em sua vida; algo relacionado à sua origem e do qual ele, como qualquer humano, não tem como escapar. Restaria ao sujeito embrenhar-se na tarefa de juntar o que foi cindido, pois só dessa forma é possível inventar maneiras de processar:

> *Passei a minha infância e juventude na região fronteiriça do norte dos Alpes, que fora poupada dos efeitos imediatos das chamadas "operações bélicas". Quando a guerra terminou, eu acabara de completar um ano de vida. Muito dificilmente, portanto, posso ter conservado as impressões com base nos reais acontecimentos daqueles tempos de destruição. Ocorre-me, porém, até hoje, ao ver fotografias ou filmes documentários da guerra, de me sentir como se nela, por assim dizer, se encontrasse minha origem, e daí, desses horrores que eu sequer vivi, caísse uma sombra sobre mim e da qual eu jamais escaparei completamente. (Sebald, 2011, p. 66)*

Tratei neste livro da discussão acerca da construção e dos efeitos das histórias recobridoras no sujeito. A leitura do livro de Sebald inquieta-me por me fazer pensar em como essa narrativa complicadora e, muitas vezes, impeditiva do trabalho de elaboração funcionaria em termos coletivos. Como se dá a transmissão de uma história recobridora ao longo de várias gerações? Quais são seus efeitos na constituição do sujeito?

Há psicanalistas que vêm há tempos trabalhando na discussão e na intervenção em catástrofes sociais, em experiências coletivas de horror. Já é sabida a importância de uma política de memória. Mas, apoiada em Todorov (2000) – quando ele chama a atenção para a importância da articulação entre memória e

270 CONCLUSÃO: TECENDO O FINAL

esquecimento como forma de nos libertarmos dos efeitos de um passado traumático e de barramos a repetição no presente –, penso na força de repetição que pode ter uma história recobridora compartilhada socialmente e no trabalho terapêutico necessário para a (re)tomada de um processo de simbolização.

Os psicanalistas e os escritores como testemunhadores na transformação da vivência em experiência

Nas situações constitutivas e estruturantes há a necessidade de reconhecimento diante do espelho que engendra o reconhecimento de si e do outro. As situações traumáticas, tanto coletivas quanto singulares, colocam em suspenso, em diferentes graus, a dimensão da alteridade. Seligmann-Silva (2008) aponta a outridade dos sobreviventes de catástrofes históricas, nais quais é o testemunho do testemunho que pode reestabelecer a ponte com o outro e, portanto, promover o religamento com o mundo.

Esse autor relaciona a construção de uma narrativa e o desejo de renascimento. Entendo que se refere a situações nas quais é preciso barrar os efeitos funestos promovidos pelo ataque ao humano. Recorre à situação psicanalítica elementar como uma cena testemunhal na qual há uma aposta na construção de uma possibilidade de um mundo menos *unheimlich*. Podemos pensar, a partir da virada proposta por Freud nos primórdios da psicanálise – de espectadores da cena histérica a escutadores da histérica –, que seus efeitos terapêuticos recaem justamente na passagem do ver ao escutar. Por esse motivo, proponho que chamemos esse dispositivo de trabalho com o traumático de escuta testemunhal.

Seligmann-Silva (2008) reitera a importância do compromisso entre os trabalhos de memória individual e coletivo, destacando que quanto maior a proximidade e o grau de violência, maior o impedimento para a ocorrência do testemunho. Assim, o social poderia ter uma função de terceiro tal e qual esta é postulada pela psicanálise diante de um teor de irrealidade. Nas palavras do autor, um teor de irrealidade "sabidamente característico quando se trata da percepção da memória do trauma. Mas, para o sobrevivente, esta 'irrealidade' da cena encriptada *desconstrói o próprio teor de realidade do restante do mundo*" (Seligmann-Silva, 2008, p. 69).

Penso que as histórias recobridoras funcionam como memória traumática em palavras. Nelas se faz presente uma dimensão sentida como de irrealidade, pois impede a conexão de ligações representacionais essenciais para atribuição de sentido. Nesse arranjo, algo intercepta a possibilidade de estabelecer ligações entre o pulsional e a significância, o que reitera um encontro com a Coisa na qual a função de terceiro, a mediação, falha.

Seligmann-Silva (2008) cita uma psicanalista de origem armênia,[9] Hélène Piralian, que nos relembra de que a simbolização deve gerar uma retemporalização do trauma. Para tanto, ela se refere ao alcance de uma tridimensionalidade numa imagem "calcada e decalcada, chata, advinda do choque traumático" (p. 69), promotora de uma nova dimensão aos fatos enterrados. Acompanhemos Seligmann-Silva (2008) nesta passagem:

> *Conquistar esta nova dimensão equivale a conseguir sair da posição do sobrevivente para voltar à vida. Significa ir da sobre-vida à vida. É claro que nunca a*

---

9 Que trabalha com a questão do genocídio armênio.

272 CONCLUSÃO: TECENDO O FINAL

> *simbolização é integral e nunca esta introjeção é completa. Falando na língua da melancolia, podemos pensar que algo da cena traumática sempre permanece incorporado, como um corpo estranho, dentro do sobrevivente. Na cena do trabalho do trauma nunca podemos contar com a introjeção absoluta. Esta cena nos ensina a sermos menos ambiciosos ou idealistas em nossos objetivos terapêuticos. Para o sobrevivente sempre restará este estranhamento do mundo advindo do fato de ele ter morado como que "do outro lado" do campo simbólico. (p. 69)*

Para fazer frente a esse esburacamento promovido pelo traumático, o autor aposta na imaginação como forma de contornar a desproporção insolúvel entre o vivido e a narrativa. Recorre a Jorge Semprún, ele próprio um sobrevivente, que acredita que a melhor pessoa para escrever sobre os campos de concentração não é a que esteve de fato lá, mas a que lá entrou pela "porta da imaginação". Impossível não lembrar aqui de *Austerlitz* e pensar não só nos efeitos de simbolização que teve para Sebald, mas também nos efeitos que pode ter produzido, e pode ainda vir a produzir, nos herdeiros diretos e indiretos da Shoah.

O autor propõe à literatura um lugar de relevância na passagem de uma literalidade da cena traumática, num achatamento de suas imagens, para a possibilidade de um efeito terapêutico por meio do imaginário, pois "a 'literalidade' da situação traumática traz consigo a sensação de singularidade absoluta. Esta não é nada mais do que o sintoma da *ruptura com o simbólico*" (Seligmann-Silva, 2008, p. 72, grifo do original).

Nessa mesma direção, Figueiredo (2014) argumenta a favor do poder de transformação de subjetividades que os objetos culturais podem ter. Estes seriam os objetos transformacionais, conceito cunhado por Bollas, no qual o autor se apoia para propor e aprofundar toda uma discussão acerca da experiência estética e seus efeitos de produção de subjetividades. Figueiredo (2014) defende que as experiências culturais propiciam ligações que não podem e não devem ser desconsideradas em sua potência e, eu acrescentaria, inclusive em sua potência no enfrentamento do traumático. Vale dizer que as ligações que podem advir estão intimamente associadas às rupturas e aos desligamentos promovidos pelos objetos transformacionais, tão relevantes para que novos campos de experiência se instalem. O trabalho clínico com as histórias recobridoras incide também a partir dessa lógica: desconstrução, destamponamento, ligações e novas construções.

Concluo então que não poderia ter tido contato com melhor companhia do que Sebald nesta jornada em busca das histórias recobridoras.

As histórias recobridoras e a transmissão psíquica geracional

O silenciamento diante da dor e do horror produzidos pelas situações de catástrofes sociais (como a ditadura em nosso país) é calcado sobre a manutenção do esquecimento e do desmentido. A violência exercida sobre os corpos e a capacidade de pensar custa muito não só àqueles que foram afetados diretamente, mas também às gerações seguintes. Diante da força da destrutividade posta em jogo, resta a aposta de fazer frente a tais situações e resistir.

A ideia de história recobridora como uma narrativa está, justamente, silenciada em sua possibilidade de expressar a dor; uma história que, embora seja feita de palavras, não se apresenta em sua

274 CONCLUSÃO: TECENDO O FINAL

dimensão elaborativa. Nesse sentido, pensar acerca da qualidade da narrativa construída ante os efeitos do traumático parece-me uma importante ferramenta clínico-social. Se é imprescindível trabalhar com a mudez, o mesmo me parece em relação à tagarelice das histórias recobridoras.

Em termos das histórias recobridoras e de sua relação com a transmissão psíquica entre gerações, localizo em Austerlitz e Pietra o que chamaria de uma intervenção a tempo. Por meio da escuta testemunhal, houve uma "provocação" que resultou na construção de um testemunho de si. Um trabalho terapêutico que incidiu, então, na transmissão psíquica intergeracional na qual a passagem de uma geração à seguinte é acompanhada pela transformação do transmitido.

No atendimento de Pietra, abriram-se novas possibilidades de transmissão para sua filha quando outras versões acerca da loucura da mãe começam a ser construídas, quando, destamponando o vazio, Pietra encontrou-se novamente com a complexidade sem precisar, dessa vez, anestesiar-se. Há um incremento da capacidade de simbolização da história, incluindo a de seus antepassados; inicia com a mãe e logo começa a surgir a geração das avós. A intervenção a tempo intercepta uma transmissão psíquica transgeracional já em curso e apresentada, no início da análise de Pietra, pelos sintomas de sua filha. O que se intercepta é uma transmissão sem modificação, aquela que "atravessa as gerações e se impõe em estado bruto aos descendentes" (Granjon, 2000, p. 24).

Vale ainda ressaltar que abrir espaço para a reflexão acerca das histórias recobridoras no coletivo é importante para pensarmos o lugar do analista na contemporaneidade diante da insistência de um traumático das catástrofes sociais que se presentifica a cada "nova" situação de catástrofe e que nos submete ao impedimento da fala, do pensamento e da elaboração. Cabe aos analistas um posicionamento. Essa reflexão muito me interessa enquanto compromisso com a ética da psicanálise e, simultaneamente, com sua terapêutica.

Posfácio

Acompanhei Tatiana durante a escrita de sua tese de doutorado e, desde o primeiro momento, tive a íntima certeza de que, apesar de todas as angústias e inseguranças com as quais ela foi se deparando ao longo de seu percurso, sairia dali uma belíssima tese. Ao reler agora seu trabalho, já no formato de livro, tenho a mais absoluta certeza de que não me enganei: o livro que vocês, caros leitores, acabam de ler, mesmo que a autora afirme que, se ele tivesse sido escrito hoje, seria inevitavelmente um texto diferente, é realmente muito bom e atual.

A obra é boa por inúmeras razões, e vou citar aqui apenas algumas. A primeira, e talvez a mais importante, é que parte de uma inquietação clínica da autora – que é o que se espera de um analista, visto que, como ela própria afirma, é o que torna nosso trabalho apaixonante. A partir daí, na procura do que poderia ser uma história recobridora que pudesse explicar a insistência de alguns ditos que impossibilitam o esquecimento tão necessário à perlaboração, ela acaba trilhando o caminho de um recorte temático presente não só na clínica, mas também na filosofia, nas ciências sociais e, principalmente, na literatura, áreas das quais ela se serve com maestria e que tornam, a meu ver, seu texto tão interessante.

Antes de continuar, quero ressaltar aqui algo para o qual Luís Claudio Figueiredo, em sua introdução, já chamou nossa atenção: com sua "história recobridora", Tatiana vai além dos conceitos fundamentais da disciplina, dando, de certo modo, origem a um novo conceito que lhe permite dar vazão a sua inquietação clínica.

Chamo a atenção para a interdisciplinaridade presente em sua obra, porque sua teoria da "história recobridora" encontrou respaldo em primeiro lugar na literatura, principalmente na obra *Austerlitz*, de W. G. Sebald, que fez bastante sucesso entre nós alguns anos atrás e na qual ela encontrou a ilustração de uma história recobridora que lhe possibilitou formular e sustentar sua hipótese de que certas narrativas não só não funcionam para a elaboração do traumático, como podem também ser retraumatizantes, razão pela qual se verá obrigada a recorrer à teoria do trauma em vários momentos do seu trabalho.

A autora passeia – também muito bem – pela filosofia, não para demonstrar erudição, mas para se servir de autores que a ajudam a avançar na questão, como Walter Benjamin e seu conceito de história, que, ao comportar – citando aqui a autora – simultaneamente a memória, a tradição e suas modificações, refere-se a uma polissêmica, complexa e delicada articulação pela qual Tatiana encontrou elementos para melhor entender a memória e o esquecimento.

Benjamin, por sua vez, nos conduz até Agamben, autor que se define como seu herdeiro e que, na passagem do homem moderno ao contemporâneo, irá descrever este como alguém incapaz de produzir e transmitir experiência, na medida em que está imerso em inúmeros acontecimentos que não se traduzem em experiências, pois sofre de uma incapacidade de tradução. Talvez convenha lembrar aqui que, para ele, experienciar é "reentrar na infância como *pátria transcendental da história*. . . ; aquilo que tem na infância a sua pátria originária, rumo à infância e através da infância, deve manter-se em viagem" (grifo meu).

Dito isso, a autora parece se autorizar a voltar à questão central de seu trabalho – a história recobridora, que se diferencia da história encobridora, elaborada em torno da lembrança encobridora freudiana. Enquanto a primeira trata da memória e do esquecimento e permite a perlaboração, a segunda tampona as questões traumáticas e falha em sua função de propiciar a elaboração. O que o analista pode fazer nessas situações? Para responder a tal interrogação, Tatiana recorreu a uma das minhas autoras prediletas: Anne Levallois, que, em seu livro *Testemunho e história: uma abordagem da singularidade contemporânea*, insiste na articulação entre testemunho e responsabilidade e entre história individual e coletiva. Isso desemboca na necessidade dos analistas de serem capazes de ouvir a História concomitantemente à história do sujeito.

Foi justamente isso que Tatiana conseguiu fazer, com a delicadeza e a sensibilidade que lhe são próprias, tanto no caso que ela nos apresenta quanto na análise de ida e volta da obra de Sebald.

Caterina Koltai

Referências

Abraham, N., & Torok, M. (1995). Luto ou melancolia. In N. Abraham & M. Torok, *A casca e o núcleo*. São Paulo: Escuta. (Trabalho original publicado em 1972.)

Abraham, N., & Torok, M. (1995b). *A casca e o núcleo*. São Paulo: Escuta.

Agamben, G. (2005). Infância e História: ensaio sobre a destruição da experiência. In G.Agamben, *Infância e História: destruição da experiência e origem da história*. Belo Horizonte: Editora UFMG.

Agamben, G. (2008). *O que resta de Auschwitz: o arquivo e a testemunha (Homo sacer III)*. São Paulo: Boitempo.

Antunes, S. P. (2003). *Os caminhos do trauma em Nicolas Abraham e Maria Torok*. São Paulo: Escuta.

Ansermet, F. (2003). *Clínica da origem: a criança entre a medicina e a psicanálise*. Rio de Janeiro: Contra Capa Livraria.

Arendt, H. (1968). *Homens em tempos sombrios*. São Paulo: Companhia das Letras.

282 REFERÊNCIAS

Benjamin, W. (1994a). Pobreza e experiência. In W. Benjamin, *Magia e técnica, arte e política: ensaios sobre literatura e história da cultura*. São Paulo: Brasiliense. (Trabalho original publicado em 1933.)

Benjamin, W. (1994b). O narrador. In W. Benjamin, *Magia e técnica, arte e política: ensaios sobre literatura e história da cultura*. São Paulo: Brasiliense. (Trabalho original publicado em 1936.)

Benjamin, W. (1994c). Sobre o conceito de história. In W. Benjamin, *Magia e técnica, arte e política: ensaios sobre literatura e história da cultura*. São Paulo: Brasiliense. (Trabalho original publicado em 1940.)

Bernardino, L. M. F. (2008). É possível uma clínica com bebês? In M. C. M. Kupfer & D. Teperman (Orgs.), *O que os bebês provocam nos psicanalistas*. São Paulo: Escuta.

Bussius, J. (2008). Austerlitz, de W. G. Sebald. *Paisagens da Crítica*. Recuperado de http://paisagensdacritica.wordpress com/2008 /05/20/austerlitz-de-w-g-sebald- por-julia-bussius

Catão, I. (2008). Bebês órfãos, abandonados e adotivos: um outro olhar sobre a questão. In M. C. M. Kupfer & D. Teperman (Orgs.), *O que os bebês provocam nos psicanalistas*. São Paulo: Escuta.

Costa, A. (2001). *Corpo e escrita: relações entre memória e transmissão da experiência*. Rio de Janeiro: Relume-Dumará.

Destombes, D. (2002). Vos corps gonflente la terre comme le corps des monstres gonfle la mer. In P. Chemla (Dir.), *Actualité du Trauma*. Ramonville Saint-Agne: éditions érès.

Dolto, F. (1992). *A imagem inconsciente do corpo*. São Paulo: Perspectiva.

Enriquez, M. (2001a). O delírio como herança. In R. Kaës, H. Faimberg, M. Enriquez & J. J. Baranes, *Transmissão da vida psíquica entre gerações*. São Paulo: Casa do Psicólogo.

Enriquez, M. (2001b). Incidência do delírio parental sobre a memória dos descendentes. In R. Kaës, H. Faimberg, M. Enriquez & J. J. Baranes, *Transmissão da vida psíquica entre gerações*. São Paulo: Casa do Psicólogo.

Fain, M. (1982). *Le Désir de l'interprète*. Paris: Aubier Montaigne.

Fédida, P. (1992). *Nome, figura e memória: a linguagem na situação psicanalítica*. São Paulo: Escuta.

Ferenczi, S. (2011a). O conceito de introjeção. In S. Ferenczi, *Psicanálise I*. São Paulo: WMF Martins Fontes. (Trabalho original publicado em 1912.)

Ferenczi, S. (2011b). Confusão de língua entre os adultos e a criança. In S. Ferenczi, *Psicanálise IV*. São Paulo: WMF Martins Fontes. (Trabalho original publicado em 1933.)

Figueiredo, L. C. (1998). Temporalidad y narratividad em los procesos de subjetivación de la clínica psicoanalítica. In M. L. Rovaletti (Ed.), *Temporalidad: el problema del tiempo en el pensamiento actual*. Buenos Aires: Lugar Editorial.

Figueiredo, L. C. (2002). O tempo na pesquisa dos processos de singularização. *Psicologia Clínica, 14*(2), 15-33.

Figueiredo, L. C. (2008a). Verleugnung. A desautorização do processo perceptivo. In L. C. Figueiredo, *Psicanálise: elementos para a clínica contemporânea*. São Paulo: Escuta.

Figueiredo, L. C. (2008b). Transferência, contratransferência e outras coisinhas mais, ou a chamada pulsão de morte. In L. C. Figueiredo, *Psicanálise: elementos para a clínica contemporânea*. São Paulo: Escuta.

Figueiredo, L. C. (2009). A metapsicologia do cuidar. In L. C. Figueiredo, *As diversas faces do cuidar: novos ensaios de psicanálise contemporânea*. São Paulo: Escuta.

Figueiredo, L. C. (2014). *Cuidado, saúde e cultura: trabalhos psíquicos e criatividade*. São Paulo: Escuta.

Florence, J. (1994). As identificações. In M. Mannoni et al., *As identificações na clínica e na teoria psicanalítica*. Rio de Janeiro: Relume-Dumará.

Fontes, I. (2002). *Memória corporal e transferência: fundamentos para uma psicanálise do sensível*. São Paulo: Via Lettera.

Fontes, I. (2010). A memória corporal e a transferência. In I. Fontes, *Psicanálise do sensível: fundamentos e clínica*. Aparecida, SP: Ideias & Letras.

Forget, J.-M. (1997). Lembrança encobridora: precisão e surpresa. In *Dicionário de psicanálise: Freud & Lacan (vol. 1)*. Salvador, BA: Ágalma.

Freitas (2008). A última obra-prima. Recuperado de http://www.almirdefreitas.com.br/literatura/a-ultima-obra-prima/

Freud, S. (1996a). Lembranças encobridoras. In *Edição Standard Brasileira das Obras Psicológicas Completas de Sigmund Freud* (Vol. III). Rio de Janeiro: Imago. (Trabalho original publicado em 1899.)

Freud, S. (1996b). Psicopatologia da vida cotidiana. In *Edição Standard Brasileira das Obras Psicológicas Completas de Sigmund Freud* (Vol. VI). Rio de Janeiro: Imago. (Trabalho original publicado em 1901.)

Freud, S. (1996c). Totem e tabu. In *Edição Standard Brasileira das Obras Psicológicas Completas de Sigmund Freud* (Vol. XIII).

Rio de Janeiro: Imago. (Trabalho original publicado em 1913-1914.)

Freud, S. (1996d). Luto e melancolia. In *Edição Standard Brasileira das Obras Psicológicas Completas de Sigmund Freud* (Vol. XIV). Rio de Janeiro: Imago. (Trabalho original escrito em 1915 e publicado em 1917.)

Freud, S. (1996e). Os instintos e suas vicissitudes. In *Edição Standard Brasileira das Obras Psicológicas Completas de Sigmund Freud* (Vol. XIV). Rio de Janeiro: Imago. (Trabalho original publicado em 1915.)

Freud, S. (1996f). O estranho. In *Edição Standard Brasileira das Obras Psicológicas Completas de Sigmund Freud* (Vol. XVII). Rio de Janeiro: Imago. (Trabalho original publicado em 1919.)

Freud, S. (1996g). Neurose e psicose. In *Edição Standard Brasileira das Obras Psicológicas Completas de Sigmund Freud* (Vol. XIX). Rio de Janeiro: Imago. (Trabalho original publicado em 1924[1923].)

Freud, S. (1996h). Moisés e o monoteísmo: três ensaios. In *Edição Standard Brasileira das Obras Psicológicas Completas de Sigmund Freud* (Vol. XXIII). Rio de Janeiro: Imago. (Trabalho original publicado em 1939[1934-1938].)

Freud, S. (1996g). Sobre o Narcisismo: uma introdução. In *Edição Standard Brasileira das Obras Psicológicas Completas de Sigmund Freud* (Vol. XVI). Rio de Janeiro: Imago. (Trabalho original publicado em 1914.)

Gagnebin, J. M. (2000). Palavras para Hurbinek. In: A. Nestrovski, & M. Seligmann-Silva (Orgs.), *Catástrofe e representação*. São Paulo: Escuta.

286 REFERÊNCIAS

Gagnebin, J. M. (1994). Prefácio: Walter Benjamin ou a história aberta. In W. Benjamin, *Magia e técnica, arte e política: ensaios sobre literatura e história da cultura*. São Paulo: Brasiliense.

Gagnebin, J. M. (2006). Verdade e memória do passado. In *Lembrar, escrever, esquecer*. São Paulo: Ed. 34. pp. 39-48.

Gagnebin, J. M. (2007a). Origem, original, tradução. In J. M. Gagnebin, *História e narração em Walter Benjamin*. São Paulo: Perspectiva.

Gagnebin, J. M. (2007b). Não contar mais? In Gagnebin, J. M., *História e narração em Walter Benjamin*. São Paulo: Perspectiva.

Gagnebin, J. M. (2008). Apresentação. In G. Agamben, *O que resta de Auschwitz: o arquivo e a testemunha (Homo sacer III)*. São Paulo: Boitempo.

Galeano, E. (2001). *Tejidos*. Barcelona: Octaedro.

Granjon, E. (2000). A elaboração do tempo genealógico no espaço do tratamento da terapia familiar psicanalítica. In O. R. Correa (Org.), *Os avatares da transmissão psíquica geracional*. São Paulo: Escuta.

Gueller, A. S. (2001). *Sobre a (a)temporalidade: os paradoxos do tempo no pensamento freudiano e sua incidência nos processos de constituição psíquica* (Tese de doutorado). Pontifícia Universidade Católica de São Paulo, São Paulo.

Gueller, A. S. (2005). *Vestígios do tempo: paradoxos da atemporalidade no pensamento freudiano*. São Paulo: Arte & Ciência.

Hassoun, J. (1994). *Les Contrabandiers de la mémoire*. Paris: Syros.

Hassoun, J. (2002). *A crueldade melancólica*. Rio de Janeiro: Civilização Brasileira.

Homberger, E. (2001). WG Sebald: German writer shaped by the 'forgetfulness' his fellow countrymen after the second world war. Recuperado de http://www.guardian.co.uk/news/2001/dec/17/guardianobituaries.books1

Inglez-Mazzarella, T. (2006). *Fazer-se herdeiro: a transmissão psíquica entre gerações*. São Paulo: Escuta.

Jaggi, M. (2001). Recuperado de https://www.theguardian.com/books/2001/sep/22/artsandhumanities.highereducation

John, D. (2015). *Reinventar a vida: narrativa e ressignificação na análise*. São Paulo: Ideias & Letras.

Kaës, R. (2000). Um pacto de resistência intergeracional ao luto. In O. R. Correa (Org.), *Os avatares da transmissão psíquica entre geracional*. São Paulo: Escuta.

Kaës, R., Faimberg, H., Enriquez, M., & Baranes, J. J. (2001). *Transmissão da vida psíquica entre gerações*. São Paulo: Casa do Psicólogo.

Kehl, M. R. (2001). Prefácio. In A. Costa, *Corpo e escrita: relações entre memória e transmissão da experiência*. Rio de Janeiro: Relume-Dumará.

Kristeva, J. (1994). O real da identificação. In Mannoni, M. et al., *As identificações na clínica e na teoria psicanalítica*. Rio de Janeiro: Relume-Dumará.

Lebert, N., & Lebert, S. (2004). *Tu carregas meu nome: a herança dos filhos de nazistas notórios*. Rio de Janeiro: Record.

Levallois, A. (2007). Témoignage et histoire: une approche de la singularité contemporaine. In A. Levallois, *Une psychanalyste dans l'historie*. Paris: Campagne Premiére.

Machado, A. (1969). Extracto de proverbios y cantares (XXIX). In Machado, A. (Ed.), *Antología poética*. Madrid: Salvat.

288 REFERÊNCIAS

Meiches, M. P. (2000). *A travessia do trágico em análise*. São Paulo: Casa do Psicólogo/Fapesp.

Mezan, R. (2021). "Um espelho para a natureza": notas a partir de "Hamlet". In R. Mezan, *Tempo de muda: ensaios de psicanálise*. 2. ed. São Paulo: Blucher.

Moulin, J. (1997). Do dolo ao luto pela travessia duolh(a)r. In *Dicionário de psicanálise: Freud & Lacan*. Salvador, BA: Ágalma.

Oehler, D. (2011, março). Alucinações e alegorias: W. G. Sebald se recorda de W. Benjamin, leitor de Paris. *Novos Estudos, 89*, 151-161.

Penot, B. (1992). *Figuras da recusa: aquém do negativo*. Porto Alegre: Artes Médicas.

Penot, B. (2005). *A paixão do sujeito freudiano: entre a pulsionalidade e a significância*. Rio de Janeiro: Companhia de Freud.

Rosa, M. D. (2009). *Histórias que não se contam: o não-dito na psicanálise com crianças e adolescentes*. São Paulo: Casa do Psicólogo.

Roudinesco, E., & Plon, M. (1998). *Dicionário de psicanálise*. Rio de Janeiro: Jorge Zahar.

Rudelic-Fernandez, D. (1996). Psicanálise & relato: narração e transmodalização. In P. Kaufmann, *Dicionário enciclopédico de psicanálise: o legado de Freud e Lacan*. Rio de Janeiro: Jorge Zahar.

Sebald, W. G. (2008). *Austerlitz*. São Paulo: Companhia das Letras.

Sebald, W. G. (2011). *Guerra aérea e literatura: com um ensaio sobre Alfred Andersch*. São Paulo: Companhia das Letras.

Seligmann-Silva, M. (2008). Narrar o trauma: a questão dos testemunhos de catástrofes históricas. In *Psicologia Clínica*, Rio de Janeiro, *20*(1), 65-82.

Sousa, E. L. A. (1994). (A vida entre parênteses) – o caso clínico como ficção. *Psicologia Clínica, 12*(I).

Todorov, T. (2000). *Los abusos de la memoria*. Barcelona: Ediciones Paidós Ibérica.

Torok, M. (1995). Doença de luto e fantasia do cadáver saboroso. In N. Abraham & M. Torok, *A casca e o núcleo*. São Paulo: Escuta. (Trabalho original publicado em 1968.)

Zalcberg, M. (2003). *A relação mãe e filha*. Rio de Janeiro: Elsevier.

Zaltzman, N. (2007). *L'esprit du mal*. Éditions de L'Olivier.

Zygouris, R. (2002). *O vínculo inédito*. São Paulo: Escuta.